EL VERDADERO SECRETO

Aprender a desprenderse de las cosas

EL VERDADERO SECRETO

Aprender a desprenderse de las cosas

Guy Finley

Edición ampliada y revisada

Grupo Editorial Tomo, S. A. de C. V.,
Nicolás San Juan 1043,
03100, México, D. F.

1a. edición, noviembre 2008.

Traducido de
The Secret of Letting Go
Copyright © 2007 por Guy Finley
Publicado por Llewellyn Publications
una división de Llewelyn Worldwide, Ltd.
Woodbury, MN 55125-2989, U.S.A.
www.llewellyn.com

© 2008, Grupo Editorial Tomo, S.A. de C.V.
Nicolás San Juan 1043, Col. Del Valle
03100 México, D.F.
Tels. 5575-6615, 5575-8701 y 5575-0186
Fax. 5575-6695
http://www.grupotomo.com.mx
ISBN-13: 978-607-415-034-6
Miembro de la Cámara Nacional
de la Industria Editorial No 2961

Traducción: Graciela Frisbie
Formación tipográfica: Armando Hernández
Diseño de portada: Trilce Romero
Supervisor de producción: Leonardo Figueroa

Este libro se publicó conforme al contrato establecido entre *Llewellyn Publications* y *Grupo Editorial Tomo, S.A. de C.V.*

Impreso en México - *Printed in Mexico*

No hay nada en el mundo que pueda impedir
que te desprendas del pasado y empieces de nuevo...

El verdadero secreto. Aprender a desprenderse de las cosas es un libro poco común que ha sido muy bien recibido; es un libro que ofrece soluciones reales a problemas reales. ¡Y son soluciones maravillosas! No son como las respuestas estándar y carentes de sentido que normalmente escuchamos..., este libro deja en claro que la única forma de resolver cualquier dificultad es dejar por completo de vivir con ella. La persona que sufre debe trascender el "yo" con que está familiarizada en este momento, el "yo" que creó el problema en primer lugar.

Este es exactamente el tipo de libro que se necesita en la actualidad. Las personas sienten que su vida está fuera de control debido a incidentes internacionales, a cambios ambientales e incluso a la pelea que tuvieron con aquellos con quienes conviven. Por fortuna, este libro ofrece ayuda inmediata. Sólo hay algo que podemos o que necesitamos controlar: nuestras propias reacciones. Y la forma de controlar nuestras reacciones es desprendernos de ellas, dejarlas ir.

Dra. Ellen B. Dickstein

Los hechos curativos que se presentan en este libro me han rescatado de más experiencias y hábitos de fracaso de los que pudiera yo mencionar.

Este libro está lleno de instrumentos para transformar los problemas en triunfos. Guy Finley aborda la sabiduría de los siglos y la usa para dirigir suavemente a sus lectores para que sanen los sitios de su propia mente donde se originan los problemas psicológicos.

Este libro te ayudará si estás dispuesto a seguir las instrucciones.

Descubrirás que no necesitas depender de nadie ni de nada para ser feliz; que todo el estrés psicológico, el enojo, la depresión y la ansiedad, nacen de falta de comprensión. El libro de Guy Finley es una lección muy poderosa y al mismo tiempo una lección alegre y ligera para aprender a desprenderte de lo que crees que eres.

Desi Arnaz Jr.

El mensaje accesible y alentador de Guy Finley sobre "saber desprenderse", en una obra que tiene la categoría de un *bestseller*, es una de las luces verdaderamente brillantes en nuestro mundo actual. Sus ideas llegan hasta lo más profundo de nuestros problemas personales y sociales más apremiantes: las relaciones personales, el éxito, las adicciones, el estrés, la paz, la felicidad, la libertad, y nos guían en el camino que nos conduce a una vida de un nivel más alto. Barnes and Noble dice: "Guy Finley ha ayudado a millones de personas a vivir vidas más plenas y más pacíficas".

Finley es el aclamado autor de *El verdadero secreto. Aprender a desprenderse de las cosas* y de al menos otros treinta libros y programas de audio sobre el tema de la realización personal; varios de ellos se han convertido en *bestsellers* a nivel internacional. Además, ha impartido más de tres mil seminarios únicos sobre realización personal a miles de agradecidos estudiantes en América del Norte y Europa a lo largo de los últimos veinticinco años. Cada semana, 400 000 suscriptores de 142 países leen su carta informativa "Lección Clave" [Key Lesson] por correo electrónico.

Sus populares obras, que se publican en dieciséis idiomas, han recibido el amplio respaldo de médicos, profesionistas y líderes religiosos de todas las denominaciones. Entre sus obras destacan: *Diseña tu destino, Los tesoros perdidos de la oración, Aprendiz del corazón, Despréndete del pasado y vive al ahora, Las leyes esenciales del vivir sin temor, Los secretos para ser imparable*, y *365 formas de desprenderse.*

A Guy se le ha invitado a cientos de programas de radio y televisión, lo que incluye sus apariciones nacionales en cadenas como ABC, NBC, CBS, CNN y NPR. Y en la actualidad trabaja con varias redes internacionales de radio, como Healthylife Radio Network, Achieve Radio Network, World Talk Radio Network y Contact Talk Radio International.

Además de sus compromisos como escritor y conferencista, Guy es el director y fundador de la Fundación Vida de Aprendizaje [Life of Learning Foundation], un reconocido centro de estudios personales, sin fines de lucro, en Merlín, Oregon, donde cada semana presenta cuatro clases sobre realización personal. Estas reuniones son constantes, están abiertas al público y se ofrecen por un donativo opcional de tres dólares.

Como expresión de gratitud

A todos los hombres y mujeres que nos han precedido en la búsqueda del Reino, y cuyas obras nos han guiado, a quienes también tenemos el deseo de despertar... muchas gracias.

Contenido

Desprenderse:
El ayer, el presente y el mañana

Casi han pasado dieciocho años desde que mi maestro, un hombre sabio y maravilloso, conocido como "VH" en el círculo de sus alumnos más cercanos, me sugirió que escribiera un libro. No tenía yo la menor idea de lo que en realidad me estaba pidiendo, pero estaré por siempre en deuda con él por ese gesto.

En esa época, Vernon Howard era el autor silenciosamente respetado y altamente reverenciado de más de veinticinco maravillosos libros espirituales. Contar con su constante apoyo y sus realistas comentarios editoriales fue de gran valor para mí. Y en esa forma, más o menos año y medio después, en 1990, mis buenos amigos de la editorial Llewellyn publicaron la primera versión de *El verdadero secreto. Aprender a desprenderse de las cosas.* Ahora tienes en tus manos una nueva edición de esa obra.

A lo largo de todos estos años, he escrito sobre la vida ilimitada inherente al hecho de desprenderse, miles de lectores agradecidos de diversas partes del mundo han compartido conmigo, de una u otra forma, los frutos de sus descubrimientos a lo largo del camino. Quiero resumir para ti estas impresiones especiales.

En diversos grados, cada uno se dio cuenta de que el desprenderse y el crecimiento espiritual son como la lluvia en un campo de flores silvestres; se dio cuenta de que sólo florecemos como seres cuando nos liberamos de lo que nos limita como personas. ¿Pero por qué debemos hacer este tipo de trabajo en nuestro interior? Aunque es obvio, es necesario expresarlo: luchamos contra todo lo que hacemos, contra todo lo que nos compromete a nivel personal o contra nuestra actitud de conformidad con la vida, con el fin de lograr una mayor libertad. Si lo vemos bajo esta luz, podemos decir que desprendernos de las cosas es en realidad un acto de amor. Analicemos por un minuto esta sorprendente idea.

Cada vez que vemos la necesidad de desprendernos de algo: de un mal hábito que nos arrastra y nos hunde, de una relación no satisfactoria, de una carrera profesional que no nos brinda la plenitud que habíamos soñado, o quizá de nuestras expectativas nada realistas con respecto a otras personas y que a la larga arruinan la relación social o de negocios que tenemos con ellas..., sin importar de qué se trate, ¿qué fue lo que en realidad sucedió en esos momentos de examen personal honesto? Veamos si esta sencilla respuesta describe o no nuestra situación.

¿No se nos está "pidiendo" que renunciemos a una relación existente con el objeto de hacer lugar en nuestra vida para algo de un nivel superior? Claro que sí. Entonces, ¿por qué nos es tan difícil actuar de acuerdo a nuestra intuición? Después de todo, ¿quién no quiere una vida mejor, más brillante y más sincera? Esta es la razón por la cual no nos decidimos a hacer el cambio, y eso nos pasa a muchos de nosotros: ¡el verdadero reto en esos momentos es que nuestros ojos físicos no pueden ver lo que debemos elegir y favorecer! ¿Podemos ver la verdad que hay en esto?

Cualquier entrega espiritual verdadera implica este hecho ineludible: no podemos tener la esperanza de comprender la verdadera naturaleza de esa relación nueva y más grande que buscamos *hasta que hayamos dejado ir la antigua.* San Pablo, autor de numerosos textos del Nuevo Testamento describe acertadamente lo que, a final de cuentas, es un momento indescriptible: "Nuestra fe debe estar en las cosas que no se ven, y no en las que se ven; ¿pues quién anhela aquello que ya vio?"

Cuando se trata de desprenderse de las cosas y crecer superando lo que hemos sido y quien hemos sido hasta este momento, el trato no es negociable: en primer lugar está nuestro despertar gradual para darnos cuenta de lo que ya no funciona para nosotros, seguido de un trabajo interior para dejarlo ir. Entonces, y sólo entonces, podremos descubrir y entender cuál es, en todos los casos, un orden nuevo y más alto de nuestro yo. Entonces, nuestra vida se transforma. La confianza, la satisfacción y la compasión llegan a ser nuestros compañeros constantes.

Hablando sin rodeos, ¡el *desprendernos* viene después de que comprendemos que el *aferrarnos* ya no es de utilidad! De una u otra forma, empezamos a ver cómo todas nuestras antiguas soluciones, que habíamos considerado benéficas, han comprobado ser "falsas amigas". Unos cuantos ejemplos ilustrarán este importante concepto.

Por ejemplo, ha quedado claro que culpar a otros por nuestras reacciones dolorosas resulta ser absolutamente inútil; ¡ese tipo de respuesta ha hecho que algunos de nuestros amigos se conviertan en nuestros enemigos!

En lugar de que nuestros planes y sueños más recientes nos deleiten como siempre lo hacían en el pasado, sólo nos hacen sentir ridículos debido a que están vacíos; estamos cansados de correr sin rumbo a toda velocidad.

Lo queramos o no, estamos en el umbral de ese territorio interno desconocido al que San Juan de la Cruz llamó "noche oscura del alma"; ahora sabemos que no podemos hacer nada por nosotros mismos. Y por lo tanto, vivimos en la incertidumbre, atrapados por así decirlo, entre dos posibilidades, ninguna de las cuales deseamos. Por una parte está la "roca", que es el no querer pasar a través de lo que sabemos debe hacerse; por otra está el "sitio difícil" en el que vemos que no existen otras opciones. Nuestro gran temor es que si de hecho nos desprendemos de eso, nuestro destino está sellado. Caeremos en el enorme abismo oscuro que hay frente a nosotros, un abismo en el que "no sabremos lo que será de nosotros"; un lugar amenazante del que creemos no habrá escape. Pero esa es una suposición falsa que se basa en una percepción igualmente falsa. Es una mentira producida por el yo falso para impedir que respondamos al llamado de dejarlo atrás. La verdad del asunto, que conocerás por ti mismo cada vez que te atrevas a desprenderte de algo, es que ¡tú no caes; te elevas!

¿Cómo es eso posible?

Pregúntate que le pasa a una cometa cuando su cordón se corta. ¡Se eleva! Sube al cielo abierto, a las alturas, porque esa es su naturaleza; está diseñada para elevarse. También nosotros: fuimos creados para ser libres. ¡Cualquier cosa que no nos lleve a eso no es satisfactoria!

Si he aprendido algo, después de casi veinticinco años de escribir y enseñar, es esto: cada uno de nosotros tiene, en este lugar y en este momento, todo lo que se necesita para tener éxito en su búsqueda de la plenitud y felicidad duraderas que anhela nuestro corazón interno. Nuestro problema es que estamos seguros de que tenemos que hacer algo para ser libres. Por extraño que parezca, esta idea errónea es lo único que hay entre nosotros y una vida sin límites.

La tarea espiritual de desprendernos de las cosas y crecer hasta alcanzar la magnitud de nuestra santidad original es un esfuerzo único, distinto a cualquier esfuerzo que alguna vez tengamos que hacer. Empieza con abrazar la idea de que no se puede añadir nada a nuestro Yo Verdadero, y después atrevernos a actuar en base a esta comprensión. Sólo piensa por un momento lo que podría significar este conocimiento para nosotros si nos molestáramos en hacerlo propio.

Por ejemplo, en lugar de dedicar nuestro tiempo a luchar en vano para hacer que otros sean lo que queremos que sean, podríamos ver el error relacionado con esta forma de pensar. Luego, en lugar de intentar cambiar a otros para responder a nuestras necesidades, nuestra opción sería simplemente deshacernos de la idea falsa de que otro es responsable de nuestra realización y plenitud.

Liberarse de la carga de las responsabilidades falsas... la reconciliación verdadera entre parejas, entre amigos y entre los miembros de una familia... el don de perdonar por completo a quienes han sido nuestros enemigos... el sentir más y más una comprensión llena de amor y compasión que no se vea limitada por el paso del tiempo: estos dones y más, llegan a quienes aprenden a desprenderse de las cosas.

Así que, esto es lo que yo he aprendido: *la mitad faltante de nuestras vidas es saber desprenderse de las cosas.* Haz este descubrimiento espiritual y alcanza la plenitud; alcánzala sin esfuerzo y vive con libertad. El inhalar sería inútil sin la acción opuesta: exhalar; piensa que el desprenderte de las cosas es una forma de aprender a participar en el respirar de la vida misma, algo que es tan natural para tu verdadera naturaleza como el brillar es natural para el sol.

En esta versión revisada de *Aprender a desprenderse de las cosas*, he añadido varias secciones nuevas que reflejan esta continua revelación que una y otra vez nos muestra que tenemos el derecho de desprendernos de las cosas y vivir con libertad. En muchas áreas se le hizo al libro una limpieza a fondo; como quien dice, se le renovó, retomando las ideas desde nuevos puntos de vista que se han ido tomado al paso de los años, desde que se escribió la primera edición de este libro.

A mis amigos "antiguos" y nuevos, a quienes en el pasado, en el presente y en el futuro hayan tenido o tendrán el deseo de experimentar un amor de nivel superior y vivir sin sufrir daños a nivel personal ni causar daños al planeta, quiero decirles: ¡Tengan valor! La inteligencia divina que sembró en ustedes el deseo de tener una vida libre, santa y carente de temores, se encargará de que esta vida florezca, siempre y cuando ustedes cultiven este mismo deseo con todo el corazón, la mente y el alma.

Quiero compartir con ustedes una idea final para que la lleven consigo a lo largo de este trayecto vital de desprenderse de las cosas. Siempre que lo he necesitado y en incontables ocasiones, su luz ha sido para mi como un amigo fiel. Espero que también lo sea para ustedes:

Nuestra mayor fuerza no es nuestra capacidad de imaginar días más brillantes en el futuro. Nuestra mayor fuerza es el hecho de que, a cada momento, tenemos el poder de eliminar sin esfuerzo cualquier pensamiento o sentimiento sombrío que, de no encargarnos de él, reduciría nuestra felicidad.

Cómo puede este libro ayudarte a desprenderte de las cosas

Un niño estaba a punto de recibir su primera lección de esquí acuático. Estaba flotando en el agua, con las puntas de los esquís hacia arriba. Su padre estaba en la lancha de motor dándole las últimas instrucciones. Entonces, con un rugido, la lancha se puso en movimiento. La cuerda se tensó.

Al principio, parecía que el niño no lograría elevarse. Pero lentamente, como una especie de ave fénix brillante, surgió del agua. Estaba de pie. Estaba sonriente. Luego, con un movimiento inverso, volvió a desaparecer bajo el agua. No fue una caída peligrosa.

La lancha regresó a toda velocidad para recogerlo. Su padre esperaba que su cabecita apareciera sobre la superficie de las olas impulsada por la fuerza natural del agua, pero el niño no aparecía. ¡Seguía aferrándose a la cuerda! Estaba siendo arrastrado por la lancha que regresaba a toda velocidad para rescatarlo. Su padre entendió la situación al instante y detuvo la lancha. Un segundo después, surgió del agua el rostro del niño, empapado pero sonriente, y miró a su padre listo para recibir sus siguientes instrucciones. Su padre también le sonrió y le dijo: "Hijo, olvidé decirte algo muy importante sobre el esquí acuático. Cuando te caes, ¡debes recordar que hay que soltar la cuerda!". Ambos soltaron una carcajada ante esta sencilla lección, pues la necesidad de soltar la cuerda era algo muy obvio.

Recuerdo bien este incidente debido a la impresión duradera que me causó. Sé que la razón por la que este niño no soltaba la cuerda no era que quisiera aferrarse a ella. No, se aferró a ella porque no sabía qué más hacer en los aterradores momentos en que estaba siendo arrastrado bajo el agua. En ese momento, el pensamiento de soltar la cuerda no era una opción para él. Su mente estaba llena de pensamientos y sentimientos encontrados: "¡Espero que nadie me haya visto hacer esta tontería! ¿Qué fue lo que hice mal? ¿Se va a enojar mi papá conmigo? ¿Me dejará volverlo a intentar? ¿Cómo pude ser tan tonto?". El pensamiento instintivo e inteligente que le decía que soltara la cuerda no podía llegar a él en medio de este clamor. Lo estaba bloqueando una avalancha de preocupaciones mal enfocadas, peligrosas y falsas. La razón por la que puedo hablar con certeza y en todo detalle de lo que le sucedió a este niño es que ese niño era yo; yo fui el niño que no se soltaba de la cuerda. Esa fue la primera de muchas lecciones en mi propia vida sobre las fuerzas internas secretas y dañinas que hacen que una persona se aferre a algo de lo que le convendría desprenderse.

De eso se trata este libro: de desprenderse de las cosas, de soltarlas; de desprenderse de todo lo que nos arrastra cuando vivimos relaciones personales y sucesos desagradables; de desprenderse de esos pensamientos y sentimientos dolorosos que hunden nuestro espíritu con preocupaciones molestas y falsas.

Tal vez al principio sientas que algunos de estos nuevos conceptos son extraños e inquietantes, pues están llenos de revelaciones sorprendentes y de nivel superior que te mostrarán los momentos en que te aferraste a soluciones no funcionales. Todos sufrimos por aferrarnos una y otra vez a situaciones negativas; nos comprometemos a hacer felices a otros, tenemos actitudes de ira, deseos que nos llevan a la ruina, hábitos dañinos, entre muchas otras cosas. Pero sólo porque no has podido desprenderte de estos problemas persistentes, eso no significa que eso no pueda hacerse. Sólo significa que todavía no has aprendido el secreto de desprenderte de las cosas. Quiero decirte algo importante:

Uno de los descubrimientos más emocionantes que harás al leer este libro es que *no necesitas fuerza para desprenderte* de algo. Lo único que necesitas es una nueva comprensión de ti mismo, y esa es la forma en que este libro te ayudará a alcanzar lo que has soñado toda la vida: ser verdaderamente fuerte e independiente.

Paso a paso, mediante diálogos útiles, preguntas y respuestas que llegan a lo más profundo y relatos sencillos llenos de hechos de alto nivel, aprenderás sobre una parte especial de ti que nada puede dominar ni vencer. Este Yo Verdadero, el corazón secreto de tu alma, siempre permanece abierto, siempre es capaz de responder y nunca se aferra a nada, excepto al deseo de conocer la verdad. Este es su poder. Y este será *tu* poder; un poder en el que reside una fuente inagotable de inteligencia, compasión y confianza.

Esta nueva relación contigo mismo siempre te dará seguridad e inspiración. Con cada nueva revelación que tengas sobre tu verdadera naturaleza, el nivel de tu vida se elevará en forma automática. Te fascinará descubrir que cada visión de nivel más alto es más inspiradora que la anterior, y esto te animará a seguir ascendiendo con el fin de seguir viendo más y más. Este tipo de relación mágica en la vida sí existe. Puedes tenerla con sólo pedirla. Sólo necesitas desearla más de lo que deseas permanecer donde estás ahora.

No puedes imaginar lo que el futuro tiene para ti. ¡Así que despréndete de las cosas! Este libro es, ante todo, un libro brillante. Si se lo permites y eres persistente, te ayudará a encender la lámpara interior que te guiará a la verdadera liberación personal. No tengo la menor duda. Una vida totalmente libre no es un ideal; debe ser nuestro destino. Y con eso llego a la nota final de esta sección.

Nada puede ni debe medirse considerando sólo sus partes. Si tomaras una obra maestra de la pintura y te concentraras sólo en sus pinceladas o en sus colores, no sólo dejarías de captar la visión del artista, sino que tampoco percibirías su belleza. Todos sabemos que la totalidad del lienzo de un pintor siempre es mayor que sus partes; su capacidad para conmovernos e inspirarnos es ante todo una cualidad indescriptible, es un "poder" que sólo está presente cuando se contempla toda la obra. Lo mismo ocurre con las ideas que contiene este libro. En sus páginas se expresan visiones momentáneas especiales de un mundo nuevo que existe en tu interior y que no se puede describir con palabras, pues sin importar lo sinceras o bien intencionadas que sean las palabras, sólo son imágenes parciales, que van apareciendo una por una, pero que forman una película viviente que debe verse por completo para poder captar y comprender todo su mensaje. Por eso es importante que no sólo "leas" este libro, simplemente permite que vaya penetrando. *Sé paciente contigo mismo.* Aprende a recibir estos principios y revelaciones como los verdaderos amigos que son; consérvalos cerca de ti. Deja que su compañía te fortalezca y fortalezca tu deseo de ser libre.

Quiero que sepas que *nada en este universo puede impedir que te desprendas de algo y empieces de nuevo.* Nada. Tu Verdadero Yo no puede quedarse "atorado" en algo, como tampoco es posible que un rayo de luz solar quede atrapado en una sombra. De una u otra forma, la mayoría de nosotros percibimos la verdad de este ideal, pero sólo algunos nos atreveremos a realizar el trabajo interior que se requiere para comprender el poder que lo respalda. Aquí encontrarás el estímulo que te ayudará a ponerte en marcha. La relación personal que anhelas, la vida de verdadera sabiduría, gracia, fuerza, valentía, compasión y amor, *ya* vive en tu interior. Lo único que te queda por hacer ahora, es decidir hacer este descubrimiento, y así como la suave lluvia primaveral nutre las semillas que se convierten en hermosas flores silvestres, las lecciones de este libro te ayudarán a desprenderte de las cosas y a ser libre.

CAPÍTULO I

Despréndete y sé feliz

Hubo una vez un arqueólogo que toda su vida había trabajado incansablemente en la búsqueda de un misterioso templo antiguo. Los relatos sobre las insondables riquezas que se encontraban en sus cámaras sepultadas bajo tierra, habían pasado de generación en generación pero todas las búsquedas habían sido infructuosas. Nadie había logrado encontrar el gran templo y sus tesoros secretos. Por eso, cuando este arqueólogo estuvo frente a una pequeña y tenebrosa entrada rodeada de una corteza de tierra, en la ladera de una colina cubierta de enredaderas en la jungla, supo que no debía permitir que su imaginación lo traicionara.

Pero éste tenía que ser el lugar. Todo lo que había en él lo sabía. Sus incontables años de investigación y estudio le habían señalado este camino.

Poco después, el arqueólogo ya había ensanchado la entrada lo suficiente como para pasar a través de ella arrastrándose. Cuando se puso de pie ya en el interior, su agitado corazón se detuvo de golpe. A la débil luz rodeada de polvo de su lámpara de keroseno pudo ver ante sí un túnel oscuro y largo apoyado en troncos de árbol tallados a mano. Era obvio que otros habían estado ahí antes que él. Todo tipo de preguntas cruzaban por su mente: ¿Quién había llegado antes que él? ¿Por qué no se había enterado del descubrimiento? ¿Habían saqueado las riquezas del templo? ¿Podría estar equivocado en cuanto a la ubicación del templo? Pero su mirada inquisitiva tranquilizó sus agitados pensamientos. El túnel era un callejón sin salida. ¡Tal vez los secretos del templo seguían intactos!

Al investigar el túnel más a fondo y con cautela, descubrió que se habían excavado parcialmente varias cámaras a la derecha y a la izquierda del túnel. ¿Qué había sucedido? ¿Por qué habían interrumpido el trabajo?

Un momento después obtuvo la respuesta cuando se recargó suavemente contra uno de los troncos en que se apoyaba el túnel. Escuchó un fuerte rechinido y poco después el aire se llenó de polvo y rocas pequeñas. Corrió hacia la entrada, con la esperanza de llegar a ella antes de que se cerrara por siempre, pero no lo logró. Para su sorpresa, eso no tuvo importancia. No hubo un derrumbe, sólo fue la amenaza de un derrumbe. Soltó una carcajada. Esta era la razón por la que el templo había conservado sus tesoros sin que jamás se les hubiera tocado. A lo largo de los siglos, sus bóvedas se habían llenado de tierra tropical y húmeda, de vegetación en descomposición y de rocas desmoronadas que eran demasiado inestables como para retirarlas sin riesgo. Las riquezas todavía deberían estar ahí, si sólo pudiera encontrar la manera de llegar a ellas.

Así que, a pesar de los peligros obvios, decidió seguir adelante y continuar excavando esa zona que durante tanto tiempo había estado abandonada.

A lo largo de los meses y años que siguieron, el arqueólogo siguió trabajando, solo y en secreto. Su avance era lento, en el mejor de los casos. El leve avance que lograba cada día tenía que apuntalarse con un creciente número de pesados maderos. Y para su creciente desaliento, cada vez tenía que dedicar más horas a mantener algunos de los troncos más viejos en su lugar. El sonido de sus casi incontrolables rechinidos y hundimientos nunca cesaba. Incluso durante la noche, cuando estaba fuera de la zona que estaba excavando y en la seguridad de su campamento, podía escuchar el gemir de los troncos.

Más que nada, el arqueólogo estaba cansado. Para entonces, sentía como si hubiera cargado sobre sus hombros y sacado del túnel todo el interior de la montaña, y en cierta forma lo había hecho. Había sacado de las cámaras del templo, una a una, casi todas las raíces, las rocas y la tierra que las llenaban; y eso era todo lo que había encontrado en ellas: raíces, rocas y tierra. Empezó a desesperarse.

Todo empezó al día siguiente, en las últimas horas de la tarde; justo antes del final de otro duro día de excavaciones. Al principio el arqueólogo no se preocupó. Había visto ocurrir este tipo de cosas al menos cien veces antes. Una sección de los postes y vigas de madera, en el centro de la excavación, empezó a moverse. Corrió hacia la zona donde estaba su soporte central y recargó todo su peso contra él para tratar de mantenerlo en su lugar. Mientras estaba ahí, frente a un muro de tierra y aferrándose al tronco que sostenía la estructura, se dio cuenta que estaba empezando a ocurrir algo que estaba fuera de su control. Lo supo porque pudo escucharlo. Las vigas que rechinaban sobre su cabeza no dejaban de hacerlo. De hecho, como las cuerdas en armonía de un arpa antigua y gigantesca, todos los troncos a lo largo del túnel estaban empezando a temblar y a cantar, uno por uno. Parecía que la presión acumulada a lo largo de mil años estaba a punto de liberarse.

El arqueólogo empezó a correr de un conjunto de postes temblorosos a otro, tratando de reducir su acelerada vibración, actuando como un puntal humano. ¡Fue inútil! El aire se estaba llenando de tierra y polvo, lo que hacía que fuera difícil respirar y aún más difícil ver. Su desesperación iba en aumento y sus opciones eran cada vez menos, así que corrió a ciegas hacia el túnel principal. Para tener alguna oportunidad de impedir un derrumbe total, necesitaba impedir que esa reacción desbocada venciera los soportes centrales. Recurriendo a lo que reconoció como lo último que le quedaba de fuerzas, apoyó todo su peso contra uno de los rudos postes centrales, justo cuando estaba a punto de colapsarse. Por un momento, se sostuvo. Entonces, la ironía de lo que él sabía que podría ser su última acción en la vida, dibujó una leve sonrisa en su rostro. Era extraño, porque se suponía que él estaba sosteniendo el poste, pero en su corazón sabía que si el poste no estuviera ahí para sostenerlo, él seguramente habría caído.

A pesar de la risa que ese pensamiento le produjo, se sorprendió aun más a causa de otro pensamiento que después se le ocurrió. Era totalmente ilógico. Lo rechazó como algo impensable. Pero justo cuando comprobó que sus esfuerzos por mantener a los pesados postes del túnel en su lugar eran en vano, no se pudo resistir a este pensamiento persistente: "¿Por qué no dejar de esforzarse?", insistía constantemente en ese pensamiento.

Él se preguntaba si así se sentía alguien que estaba enloqueciendo. Pero a pesar de lo ridícula que en ese momento le pareciera la idea de dejar de esforzarse, había en ella algo increíblemente atractivo, tan atractivo que casi le exigió toda su atención. Se sentía como un hombre cuyos pies accidentalmente habían pisado dos mundos diferentes; dos mundos que se estaban alejando más y más con cada segundo que pasaba. Era obvio que algo estaba a punto de suceder. Él luchó para aferrarse a todo lo que siempre había considerado muy importante, pero simplemente parecía ya no serlo.

Deseaba poder entender lo que le estaba sucediendo, pero era como si todo el asunto ya no estuviera en sus manos. Lo único que podía hacer ahora era vigilar su propia mente que corría de un lugar a otro, considerando sus opciones. Por una parte, si de alguna manera fuera capaz de mantener todo esto en su lugar y de dar nueva estabilidad al sistema de apoyo, la única verdad real que le darían todos sus esfuerzos sería una promesa de otro día de trabajo; un día que dedicaría a trabajar para mantener todo en su lugar. Estaba cansado de encontrar salas de tesoros vacías, una tras otra. Por otra parte, (y su mente se tensó cuando lo pensó), si dejara de esforzarse, eso representaría el final del trabajo de toda su vida, el final de sus esperanzas y sus sueños; ¡quizá el final de su vida!

De pronto, el agudo crujido de un madero superior, cerca de la entrada a la excavación, resolvió la disputa interna del arqueólogo. Este era el final. Él sabía que no tenía sentido tratar de salir adelante y no tenía sentido tratar de aferrarse a su proyecto. En realidad, no le quedaba nada en qué pensar. Se alegró por ello. Su siguiente acción ocurrió en forma natural. Simplemente dejó de esforzarse. Todo a su alrededor parecía estar en perfecto orden mientras todos los postes, los maderos y los soportes empezaron a caer uno tras otro. El aire se convirtió en la tierra. Ahí de pie, justo en medio de lo que él pensó era el final de su vida, se sintió bien, mejor de lo que recordaba haberse sentido antes. "Qué raro", pensó..., y luego todo oscureció.

Mientras yacía ahí, sus oídos fueron la primera parte de su cuerpo que despertó. Al menos eso parecía. Sintió como si sus oídos casi se estuvieran esforzando por escuchar algo, pero el arqueólogo no tenía idea de lo que trataban de escuchar. Todo tenía una quietud maravillosa, y él no quería abrir los ojos por temor a perturbar ese extraño silencio.

Otra idea exigió su atención. Ahora recordó dónde estaba y lo que había sucedido. De alguna manera se había salvado. Un rápido examen sensorial de su cuerpo le indicó que todo estaba en su lugar y en buen estado. Había llegado el momento de moverse. Con cuidado, elevó la parte superior de su cuerpo, sacándola de la tierra, hasta que pudo sentarse derecho. Con los ojos todavía cerrados, sacudió la tierra de su cabello y se preparó para mirar las ruinas colapsadas del trabajo de toda su vida. Abrió los ojos.

Los maderos de apoyo yacían en desorden, como si alguien hubiera dejado caer al suelo un puñado de gigantescas cerillas de madera. El arqueólogo levantó lentamente la vista para ver más de lo que lo rodeaba. Nada podría haberlo preparado para lo que sus cansados ojos estaban a punto de contemplar. Era demasiado fantástico.

Sacudió la cabeza de nuevo para ver si no estaba soñando, pero las sordas pulsaciones de una de sus piernas parcialmente sepultadas, le decían que estaba muy despierto. Con razón las riquezas del templo nunca habían sido encontradas... Con razón este gran misterio de la antigüedad no se había resuelto a lo largo de tantos siglos. La avalancha de sus rápidos pensamientos fue interrumpida por la explosión de su propia risa incontrolable. Regresaba a él como un eco, como para confirmar una gran broma. Todos los que habían estado ahí antes que él, fueran saqueadores o científicos, habían estado buscando en los lugares equivocados y habían estado buscando los objetos equivocados. El arqueólogo volvió a reírse con fuerza y flexionó su cuello para mirar hasta lo más alto.

A gran altura, sobre su cabeza, estaba la cúpula del templo, suspendida como un cielo lleno de estrellas; una enorme cúpula hecha de oro sólido y con incrustaciones de piedras preciosas de todos colores y tamaños. El derrumbe que él pensaba que le iba a quitar todo, le había revelado el Secreto de todos los Secretos: el tesoro del templo no se había guardado en el templo. *¡El verdadero tesoro era el templo en sí!* Y ahora le pertenecía, podía disfrutarlo a sus anchas y tanto tiempo como quisiera. En silencio dio gracias al cielo por darle el valor de dejar de luchar.

Tú también posees un valioso secreto que está esperando que lo descubras. De eso se trata *el verdadero secreto.*

Esto no es desprenderse

El solo hecho de desear desprenderse de una circunstancia triste o de un molesto dolor emocional no es suficiente. Querer algo es desearlo, y los deseos se reemplazan entre sí, como las abejas que esperan frente a una flor abierta. Por eso es tan importante que comprendamos profundamente lo que significa desprenderse de las cosas.

Comencemos con lo que sabemos, o al menos con lo que deberíamos saber, sobre el desprendernos de las cosas. Para este momento, ya debes saber lo que *no es* "desprenderse de las cosas". Este enfoque que se ha comprobado a lo largo de los tiempos: descubrir lo que "no es" algo para llegar a lo que es, es un método poderoso para llegar a la verdad. Durante mucho tiempo, los grandes místicos, filósofos y científicos de todos los tiempos han entendido el valor de llegar a la verdad revelando y luego eliminando lo que es falso. Sigamos sus sabios consejos y observemos el desprendernos de las cosas en esta nueva forma.

1. Desprenderse de las cosas no es vivir con sueños angustiosos sobre lo que pudo haber sido.
2. Desprenderse de las cosas no es la certeza de creer que esa otra persona estaba equivocada.
3. Desprenderse de las cosas no es aferrarse a las cenizas de nuestras desilusiones mientras disfrutamos la calidez de cierta victoria imaginaria.
4. Desprenderse de las cosas no es la búsqueda ansiosa de nuevas soluciones para un antiguo problema.
5. Desprenderse de las cosas no es aprender a vivir con el peso de expectativas cuyo nivel ha disminuido.
6. Desprenderse de las cosas no es evitar a las personas o a los lugares que dolorosamente nos recuerdan aquello a lo que estábamos apegados en el pasado.
7. Desprenderse de las cosas no es tener que convencerte de lo acertado que estabas cuando te desprendiste de algo.
8. Desprenderse de las cosas no es la búsqueda desesperada para encontrar a alguien que esté de acuerdo contigo en lo que dices.
9. Desprenderse de las cosas no es tener la necesidad de inventar una conversación en tu mente tratando de sentirte confiado.
10. Desprenderse de las cosas no es insistir en que puedes desprenderte de algo en el momento que lo desees.

Hay algo más en que debemos reflexionar mientras hacemos nuestra reveladora investigación sobre lo que no es desprenderse de las cosas.

Desprenderse no tiene nada en común con sacrificarse ni con los sentimientos de amargura o resentimiento que siempre parecen acompañar a cualquiera de los actos de negación de nosotros mismos que diseñamos. Por consiguiente, haciendo un breve resumen, podemos ver que desprenderse de las cosas no tiene nada que ver con las disciplinas, con la reorganización externa de nuestros asuntos ni con la lucha por liberarnos de nuestras relaciones personales. De hecho, desprenderse de las cosas no tiene nada que ver con liberarnos de aquello que está *fuera de nosotros mismos.*

Todos sabemos exactamente qué significa estar seguros de que tenemos que desprendernos de algo que nos causa pesar o preocupación, pero momentos después nos encontramos en una situación similar de tristeza. Alejarte de una persona y acercarte a otra no acaba con la soledad que te lleva a relaciones interpersonales que son como un callejón sin salida. Eso no es desprenderse. Sólo nos las hemos arreglado para poner el vacío en suspenso. Cambiar de empleo para alejarnos de alguien o de algo que nos hace sentir mal no cancela nuestro conflicto. Sólo retarda los inevitables sentimientos de ira que siempre afloran cuando nos sentimos amenazados. Nuestro enojo no puede mantenernos a salvo en un mundo insensible; lo que es insensible es este enojo.

El mayor secreto de la Tierra

La verdad es que desprenderse de las cosas es muy sencillo y, sobre todo, es algo natural; tan natural para ti y para mí como es natural para los árboles dejar caer sus frutos cuando maduran gracias a la energía solar; aunque antes esos frutos colgaban de sus ramas aferrándose a ellas. ¿Por qué? Porque tanto el hombre como el árbol, y de hecho todos los seres vivos, fueron creados para dejar caer lo que ya no necesitan. La fruta que cae del árbol lleva a la tierra semillas maduras. No se requiere una fuerza antinatural. De manera similar, aunque en base a leyes más estrictas y de nivel superior, estas mismas fuerzas amigables están esperando hacer por ti lo que no has sido capaz de hacer por ti mismo. Sólo necesitas aprender a cooperar con estos principios poderosos y eternos para ser capaz de desprenderte de cualquier amargura emocional, de cualquier arrepentimiento implacable, de una preocupación llena de ansiedad o de un pensamiento molesto. El resto se hará por ti.

De esto se trata *el verdadero secreto de saber desprenderse de las cosas.* En primer lugar, hay que comprender que todavía llevamos a cuestas las derrotas acumuladas de toda una vida, y que estas agobiantes cargas sólo han servido para hacer de nosotros personas llenas de pesar, no personas especiales. Este impacto inicial debe sacudirnos, pero en realidad es un gran avance. Anuncia la primera de una serie de separaciones personales en las cuales empezaremos a ver que hemos vivido basándonos en una parte de nosotros mismos que no se ve: ¡de un yo que piensa que aferrarse a los restos de un naufragio equivale a ser rescatado! Ahora entendemos por qué todos nuestros esfuerzos del pasado para desprendernos de algo sólo nos han dejado atados a un nuevo problema. Pero finalmente también sabemos con exactitud qué es lo que debemos dejar caer. Debemos desprendernos de ese yo lleno de pesar que está seguro de que es mejor sufrir y *sentir* que es alguien en lugar de simplemente desprenderse y no *ser* nadie con toda tranquilidad. No te preocupes por la manera en que se logrará esto. Esa es responsabilidad de la realidad.

El conocimiento superior que en este momento se te está empezando a revelar *no* es mental. Llega a ti desde una parte de ti mismo que es elevada, sabia y poderosa y que está muy por encima de los pensamientos cotidianos y de los incesantes conflictos sobre lo que podría ser o no ser lo mejor. Tu naturaleza interna, que está empezando a despertar, sabe lo que es mejor para ti porque ve la vida sin la dolorosa confusión y las contradicciones que siempre acompañan al interés compulsivo relacionado con uno mismo. Por ejemplo, esta inteligencia superior sabe que no necesitas sentir dolor, ni siquiera cuando estás seguro de que deberías sentirlo. Una vez que te has puesto en contacto con el yo silencioso y secreto que hay en tu interior, él hará el resto. Es verdad. Esta parte superior de ti mismo es lo único que tiene la fuerza y la sabiduría para abrir gentilmente tus manos de modo que salga de ti todo lo que te ha estado haciendo infeliz.

Créeme, estás en el umbral del mayor descubrimiento que cualquier ser humano podría hacer. *El verdadero secreto de saber desprenderse de las cosas* no sólo tiene la clave para acabar con lo que es indeseable, sino que dentro de este secreto supremo está el principio de tu nueva vida; el nacimiento de una nueva naturaleza que nunca tendrá que aferrarse a nada porque ella *ya lo es todo.* Atrévete a seguir adelante. Permite que las siguientes revelaciones aceleren tu camino.

1. Desprenderte de ti mismo es desprenderte de tus problemas, pues todos los problemas son uno y el mismo.
2. Sigue tu deseo de ser ilimitado.
3. Antes de descubrir lo que es correcto siempre debemos dejar al descubierto lo que es incorrecto.
4. Sólo puedes ser libre en la medida en que estés dispuesto a ser veraz acerca de ti mismo.
5. Desprenderse es estrictamente una tarea interior.
6. Nada en el mundo está oculto para ti si estás dispuesto a revelarte a ti mismo lo que eres.
7. Puedes vivir a partir de la inteligencia verdadera o puedes vivir con una actitud insistente que se centra en ti mismo.
8. Para desprenderse no se necesita fuerza; sólo hay que estar dispuesto a ver la necesidad de hacerlo.
9. Nunca podrás abordar una situación en un nivel que rebase la comprensión que tengas de esa situación.

10. En cuanto ves un problema, conoces la solución.
11. Una debilidad que se detecta es una debilidad que se rechaza.
12. Desprendernos es la liberación natural que siempre viene después de que comprendemos que el aferrarse lastima.
13. La infelicidad no llega a ti; viene de ti mismo.
14. El sufrimiento sólo es algo que tomaste por error.
15. Lo que en realidad deseas es dejar de pensar en ti mismo.
16. La derrota es el resultado de aferrarse a soluciones que no funcionan.
17. El desprenderse ocurre sin esfuerzo, una vez que comprendes que no hay otra opción.
18. La verdadera libertad consiste en no sentirse atrapado como ser, no en el hecho de que el ser no adquiera ataduras para sentirse libre.
19. El deseo de aprender sobre ti mismo pero al mismo tiempo limitar tus descubrimientos sobre lo que deseas descubrir, es como decir: "Quiero ver todo el mundo desde mi cama".
20. Lo único que pierdes cuanto te desprendes de algo sin lo cual temes vivir, es el miedo en sí.

Sé más fuerte que aquello que te atemoriza

"Quiero ser valiente cuando llega el momento de liberarme de situaciones autodestructivas, pero siempre que me acerco a la posibilidad de desprenderme de ellas, siento mucho miedo. ¡Y cuando siento miedo, parece que me aferro a todo con más fuerza! ¿Existe alguna manera de superar este miedo? Aborrezco la idea de que tal vez soy demasiado temeroso para poder encontrar la libertad".

"Sí. Existe una manera de superar este aspecto de ti mismo que prefiere aferrarse en lugar de salir. Sin embargo, para realmente desprenderte de estos miedos, primero debes pasar a través de ellos".

"Pero he intentado superar mis miedos, y sin importar cuánto haya yo luchado, simplemente parece que no puedo liberarme de sus sombrías influencias autolimitantes".

"Eso pasa porque estás tratando de dominar el miedo".

"Bueno, ¿qué más puedes hacer con algo que no te suelta? ¿No tienes que encontrar una manera de ser más fuerte que eso?".

"Sí, por supuesto, pero luchar contra el miedo es como tratar de propinarle un *knock-out* a una sombra atemorizante. Lo único que haces es agotarte. Para acabar con tus miedos de una vez por todas, debes olvidar la idea de dominarlos y empezar a pensar en la iluminación".

"¿Iluminación? ¿Qué quieres decir con eso?".

"Me refiero a la iluminación de uno mismo: el milagro que ocurre en nuestro interior siempre que nos atrevemos a poner el deseo de *comprender* lo que nos asusta por encima de nuestra certeza de que nuestra única opción es sentir miedo".

"Me agrada lo que estás diciendo, pero dime, ¿cómo es posible que lo que yo entiendo cancele el miedo que siento?".

"Lo cancela si te atreves a seguir con ese miedo y lo experimentas tal cual es, pero al mismo tiempo decides enfrentar esos miedos en forma consciente. ¡Entonces te darás cuenta de que lo que está tan temeroso no eres tú!".

"Por favor..., me gustaría saber más sobre esta nueva comprensión".

La condición aparentemente atemorizante, sin importar lo que sea, no es el problema. Lo atemorizante es tu *reacción* a ella. Por eso, si llegas a estar consciente de tu condición, en lugar de temerle, cambiarás por siempre tu relación con el miedo. Sólo en este tipo especial de relación interna existe la verdadera seguridad, ya que ahora estás interactuando con el miedo en una forma totalmente nueva. Ya no estás permitiendo que te ordene cómo debes actuar o qué debes hacer. Por el contrario, estás consciente del miedo. Estás aprendiendo a observarlo y estudiarlo en silencio. Y día tras día, a medida que descubres algo nuevo sobre la extraña e inestable naturaleza de tus propias reacciones de miedo, empiezan a perder su poder sobre ti.

¿Por qué? Porque finalmente las estás viendo como lo que siempre han sido: fuerzas mecánicas carentes de inteligencia. Gradualmente te estás fortaleciendo y eres más fuerte que ellas, porque al verlas tal como son, no como ellas quisieran que las vieras, te has ayudado a moverte por encima de ellas y a estar fuera de su campo de influencia. Esta comprensión interna de ti mismo es la diferencia entre pasarte la vida temblando y estar al mando de la vida.

Experimentar el miedo en forma consciente significa que sabes que tienes miedo, pero al mismo tiempo sabes que estos temores en sí, a pesar de lo reales que parezcan, no son tú. Y ninguna reacción errónea puede mantenerte cautivo una vez que empiezas a verla tal como es. El miedo es, y siempre ha sido, una reacción autolimitante a la que nos aferramos en las tinieblas de nuestro nivel de vida presente, pues erróneamente creemos que es un escudo que nos va a proteger. Pero así como la más leve luz de la aurora puede dispersar las tinieblas que han reinado durante toda una noche, los más leves destellos de comprensión interna sobre un miedo persistente nos llevan a liberarnos de él.

Puedes poner a prueba en ti mismo este poderoso principio en cualquier momento que lo desees. Sólo atrévete a aplicarlo aunque sientas miedo. Pero recuerda que tu nueva meta no es ser valiente ni tratar de actuar con fortaleza ante el miedo. No. Hemos visto que esto no funciona. Sólo deseas que la curiosidad que sientes por tus pensamientos y sentimientos temerosos sea mayor que la fe que tienes en ellos. Si sigues estas sencillas instrucciones, que sin embargo son de nivel superior, no sólo empezarás a *ver* estas reacciones habituales que han hecho que constantemente sientas miedo y huyas, sino que de hecho empezarás a ver *a través* de ellas. Es entonces cuando ocurre el verdadero milagro. Cada nueva comprensión interna sobre la verdadera naturaleza de estas reacciones negativas elimina algo del poder que tienen sobre ti. Y a medida que ellas pierden poder, tu ganas. Ahora eres más fuerte, y lo sabes. También sabes que esta nueva fuerza nunca te fallará porque no es sólo la apariencia temporal de un oponente atrevido. Esta nueva fuerza que tienes es la *ausencia* de una debilidad anterior.

Analicemos sólo una de las maneras en que este principio de poner la iluminación personal por encima de la autoprotección psicológica puede transformar el miedo en osadía. ¿Conoces a alguien de quien preferirías huir en lugar de encontrarte con él? ¡Casi todos conocemos a alguien así! No obstante, a partir de ahora, decide que nunca volverás a evitar a una persona que te atemoriza. De hecho, ve directamente y acércate a ese hombre crítico o a esa mujer agresiva y dile o haz exactamente lo que quieras en lugar de permitir que el miedo te diga lo que tienes que hacer. No pienses en la forma en que las cosas deberían o no deberían ser. Estás ahí para observar y aprender sobre ti mismo, no para que tu ego tenga una victoria. Deja que esa persona te vea temblar, si eso es lo que empieza a suceder. ¿Qué importa? Además, eso sólo es temporal. Esa persona desagradable que está frente a ti no puede saberlo, pero lo que estás haciendo es dándote una sacudida para despertar.

Por primera vez, estás permitiendo que tus reacciones pasen de largo en lugar de dejarte arrastrar por ellas. Al estar ahí, alejado momentáneamente de tu yo usual y trabajando con ahínco para permanecer tan vigilante interiormente como te sea posible, puedes ver que esta avalancha de reacciones, que antes eran inconscientes, tiene su propia historia; una historia de temores que hasta la fecha habías abrazado como si fuera tu propia historia. Pero ahora estás empezando a ver esa historia en su totalidad. Los miedos no te pertenecen. Esta es la explicación.

Le has tenido miedo a otra persona. Lo único que alguna vez te ha atemorizado son *tus propios pensamientos* sobre esa persona. Sí, de hecho sentiste *miedo,* pero no era tuyo y no sentías miedo de alguien que fuera más fuerte que tú. El miedo que sentías estaba en lo que *creías* que esa persona pensaba de ti. Es asombroso, ¿verdad? ¡Les has temido a tus propios pensamientos! Y al ver esto, acabas con ello. Ahora puedes permitir que este "yo de pensamiento" se vaya, porque nadie está dispuesto a aferrarse al terror.

La forma segura de elevar el nivel de tu vida

Como a la larga podremos ver, casi todos los sentimientos desdichados de todo tipo son el resultado de confundir lo parcial con la totalidad. Esto significa que cuando no vemos el panorama completo, es posible que actuemos en formas que son dañinas para nosotros. Un ejemplo de esto sería ese terrible sentimiento que te hunde y que aparece cuando te enojas y te das cuenta demasiado tarde de que las cosas no fueron como estabas seguro que habían sido. Que en realidad fuiste tú quien juzgó mal o entendió mal a la persona o al incidente, y ahora que puedes ver toda la situación, entiendes que no existía una razón para enojarse o para estar triste, ansioso o temeroso. ¿Cuántas veces hemos lamentado una acción irreflexiva después de descubrir todos los hechos? Esto es lo que debemos hacer: reunir todos los hechos. Te prometo que todo podrá explicarse. Nada de lo que *te pasa* o pasa *a través* de ti necesita ocurrir sin que tú entiendas las razones por las cuales ocurrió. Puedes sentirte iluminado en lugar de sentirte asustado. Tú decides. El descubrimiento de que siempre puedes elegir a tu favor es muy emocionante.

No tienes que aceptar el nivel que tu vida tiene en este momento. El nivel de tu vida es lo que determina si navegas por la vida o te hundes en ella. Tal vez en la actualidad te parezca que hay momentos en que no tienes muchas opciones o elecciones en cuanto a tu propia vida. Quiero que sepas que eso es mentira. Este sentimiento temporal de estar atrapado es parte del nivel que tiene tu vida en este momento, un nivel en el que sinceramente sientes que tus opciones son limitadas. De nuevo, quiero que sepas que esto simplemente no es verdad. Siempre hay una opción.

El problema es que la mayoría de las personas insisten en las elecciones que hacen, de modo que es vital que observemos lo siguiente: lo que determina nuestra experiencia de vida presente son las elecciones que *ya* hicimos. ¿Por qué regresar a la misma zona de elecciones? Ya sospechamos que no producirá una verdadera felicidad, y ahora debemos confirmar esa sospecha. ¡No pasará nada malo! De hecho, sólo puede ocurrir algo bueno una vez que dejemos de aferrarnos a ideas inútiles.

Podrías decir que tu nueva opción es dejar de elegir cosas para ti mismo *a partir de* ti mismo. Este es el primer paso que se necesita para cambiar el nivel de tu vida. Aquí hay algo que te ayudará a ver la sabiduría de esta nueva elección de nivel superior.

Si hasta la fecha tus elecciones te han dejado sintiéndote insatisfecho e incompleto, debes dejar de culpar a lo que seleccionaste y entender que el problema yace en la persona que hace las elecciones: *¡tú!* Tú y lo que te pasa cada día reflejan el nivel que tiene tu vida. Se nos hace creer erróneamente que la vida hace de nosotros la clase de persona que somos. ¡La verdad es que la clase de persona que somos (el nivel que tiene nuestra vida) hace que la vida sea lo que es para nosotros! Es por eso que nada puede cambiar para nosotros en realidad hasta que veamos que nuestra desdicha no se relaciona con los sucesos, es el nivel de ellos que elegimos experimentar. Veamos esto a un nivel un poco más profundo.

Creemos que nos enfrentamos a los sucesos y que esos sucesos son buenos o malos, placenteros o punitivos. En otras palabras, nuestros sentimientos reflejan lo que nos pasa a cada momento. Por eso, mientras actuemos a partir del nivel actual de nuestra vida, nuestra primera elección cuando nos sentimos agobiados siempre es tratar de cambiar las condiciones que culpamos por la forma en que nos sentimos; creemos que al cambiar nuestro entorno acabaremos con nuestra infelicidad. Esto nunca ha funcionado en realidad, y de hecho nunca funcionará, ya que *la condición desagradable o triste no fue el suceso en sí, sino nuestra reacción a él.*

¿Qué significa para ti este nuevo conocimiento? ¡Todo! Significa que:

1. Puedes desprenderte de esos sentimientos de resentimiento hacia tu trabajo, ya que lo rutinario no es lo que haces sino tu manera de pensar.
2. Puedes dejar de intentar cambiar a otras personas, ya que lo que te molesta acerca de ellas eres *tú.*
3. Puedes desprenderte del miedo a los cambios o a los retos imprevistos, pues tú mismo eres lo único que en realidad tendrás que enfrentar en cualquier momento de reto.

Lo mejor es que puedes desprenderte de la imposible tarea de pensar que eres responsable de la forma en que gira el mundo, pues tiene una increíble capacidad de autocastigo. Lo único de lo que eres responsable es tu mundo interior: el mundo de tus pensamientos y sentimientos, de tus impulsos y deseos. Lo que determina el nivel de tu vida es la claridad con que puedas ver este mundo interior. Esta nueva forma de ver es segura y a final de cuentas es la raíz de todo éxito personal, porque cuando sabes dónde no debes pisar, tu camino por la vida es un camino seguro y feliz.

No irías a la cocina de tu vecino para arreglar el fregadero que se descompuso *en tu cocina.* ¿Por qué tratas de cambiar tu mundo externo cuando sólo es el reflejo de tu vida interior? No trates de cambiar el mundo externo. Cambia tus propias actitudes y puntos de vista. Cuando te cambias, cambias al mundo en lo que a ti concierne, pues tú eres tu propio mundo. Esta es una forma sencilla de resumir todo esto: *lo interno determina lo externo.*

Esto no es tan difícil de entender como podría parecer. Usemos un ejemplo. Si una persona que está escribiendo una carta escribe mal una palabra, el error empieza en su mente y después aparece en el papel. No puede corregir el papel si no corrige primero a su mente. Si no aclara su mente, el error deberá repetirse por siempre en el papel. Sin duda puedes ver el paralelo entre esto y los problemas humanos. Las personas tratan de corregir los errores externos en lugar de corregir su forma de pensar, lo que las deja perdidas, pues sin saberlo siguen encadenadas a una máquina de cometer errores. Por eso es tan importante entender esta lección. Tu descontento con la vida es un descontento con tu comprensión (el nivel de tu vida), no con lo que tu comprensión te ha dado. Tratar de cambiar tu vida sin antes cambiar el nivel de tu vida es como tratar de convencerte de que un carrusel tiene un destino al cual llegar. Si estás cansado de dar vueltas y vueltas, recuerda que puedes bajarte del carrusel cuando quieras.

Esta clase de principios verdaderos se presentan aquí para ayudarte a hacer esta elección superior, ayudándote a incrementar tu comprensión de ti mismo. Esta elevada comprensión a su vez eleva el nivel de tu vida. A medida que elevas el nivel de tu vida, verás que sin esfuerzo has elevado la forma en que reaccionas a cada suceso. Entonces, el mundo entero empieza a desacelerarse en lo que a ti concierne porque ahora entiendes que no era la vida lo que hacía que te sintieras confundido, era tu manera de pensar.

Adelante, despréndete de ti mismo

Cualquier ser humano que tiene que conservar la compostura está a punto de hacerse añicos. Tratar de conservar la compostura es una forma terrible de vivir la vida. Ahora nuestra tarea es comprobar esto para nosotros mismos. Nunca podrás aliviar el miedo de hacerte añicos añadiendo más piezas a tu yo; por ejemplo, el éxito o la esperanza de lograr el éxito. Con este enfoque hacia la vida, te agotas con más rapidez, porque ahora tienes aun más condiciones que crees que debes controlar con el objeto de conservar la compostura en la vida. Considera con cuidado la siguiente revelación. Pone al descubierto la inteligencia que respalda tu deseo de desprenderte de las cosas.

Cualquier cosa que tengas que controlar, te controla. El problema del autocontrol es que es parte de una guerra que se lucha en tu interior. ¡Nadie gana una guerra jamás! Veamos de nuevo esta misma idea desde una perspectiva ligeramente distinta. Siempre que se presenta una situación incierta, la mente trabaja febrilmente para resolverla y así recuperar la sensación de tener el control. No obstante, ¡cuanto más febrilmente trabaje la mente, más fuera de control estás tú! Puedes verlo por ti mismo. Cualquiera que tema perder el control ya no está ejerciendo control: es como un accidente que sólo está esperando para ocurrir. Hay algo más, y debemos verlo todo si alguna vez queremos elevarnos por encima del nivel actual de nuestra vida y llegar a una verdadera verdad personal.

Siempre que nos vemos a nosotros mismos, hay una imagen que rara vez está presente en nuestra película mental, si es que alguna vez llega a estarlo: la imagen de ser alguien que está a punto de hacerse añicos. Pero además, son pocos los que llegan a verse a la luz de un compromiso consigo mismos. Nos sentimos seguros en el teatro a media luz de nuestro propio círculo de imágenes de nosotros mismos, y regresamos a él con frecuencia, en especial cuando la agresiva luz de la realidad empieza a colarse y a mostrarnos que no somos tan estables como quisiéramos pensar que lo somos. Es por eso que necesitamos la verdad en nuestra vida. La verdad es lo que nos permite ver la realidad sin aterrorizarnos por lo que vemos. Parte de las acciones de rescate que realiza la verdad es revelarnos que no estamos apartados de lo que vemos. Desde esta posición ventajosa interior, que es única, la luz de la realidad no es agresiva; es nuestro Hogar. Cuanta más de esta luz podamos recibir en nuestro círculo personal y su reparto de mil imágenes de nosotros mismos, más fácil se vuelve desprendernos. ¿Por qué? Porque no estamos perdiendo nada excepto lo que nos ha mantenido en tinieblas.

Si somos honestos, nos daremos cuenta de que nuestra vida parece reducirse a medida que nuestra edad aumenta. Tenemos menos amigos, menos actividades; nos arriesgamos cada vez menos. ¿Pero por qué? ¿Por qué disminuyen con la edad las posibilidades de que una persona experimente impresiones nuevas y estimulantes? ¿Por qué, si seguimos desarrollándonos y creciendo como deberíamos, no buscamos retos personales cada vez mayores, en lugar de evitarlos? ¿Podría esta vida nuestra, que se encoge lentamente, ser el resultado de un impulso inconsciente de nuestra parte para evitar cualquier situación o relación personal que pudiera llegar a ser la proverbial gota que derramó el vaso en lo relacionado con nuestra imagen de nosotros mismos?

"Puedo ver la lógica de lo que estás diciendo, pero como dijiste, no creo que esto se aplique a mí".

"¿Estás dispuesto a ver si se aplica a ti?".

"Por supuesto".

"Bien. ¿Alguna vez te enojas o te angustias?".

"Sí, ¿pero qué tiene eso que ver con hacerse añicos?".

"Veamos. ¿Qué es lo que hace que te enojes o te angusties?".

"Que las cosas no sucedan como quiero que sucedan".

"En otras palabras, has creado una imagen de cómo deberían ser las cosas, y cuando la vida no confirma esta imagen, de una u otra forma tienes sentimientos negativos".

"Sí, eso más o menos lo describe. ¿A dónde quieres llegar?".

"Trabajemos juntos en esto. Dijiste que cuando la vida no confirma las imágenes que tienes de ti mismo (tu esperanza de seguridad futura, de amor en tus relaciones de pareja, o lo que sea), entonces surge cierta clase de estrés o infelicidad, pues tus imágenes empiezan a hacerse añicos".

"Por favor continúa".

"Esto nos muestra que dentro de tu manera de pensar actual crees que tu felicidad futura de hecho depende de esas imágenes. ¡Por eso, cuando tus imágenes empiezan desmoronarse, tú también te desmoronas!".

"Sí, ¿pero por qué me siento enojado o angustiado?".

"Porque estas emociones punitivas son parte de un sutil sistema de escapatorias personales que producen dos cosas oscuras al mismo tiempo: mantienen vivo el problema y al mismo tiempo mantienen invisible la verdadera solución".

"¿Cuál es el problema?".

"En esencia, es la falta de comprensión sobre tu verdadera naturaleza. Estás a punto de descubrir que no eres quien crees que eres. Independientemente de lo atractivo o repulsivo que creas ser, no eres ninguna imagen que pudieras tener de ti mismo".

"¿Y cuál es la verdadera solución?".

"Adelante, permítete hacerte pedazos".

"¿Qué? ¡Eso necesita una explicación!".

"Y existe una, si estás dispuesto a vivir la experiencia; pero por el momento, esta es la razón que está detrás de esta respuesta inesperada: *tú no eres lo que se hará añicos.* Lo que tú eres nunca podrá hacerse añicos. Lo que se derrumbará es la casa de fantasmas llena de imágenes que te halagan, que buscan seguridad y que tú erróneamente identificabas como una solución para tu inestable vida. Estas imágenes no son la solución para tu inestabilidad, *son su fuente*".

El secreto de la felicidad sin esfuerzo

¿Alguna vez has notado lo desdichado que puedes sentirte debido al hecho de que no eres feliz? Si no se le examina, este comportamiento parece tener sentido. Pero si se le mira más de cerca revelará que el ser desdichado porque uno no es feliz, es como lanzar gasolina al fuego con la idea de apagarlo. Tendrás mucho fuego y humo, incluso podrías sentir una extraña emoción, pero al final, lo único que te queda son cenizas. Por eso debes entender el siguiente hecho asombroso.

Puedes causarte tristeza, pero no puedes hacerte feliz.

Esto no debería ser una gran sorpresa. En este momento nos estamos enterando de que fuimos conspiradores silenciosos en nuestra propia vida desdichada. Aunque no se nos señalara, la mayoría de nosotros puede admitir que en ocasiones de hecho nos causamos tristeza. Pero no hay nada bueno en el hecho de sentirse mal. Nunca existe una justificación para tolerar nuestra propia infelicidad, ya que lo que uno mismo induce, uno mismo puede reducirlo y al final eliminarlo, si estamos dispuestos a comprender cuáles son sus causas. Por eso debemos observar por qué es imposible *hacernos* felices si en realidad queremos descubrir la felicidad *auténtica.*

Exceptuado las drogas y el alcohol, que obviamente no son la ruta hacia la felicidad, siempre que quieres *sentirte* feliz, debes invertir cierto tipo de esfuerzo. El esfuerzo implica que se aplica la fuerza en una dirección específica. Podemos ver que esto es bueno y necesario cuando se siguen planes preconcebidos relacionados con proyectos de construcción, asuntos de negocios o recetas de cocina, por ejemplo. También puedes esforzarte para imaginar o visualizar nuevas formas e ideas que te ayudarán en un proceso creativo. Pero cuando se trata de ser feliz, *cualquier* esfuerzo es un error. Veamos si esto es verdad. Si lo es, entonces estamos al umbral de un descubrimiento aún más elevado: la verdadera felicidad se logra sin esfuerzo. Descubramos más sobre esta nueva posibilidad.

Como ya lo hemos descrito, donde hay esfuerzo, siempre hay un plan, lo conozcamos o no. Todos los planes, por definición, se relacionan con construir algo; en este caso, tus planes se relacionan con construir la felicidad. Con este plan preconcebido, con esta imagen de la felicidad fija firmemente en tu mente, te enfrentas a cada uno de los sucesos de la vida buscando tu imagen en lugar de experimentar lo que la vida te presenta. Este doloroso proceso de comparación que produce estrés ocurre sin que nos demos cuenta, y arruina todo lo que toca. La vida se convierte en una serie de desilusiones, en lugar de ser una serie de aventuras felices. Por favor reflexiona en lo siguiente: nunca podrías ser feliz con nada de lo que encontraras en esta vida si de antemano no tuvieras fijo en la mente lo que estabas buscando.

Espero que a partir de esto podamos entender que nuestras ideas sobre la felicidad muy a menudo son la raíz misma de nuestra infelicidad. Lo importante es que la felicidad no es algo que pueda crearse. No es el resultado de nada. La felicidad llega a aquellos que entienden que no puede buscarse, así como no se busca el aire que uno respira. Es una parte de la vida que debe encontrarse en el vivir. La emoción de anticipación no es felicidad, así como el oler pan recién horneado no nutre a un cuerpo hambriento.

Toda búsqueda de la felicidad se basa en la falsa suposición de que existe una forma de poseerla. ¡Es como si trataras de atrapar con la mano un puñado de brisa! La felicidad es la expresión natural de una vida sin estrés, tan natural como el hecho de que la luz solar caliente la tierra después de que desaparecen los oscuros nubarrones.

Los diez pasos que hay que dar para llegar a una vida verdaderamente nueva

La diferencia entre estar realmente al mando de uno mismo y sólo aparentar estarlo es la diferencia entre flotar suavemente llevado por la corriente de un río y ser arrastrado por las olas de la duda con respecto a nosotros mismos. Las ideas de nivel superior como estas nos llevan a una vida que en verdad es nueva. Recíbelas y llévalas a lo profundo de tu ser.

1. Estudia la situación entrando en ella.
2. Encárgate de las cosas, no estés en conflicto con ellas.
3. Entiende la necesidad de corregirte a ti mismo.
4. Vuélvete consciente, no te vuelvas loco.
5. Enfrenta todos los engaños del miedo.
6. Comprende que tus reacciones no son la realidad.
7. Esclarécete, no te asustes.
8. No te percibas sintiéndote, sé tu mismo.

9. El rescatarse a sí mismo sin una revelación personal, es engañarse.
10. La felicidad es desprenderte de tus ideas sobre la felicidad.

CAPÍTULO 2

Tu verdadera naturaleza es de alto nivel

No tiene nada de malo convertirse en un ser humano de éxito. De hecho, el propósito de tu vida es triunfar. ¿Pero qué pasaría si en tu búsqueda de la victoria accidentalmente se te atrajera a un juego apremiante en el que, sin que tú lo supieras, fuera imposible ganar, independientemente de lo bien o religiosamente que obedecieras las "reglas"? Un juego en el que, en lugar de tener libertad para correr hacia donde quisieras, te encontraras moviéndote en forma cada vez más mecánica al paso de los días. ¡Y para empeorar las cosas, cada día que pasa te deja sintiéndote más frustrado y con menos plenitud debido a una creciente presión por ganar! Además, siempre que miras alrededor para ver lo que están haciendo los otros jugadores, es obvio que están tan desilusionados con el juego como tú. ¡En realidad nadie está ganando nada!

Entonces, un día, para tu gran asombro e impacto, descubres que al igual que todos los demás que están en el campo de juego, fuiste engañado para participar en un juego demente en el que las reglas que se te enseñaron para jugarlo te permiten anotar, ¡pero nunca te permiten dejar de correr! Puedes competir, pero nunca puedes alcanzar una victoria significativa o duradera.

Esta metáfora nos proporciona una inexorable visión momentánea del nivel que tiene nuestra vida actual. Y precisamente porque ofrece una visión inexorable, no sólo nos dice por qué nuestros días pueden parecernos tan vacíos, sino que también nos señala una solución para nuestra triste situación que anteriormente habría sido impensable. ¡Tal vez existe una forma de ganar después de todo!

Por primera vez empezamos a entender por qué, a pesar de nuestros mejores esfuerzos para llegar a la cumbre, tan a menudo se nos lanza a una pérdida en nuestras relaciones interpersonales y en los asuntos de cada día. Cuando estas derrotas se acumulan, la vida parece más un castigo que un placer. Queremos darnos por vencidos y alejarnos. Pero no podemos hacerlo. Las reglas que nos han enseñado, y que seguimos en el juego, no consideran ni reconocen la posibilidad de una vida fuera de ese campo de juego. Nos sentimos atrapados. Y entonces, poco a poco te das por vencido, como cuando la temperatura va bajando gradualmente y te congela sin que te des cuenta. Dejamos de preocuparnos por las cosas duraderas que hacen de la vida algo bueno y noble, y empezamos a esperar esos pequeños momentos que hacen que la vida en el campo de juego parezca tolerable.

Escucha: *no te des por vencido.* No tienes que hacerlo. Puedes triunfar en una forma completamente nueva. ¿Cómo? ¡Simplemente despréndete!

Despréndete de todas las reglas rigurosas, familiares pero inútiles, que te dicen que tu vida carecería de sentido si no estuvieras corriendo de un lugar a otro en una especie de conflicto. Deja de regirte por tu propio deseo, muy desgastado e inútil, de que tu vida va a mejorar mientras más tiempo juegues. No mejorará, a menos que creas que sentirte agotado es lo mismo que ser exaltado. Por esa razón debemos empezar a analizar los hechos.

Sí, despréndete de eso. Aléjate. Nada puede detenerte. Créeme, esta es la primera de una serie de acciones que te llevarán al triunfo.

No importa qué dirección tomen; eso no tiene la menor importancia. ¿Por qué? Porque alejarse de lo que es falso es lo mismo que dirigirse a lo que es verdadero. Tal vez al principio no lo parezca, pero por primera vez en tu vida las reglas de la vida trabajarán *para* ti. Así es como funciona esto: desprenderte de lo que te oprime es tu forma de cooperar con tu ascenso. Mira, tu verdadera naturaleza es de alto nivel. Y este es tu nuevo derrotero. Pero tú no lo eliges. No, te permites ascender. Tal vez al principio sientas que esto es difícil de manejar, incluso aterrador, pero con el tiempo reconocerás que es una necesidad natural en ti.

Aprende a cooperar con las reglas reales de la vida, con los principios verdaderos, y permite que te eleven. Esa es su tarea. Una vez que dejes de optar por perder, el triunfar en la vida ocurre sin esfuerzo. Así de fácil. El autor místico y filósofo suizo, Henri Frédéric Amiel, entendió la importancia de alinearnos con las reglas reales y describe cómo es nuestra vida cuando no lo hacemos:

> *El que flota con la corriente, el que no se guía de acuerdo con principios más altos, el que no tiene un ideal ni convicciones..., ese hombre es un objeto que se deja mover, en lugar de un ser viviente y en movimiento; es un eco, no una voz. El hombre que no tiene vida interior es esclavo de su entorno y le obedece servilmente como un barómetro obedece al aire.*

Opta a favor de tu verdadero yo

"Pero no es posible que estés diciendo que debo alejarme de todo aquello por lo que he trabajado toda la vida".

"No, no es eso lo que estoy diciendo. Lo que estoy diciendo es que necesitamos ver más de cerca eso que hemos estado llamando nuestra vida".

"¿Con qué propósito?".

"Para ver si en realidad es nuestra. Una vez que sepamos lo que es auténticamente nuestro, entonces también sabremos qué debemos conservar y proteger y de qué debemos desprendernos".

"Puedo entender este concepto, ¿pero cómo se aplica a mi vida?".

"Analicemos brevemente una historia verdadera tomada de la madre naturaleza para lograr una mayor comprensión. La hembra del cuclillo es un ave que suele poner sus huevos en los nidos de otras aves y los deja ahí hasta que empollan. La hembra se esconde y espera hasta que se aleja el ave que es dueña del nido y deja los huevos sin atención. Entonces la hembra cuclillo baja al nido y rápidamente pone uno de sus huevos, de modo que cuando regresa la madre dueña del nido, que no sospecha nada, se encarga con esmero del huevo que cree ser uno de los suyos. Por lo general, lo siguiente es que el polluelo cuclillo empolla más rápido que los otros y saca del nido a los polluelos más pequeños. En esta forma, las aves que son dueñas del nido no se dan cuenta del cambio que ha ocurrido y dedican toda su energía a nutrir y a tomar responsabilidad por un ser que no les pertenece".

"Es un relato interesante, pero no estoy seguro de lo que estás tratando de decirme".

"A nosotros también nos han engañado para que nos encarguemos de una vida que *en realidad no es nuestra* y para que sin darnos cuenta adoptemos a una especie de yo sustituto. Este yo siempre tiene hambre de sensaciones y no le importa de qué clase sean; su único interés en nosotros se centra en lo que podemos darle. Este sombrío yo interior nos ha convencido de que lo que él quiere es lo que nosotros necesitamos. A lo largo de los años ha desplazado, una por una, nuestras inclinaciones naturales para buscar su plenitud a través de sus impulsos antinaturales que buscan sus autoestímulos y su autopreservación".

"Así que por eso dices que debería yo decidirme y alejarme de mi vida; ¡tal vez ni siquiera es mía! A decir verdad, recuerdo que en repetidas ocasiones he sentido como si mi vida no me perteneciera. ¿Es eso lógico?".

"Sí, todos hemos tenido esa clase de sentimientos inexplicables en uno u otro momento. Pero como en ese entonces no había forma de entender la importancia de su breve aparición, aprendimos a simplemente ignorarlos hasta que se desvanecieron. Bueno, el propósito de los principios verdaderos, como los que se revelan en este libro, es volver a despertar estos momentos olvidados de intuición superior que dudan de lo que hemos llegado a considerar nuestro yo presente. Recibe con gusto su leve vibración, aunque signifique tener que soportar un disturbio temporal en tu interior. Estos sentimientos intuitivos te llegan de una parte de tu verdadera naturaleza que quiere que dejes de trabajar contra ti mismo y que empieces a aprender algo que favorece a quien en realidad eres".

Permite que estas indicaciones de altura te ayuden a elegir a favor de tu Verdadero Yo:

1. Aquello que se nos impulsa a ganar nunca puede llevarnos a una verdadera victoria, pues cualquier persona a la que se le impulsa a hacer algo, es impulsada por los azotes de fuerzas externas. Esta es la definición de un esclavo, no de un conquistador.
2. Revelar tu ser a ti mismo es elegir a favor de tu Verdadero Yo.
3. Si la felicidad personal es la medida del éxito de un individuo. entonces, cualquier cosa que le cause dolor no puede ser parte de ese éxito.
4. Sufrir ahora para poder ser feliz en el futuro es tan lógico como lanzarte por la borda para después sentir alivio cuando se te rescate.
5. Cualquier deseo que sea compulsivo nunca podrá ser la fuente de un verdadero placer, pues cualquier cosa que te sientas obligado a hacer te convierte en un siervo de ese impulso en sí. Existe muy poco placer en ser empujado a lo largo de la vida.
6. Aprende a escuchar a los sentimientos que dudan de tu necesidad de sufrir.

7. Pedir ver más de una situación dolorosa equivale a preguntar cómo puedes desprenderte de ella.
8. Alejarte de los problemas que no quieres en tu vida se vuelve cada vez más fácil a medida que ves con mayor claridad qué es lo que ya no necesitas ser.
9. No se te puede dirigir a decidir contra ti mismo si antes no se te engaña para que pienses que lo que te lastima también te puede ayudar.
10. La verdadera certeza personal es la ausencia de las falsas dudas sobre uno mismo.

Tú no eres quien crees ser

En una clase que di sobre "Desprenderse de las dudas sobre sí mismo", una estudiante quería saber por qué los sucesos imprevistos, o incluso la amenaza de un suceso imprevisto, hacían que se sintiera tan incómoda. A continuación presento las preguntas y respuestas más importantes de nuestra conversación:

P: ¿Por qué me trastorno tan fácilmente con lo inesperado?

R: Si esta pregunta te interesa lo suficiente, podemos abordarla. La respuesta podría sorprenderte.

P: Sí. En realidad quiero saber por qué los cambios en mi vida, en el trabajo o en casa, me causan tanta intranquilidad.

R: Bien. Entonces empecemos poniendo en claro el primer error mental que está en la raíz de tu problema. *No eres tú en realidad* quien se siente intranquila cuando las situaciones cambian sin previo aviso.

P: Si no soy yo, ¿entonces quién es?

R: La que *crees* que eres; esa es la que se siente amenazada. Pero no tienes que seguir teniendo miedo. Empezando en este momento, con algo de investigación paciente sobre ti misma y con la ayuda de algunos hechos de alto nivel, descubrirás que no eres la que crees que eres. Éste es uno de los descubrimientos sobre ti misma más emocionantes y consoladores que puedes hacer.

Al vivir en el nivel de nuestra vida presente, casi siempre estamos nerviosos acerca de lo que sucede a nuestro alrededor. ¿Por qué? Porque todavía tenemos la idea errónea de que *lo que nos pasa* afecta o determina lo que somos. Por ejemplo, digamos que caminas por la calle y raspas un par de zapatos nuevos. ¿Por qué tiene que haber dolor a causa de eso, a menos que literalmente creamos que somos un zapato? Es obvio que no somos un trozo de piel pulida. Espero que podamos reírnos de nosotros mismos en este momento al ver lo absurdo y dañino que es este tipo de sufrimiento inconsciente. Y sin embargo, haciendo a un lado el humor que podría sentir nuestra mente, que en este momento está confusa, no hay nada cómico en pensar que te vas a perder si alguien te deja. Sólo pregúntaselo a cualquiera que alguna vez haya vivido la pesadilla de ver alejarse a un ser amado. *Esta* es la razón por la cual vamos a dejar atrás, de una vez por todas, esta naturaleza amenazada. Al ponernos bajo el cuidado de la inteligencia verdadera, podemos aprender a desprendernos de cualquier cosa que nos haya estado atemorizando hasta ahora. Así es. Los vientos de este mundo pueden soplar cálidos o fríos, con suavidad o como ventarrones, pero eso no te importa. Te has encontrado a ti mismo. Continuemos aprendiendo.

Sólo existe una manera de poder explicar la forma en que la persona que eres en realidad pudo haberse confundido o pudo haber sentido dolor por lo que te ha ocurrido. Dicho con sencillez, estás sufriendo debido a un caso de identidad equivocada. Esta crisis de identidad brota de creer que la persona que eres, tu ser esencial, de alguna manera está atado a los *sucesos* de tu vida. Esta manera de pensar tiende a atemorizarte ante casi cualquier cambio en tu vida. Al pensar que los sucesos determinan tu vida, sientes miedo de perder el control de ti mismo si ya no puedes controlar los sucesos. El buscarte fuera de ti mismo, ya sea a través de una carrera profesional, de pasatiempos o en los rostros de las personas, de la familia o de extraños, es como tratar de encontrar tu reflejo en un riachuelo que va saltando por la montaña. Tal ves puedas verte por un instante, pero tu imagen desaparecerá. Y luego deberás buscarla una y otra vez... una y otra vez. Vivir a partir de esta identidad equivocada te llena de una constante ansiedad y hace que te busques sin esperanza; esta es una búsqueda que nunca termina ya que, así como el riachuelo de la montaña continúa danzando y descendiendo, la verdadera naturaleza de la vida es el cambio constante.

Recuerda esta siguiente idea que te será de utilidad y empéñate en aprender la sabiduría que la respalda: *tal vez los acontecimientos te ocurran a ti, pero tú no eres esos acontecimientos.* Así como las nubes no son el firmamento, tú no eres lo que se mueve a través de ti. No eres lo que crees que eres.

Como hemos descubierto, pensar que tú eres el acontecimiento e identificarte con él, produce una identidad equivocada; una identidad angustiada e insegura. Esta identidad equivocada se conoce como el yo falso y tiene muchas apariencias. Por el momento, sólo digamos que este yo falso es un personaje que se crea en nuestra capacidad consciente a partir de la suma de nuestras experiencias en la vida, lo que es bastante natural. Las cosas nos salen "mal" porque este nivel del "yo" sólo sabe comparar lo que "es" con lo que "era"; no puede encontrarse con cada momento con la novedad que ese momento trae consigo, pues este yo es, literalmente, el producto de nuestro pasado. Y mientras veamos la vida a través de sus ojos, la libertad que brota del vivir el momento presente resulta imposible. Vamos a aprender todo lo relacionado con esta naturaleza inferior y al mismo tiempo vamos a aprender a desprendernos de ella. Ha vivido en nuestro interior libre de desafíos durante demasiado tiempo. Hoy, justo ahora, es el principio de su fin y el verdadero principio de la persona que en realidad eres.

Un caso de identidad equivocada

En una ocasión, un hombre despertó en una habitación que no reconocía plenamente. Nada era seguro, excepto una inexplicable sensación de mareo. Estaba rodeado de espejos, armarios y mesas con gavetas llenas de maquillaje de diferentes colores. El sitio le era familiar, ¿pero qué estaba haciendo ahí? Empezó a llenarse de ansiedad mientras trataba de recordar. ¿Pero qué debía recordar? Era obvio que estaba en el vestidor de un gran teatro, ¿pero qué papel desempeñaba él? Cada vez que se miraba en el espejo, sentía una puñalada de dolor, porque no estaba seguro de quién le devolvía la mirada desde el espejo. De pronto, se sintió solo.

Al no saber qué más hacer, corrió y abrió uno de los armarios. En su interior encontró un uniforme muy bien planchado y elegantemente decorado que obviamente pertenecía a un general muy importante. Le agradó la fortaleza que reflejaba. Quizá este era el traje de su personaje. Se lo puso rápidamente y se paró con una actitud marcial frente a uno de los grandes espejos. Se sintió abatido. Este era un traje que reflejaba osadía, pero no era suyo. Aunque no quería hacerlo, se quitó el uniforme. Abrió otro armario y encontró un traje de circo, de alegres colores. Sin perder un minuto, se lo puso. No funcionó. Además de que no le quedaba, hacía que pareciera y se sintiera como un payaso. Su desesperación aumentó. Abrió otro armario.

En esta ocasión encontró el traje de un estadista. En el siguiente armario estaba la ropa de un vagabundo, y así sucesivamente en todos los armarios. Muy pocos de los trajes le quedaban bien, y si le quedaban, él no se sentía bien con ellos. Llegó al último armario. ¿Debería abrirlo? Su corazón se aceleró. Cuando tomó la manija de la puerta, sintió que su cabeza empezaba a girar con violencia. Luchó para seguir adelante. Después de todo, en este armario tenía que estar el traje de su personaje. Era el único que quedaba. Al abrir la puerta se quedó boquiabierto. El armario estaba vacío. Esto fue demasiado para él y se desplomó en el piso.

Cuando volvió en sí, escuchó las voces de personas preocupadas a su alrededor. Sobre la frente le habían puesto un agradable paño fresco. Alguien le estaba preguntando si se sentía bien. Tenía un ligero dolor de cabeza. Entonces, por una fracción de segundo, se sintió presa del terror al recordar su búsqueda fallida en todos los armarios. Al instante, le invadió una profunda sensación de calma que hizo que todos sus temores se desvanecieran. Reinó la calma. Recordó quien era. Todo regresó a él. Horas antes, al hacer sus rondas antes de abrir las puertas del teatro, se había resbalado en el vestidor y se había golpeado la cabeza. El golpe le hizo olvidar que *él era el dueño del teatro, no uno de los personajes que aparecían en el escenario.* Fue un doloroso olvido temporal.

Este relato nos enseña que la ansiedad, las dudas sobre nosotros mismos y una multitud de estados interiores de desesperación se arremolinan bajo la luz de los reflectores y se apoderan del escenario cuando vivimos sin saber cuál es nuestra verdadera identidad. Una vez que se nos restaura este conocimiento de nosotros mismos, los dolorosos problemas que nos causa ese desconocimiento, desaparecerán sin esfuerzo. La calma y el autocontrol reemplazarán nuestros temores y nerviosismo.

Parece extraño, pero el yo falso no tiene vida

Esta es una idea desafiante: quienes no conocen su verdadera identidad no se han enterado de que no saben quiénes son. Es una especie de amnesia espiritual producida por el hecho de haber asumido una falsa identidad sin saberlo. ¿Cómo es eso posible?

Este yo temporal falso *parece* real. ¡No hay duda al respecto! Lo que lo anima y lo impulsa es la avalancha de reacciones que tenemos mientras corremos de un lugar a otro buscando nuestra plenitud. Pero el hecho de que esta naturaleza inferior reciba impulsos no significa que esté viva. Un tractor también se mueve, pero no puede ver ni comprender por qué choca contra las cosas. Es una máquina. Eso es lo que ocurre, en muchos sentidos, con el yo falso.

El combustible del yo falso son reacciones emocionales negativas que, a su vez, se sostienen debido a pensamientos incorrectos habituales. Como estos pensamientos y emociones de castigo sólo son los movimientos mecánicos de nuestra naturaleza inferior, existen "en el tiempo". Esto significa que no pueden evitar desvanecerse junto con los acontecimientos que los originaron. A medida que estos sentimientos negativos pierden su fuerza gradualmente, también pierde su fuerza la vida falsa del yo falso a la que daban impulso.

El yo falso teme morir cuando las reacciones temporales que le dieron vida se desvanecen, y se ve obligado a iniciar de nuevo su extraño ciclo de "carencia de vida". Empieza a anhelar y a buscar emociones o problemas más intensos; y cuando no puede encontrarlos, crea lo que sea necesario para mantenerse vivo hasta que las condiciones se vuelvan más favorables. Por ejemplo, al yo falso le gusta fomentar pleitos con otras personas, pues el que tú ganes o pierdas no tiene consecuencias para él. Tu angustia es la sangre que le da vida, de modo que lo único que necesita hacer para triunfar es mantenerte peleando. De hecho, el yo falso es un maestro para convertir hormigueros en montañas, pues nada le agrada tanto como los caminos pedregosos que van colina abajo. Nuestro triste papel en esta pesadilla recurrente es que estamos dispuestos a seguir en esta tenebrosa ruta que nos lleva a sucesos recurrentes y a finales tristes. ¿Por qué? Porque hemos asumido erróneamente esta falsa identidad que vive para tener problemas, y tememos que el final de su existencia sea nuestro propio fin. Nada podría estar más lejos de la verdad.

El verdadero problema del nivel de vida que tenemos en el presente no puede distinguir entre un viaje al castillo de Drácula y una visita a Disneyland, y por eso nos dice que la única opción que tenemos es desplomarnos ante las demandas del yo falso. Este único factor es la razón más poderosa del mundo para que dediquemos nuestros días a elevar nuestro nivel de vida. Si este hecho no te convence y hace que te pongas a trabajar, entonces permite que la siguiente idea te inspire a realizar nuevas acciones de nivel superior. Como Vernon Howard lo expresa bellamente, pensar que el final de esta naturaleza nerviosa es el final de la persona que eres en realidad, es como pensar que el final de la tormenta representa el final del firmamento.

El firmamento existe por siempre, al igual que tu verdadera naturaleza.

Empieza a ver a través del juego de la culpa

¿No estarías de acuerdo en que ninguno de tus verdaderos amigos querría dañarte jamás? ¿Y no estarías también de acuerdo en que si tuvieras un amigo en quien confiaras pero luego te enteraras de que te había mentido, ya no volverías a confiar en él..., o al menos no confiarías en él en una tercera, cuarta o quinta ocasión? Existe un refrán popular que dice: Si me engañas una vez, la culpa recae en ti. ¡Si me engañas dos veces, la culpa recae en mí! En el contexto de los estudios que estamos realizando, quiero añadir otro renglón a este antiguo refrán popular: ¡Si me engañas una y otra vez, es obvio que yo no reconozco una idea absurda cuando la escucho! Y ahí está la clave.

Los pensamientos y sentimientos habituales *que hemos dejado de escuchar* nos engañan casi a cada momento. Esta asombrosa revelación nos ofrece una buena explicación de la razón por la cual tan a menudo acabamos en situaciones dolorosas de ese tipo. Normalmente lo último que decimos ante ellas es algo como: "¿Cómo pude acabar en medio de este problema?". ¿Te parece familiar? Debería. Y aunque la respuesta a esta lastimera pregunta debería rescatarnos de situaciones difíciles similares en el futuro, rara vez lo hace. Es muy importante que reconozcamos esto. La verdad es que seguimos cayendo en las mismas trampas. ¿Por qué?

Existe una respuesta auténtica a esta pregunta que tal vez te sorprenda. La razón por la cual todavía no hemos logrado un verdadero rescate, y por lo tanto, que acabemos atrapados de nuevo en una confusión, es que cada vez que nos preguntamos cómo fue que una vez más quedamos atrapados, normalmente nos damos la vuelta y nos damos una respuesta. Y así vuelve a iniciarse este triste ciclo. Esto no debe seguir ocurriendo. Mediante un análisis un poco más minucioso y con la ayuda de ideas de nivel superior, podemos ver la imposibilidad de que nosotros encontráramos la "respuesta" que de hecho encontramos. ¿Por qué? Escucha esta nueva explicación verdadera de por qué parecemos repetir los mismos errores en la vida: si *en realidad* supiéramos la respuesta a nuestro problema recurrente, ¡no lo habríamos tenido en primer lugar!

"Sé que antes me he equivocado, pero esto es asombroso. Si yo no me he estado dando estas respuestas engañosas, ¿entonces de dónde vienen?".

"Todas estas respuestas vienen del yo falso".

"¿Pero por qué? Es decir, ¿cuál podría ser su motivo? ¿Por qué engañarme?".

"Quiere que tú asumas su posición".

"¿Y qué posición es esa?".

"Observa con cuidado y verás que las respuestas que siempre recibes cuando se trata de tu infelicidad son que alguien o algo externo a ti es lo que hace que te sientas así".

"¿Qué tiene de malo esa respuesta?".

"Todo. No tiene objeto culpar a otras personas o a un mundo indiferente por tu infelicidad. Esta es la solución que el yo falso quiere que aceptes, pues sabe que si puede hacer que veas la vida en esa forma, tu única opción será pasar el resto de tu vida luchando contra condiciones externas a ti. Así es como te conquista. Primero te saca de curso y luego hace que culpes a los vientos y a las tormentas. Su existencia misma depende de mantenerte fuera de equilibrio y mirando en la dirección equivocada".

Empieza a ver a través del juego de la culpa aprendiendo a desprenderte de todas las respuestas que el yo falso quiere que creas; estás familiarizado con estas respuestas pero son lo que hace que abandones tus proyectos. *Sé dueño de tu propia vida.* Utiliza el siguiente ejercicio para lograr una recuperación personal de alto nivel.

Para tener un verdadero dominio sobre ti mismo, sólo detente, mira y escucha

Si el ladrón que acaba de ser atrapado pudiera quedar impune señalando con su dedo tembloroso a un hombre que va corriendo por la calle y exclamar: "¡Allá va el verdadero culpable!". Así es exactamente como los crímenes internos del yo falso quedan impunes. Por eso, si en realidad queremos arrestar a este ladrón interior que nos roba la vida verdadera, debemos aprender a DETENERNOS, MIRAR y ESCUCHAR. Este ejercicio interior para alcanzar un verdadero dominio de nosotros mismos es capaz de acallar las respuestas y acciones encubiertas del yo falso.

La próxima vez que te sientas angustiado, temeroso o preocupado por los problemas que enfrentas, antes que nada debes DETENERTE, MIRAR y ESCUCHAR. Recuerda que el yo falso nunca está lejos cuando te sientes mal. Sabe que una vez que pueda hacer que vayas a toda carrera en la dirección que él ha elegido, ese impulso en sí logrará su objetivo. Por eso, lo primero que debes hacer es DETENERTE. Desafía los gritos internos que están tratando de impulsarte. No les des autoridad. Sólo son ruidos, y en todo caso son ruidos dañinos. Trátalos como lo que son.

Luego MIRA. Pero asegúrate de mirar en la dirección correcta. Esto es crítico: mira lo que te está hablando, no hacia dónde está señalando. En esta forma no te volverá a engañar y a mandarte en una búsqueda infructuosa. Así que mira bien. Si estás viendo un sentimiento de ansiedad o tristeza, determina tranquilamente, a partir de tu propia comprensión, que a ningún estado negativo le interesa llegar a su fin. Esto te ayudará a dar el tercer y último paso.

Ahora ESCUCHA. Si hiciste correctamente los dos primeros pasos, pronto verás cómo el yo falso empieza a sufrir un ataque. Deja que se enfurezca. *Es lo único que puede hacer.* No tiene poder. Su única fuerza estaba en que antes ignorabas lo impotente que en realidad era. Tú simplemente mantén tu posición, alerta y atento en tu interior. Lograste tu objetivo. Tal vez en el pasado dejaste que estos sombríos sentimientos engañosos te guiaran, pero ahora has visto sus engaños. Con el tiempo, sus rugidos se reducirán convirtiéndose en gemidos y luego desaparecerán por completo.

Ahora sabes que por primera vez en tu vida has logrado una verdadera victoria para ti mismo. Al final, has depositado algo de verdadero valor en el banco más importante de todos: el banco de tu propia comprensión. Y créeme, esta cuenta paga los intereses más altos.

¿Y qué decir de ese molesto problema personal? Para tu gran alivio, descubrirás que de ninguna manera era lo que el yo falso estaba tratando de hacerte creer. El problema que ahora tienes que resolver, en caso de que todavía exista después de haber desterrado a esta mentirosa naturaleza inferior, ni siquiera se parece al aterrador gigante que antes te acosaba. El yo falso puede lanzar sombras atemorizantes, pero ahora puedes proyectar tu luz interior. Ya no existe una contienda.

Despréndete y lleva a cabo un verdadero rescate

¿No es esto perfectamente lógico? Si necesitamos que se nos rescate de algo, entonces lo que nos rescata no puede ser parte de aquello de lo que nos está rescatando. En otras palabras, no saltas al lomo de un tigre para escapar de un león. Un conejo aterrorizado que está huyendo de un zorro cree que sólo estará seguro cuando un coyote le ofrezca protección. Esto nos muestra que cualquier intento desesperado por escapar de los problemas por lo general nos mete en más problemas.

De modo que debería quedarnos claro en este momento que el verdadero rescate de nuestros problemas sólo puede llegarnos desde un nivel superior al nivel en que está el problema. Y sin embargo, también hemos descubierto que para que una solución sea real, debe encontrarse en nuestro *interior*, pues ahí es donde se encuentran nuestros problemas en realidad. Entonces, la pregunta es: ¿cómo podemos reconciliar estos conceptos que al parecer están separados y distantes: un rescate que llega de un nivel superior y una solución que viene de nuestro interior? La respuesta podría sorprenderte. *Superior* e *interior* significan exactamente lo mismo cuando se trata de conseguir ayuda de alto nivel.

Esta ubicación superior de donde llega un rescate verdadero podría recibir el nombre de Yo Verdadero o conocerse como nuestra naturaleza superior que no habíamos descubierto. Dale a esta divinidad indefinible el nombre que quieras, lo importante sigue siendo que lo que le da autoridad sobre nuestras condiciones dolorosas a esta inteligencia compasiva no es el nombre que le demos. Su poder es su posición elevada, que está por encima del yo falso y fuera de su esfera de influencia. Esta sabiduría benéfica y amorosa llega a ser tu inteligencia siempre que te abstienes de intentar rescatarte durante suficiente tiempo para que ella te muestre que lo que necesitas es una mayor *comprensión*, no más planes de batalla. El que te abandones temporalmente en esta forma, y puedas observar conscientemente las influencias y actividades del yo falso negándote a seguir sus instrucciones, permite que la verdadera comprensión fluya llenando este vacío y te indique la dirección que en realidad debes seguir.

Todo mundo sabe que un buen general elige dónde enfrentarse a su enemigo. En esa forma, siempre tiene la ventaja de encontrarse en un terreno más elevado. Este mismo principio se aplica a nuestro trabajo cuando se trata de aprender a desprendernos de aquello que *no* somos.

En nuestra batalla contra el yo falso, no sólo lo derrotamos huyendo de él o luchando con él, sino manteniéndonos inmóviles durante suficiente tiempo para que crea que erróneamente le hemos atribuido poder.

Un día, tu mayor placer será darte cuenta de que esta naturaleza falsa no tiene verdadero poder para hacerte sufrir, sólo tiene el poder que tú le das cuando tienes reacciones erróneas. Este importante concepto siempre hace surgir muchas preguntas en mis clases. Repasemos una ilustración muy útil que hace poco le di a uno de mis estudiantes.

Jack dijo que, incluso estando dormido, podía sentir la fuerza dañina de los pensamientos y sentimientos de angustia. Deseaba tener una mayor comprensión. "¿Cómo es posible que, de acuerdo con estos principios de nivel superior, las emociones tormentosas puedan sentirse tan fuertes y penetrantes, y al mismo tiempo ser tan impotentes?". Así es como resolvimos esta aparente contradicción y le ayudamos a Jack a empezar su verdadero rescate.

Dos mundos, dos naturalezas, dos "yo"

El calor abrasador de las regiones desérticas del sudoeste de Estados Unidos puede ser fenomenal. Se sabe que ha hecho explotar las rocas, ha agrietado el terreno y ha creado elevaciones termales que alcanzan una altura de miles de metros. Estas gigantescas corrientes termales pueden hacer que un avión jumbo de pasajeros se mueva en el aire como una hoja al viento. Esto definitivamente es poder. Todas las criaturas que habitan esta región predominantemente seca deben ajustarse a sus leyes o perecer.

Pero ligeramente al oeste y al norte de los grandes desiertos; de hecho, dominando estas tierras áridas, se encuentran majestuosas montañas llenas de vegetación y con cumbres nevadas. Las olas de calor no azotan a estas regiones elevadas ni perturban la tranquila quietud que han disfrutado a lo largo de las eras. En ellas siempre encontrarás una abundancia de agua helada para refrescar tu boca.

¿Qué quiero señalar con esto? El indisputable poder punitivo del desierto no es ni siquiera un murmullo en estas altas cumbres. El poder del desierto es nulo en las montañas. ¿Por qué? Porque la naturaleza del desierto no existe para la montaña.

Aunque es un hecho geográfico que el desierto y la montaña a menudo están lado a lado, en realidad no tienen nada en común. Tienen naturalezas completamente distintas. Aquí encontramos una idea interesante; sigámosla y veamos hasta dónde llega. Estoy seguro de que nos hará ascender.

Entendemos que el calor del valle no puede llegar a las cumbres de las montañas. Quienes habitan en las montañas siguen teniendo un clima fresco. Pero de vez en cuando, el frío y las aguas burbujeantes que provienen de la nieve que se derrite llegan al suelo del desierto. Los seres vivos que hay en él se enriquecen con esta abundancia temporal. De hecho, en muchos casos, la vida del desierto depende en gran medida de este dulce flujo que baja de las montañas. Podemos resumir todo esto de la siguiente manera: la naturaleza superior de la montaña puede bajar al desierto y darle vida, pero la naturaleza inferior del desierto no causa ningún efecto en la montaña.

Recordemos siempre esta relación de la naturaleza, pues nos revela mucho más que un mero juego de las fuerzas que actúan en el mundo que nos rodea. Esta importante ilustración también nos habla de los mundos que hay en nuestro interior y nos dice por qué nada puede impedir que lleguemos a alcanzar una vida más feliz y de mayor altura. Esta es la razón.

Al igual que la montaña y el desierto, nosotros también tenemos naturalezas separadas que viven en dos mundos completamente distintos. En este libro llamamos a estos aspectos de nosotros mismos Yo Verdadero y yo falso. Ya hemos aprendido lo suficiente sobre el yo falso para poder ver las similitudes entre su naturaleza y la naturaleza del desierto. El yo falso sólo es una extraña serie de formas temporales que se construyen con las arenas de incesante movimiento de nuestros propios pensamientos y sentimientos llenos de dudas. Esta naturaleza inferior azotada por el viento y que se hiere constantemente no conoce nada al exterior de sí misma. No sabe nada sobre la majestuosidad de la montaña: el Verdadero Yo. No podría saberlo. Así como un insecto del verano no puede saber nada sobre el hielo, el yo falso tiene que permanecer en su ámbito. El único poder que posee se limita a las cosas que por su naturaleza deben resignarse a permanecer en sus dominios.

Cuanto más plenamente podamos ver en juego las dinámicas de la verdad, ya sea en el mundo exterior como en el interior, más entusiasmo y fuerza tendremos en nuestra resolución de alejarnos de esta naturáleza desértica y empezar a ascender hacia nuestro Verdadero Yo soberano. Nuestra nueva valentía no es en realidad una fuerza que podamos considerar nuestra; nos viene de nuestra constante comprensión de que los "poderes" del yo falso se limitan estrictamente al mundo en el que este yo falso vive. ¿Cómo afecta una tormenta de arena en el desierto a los pinos de la alta montaña? ¡Absolutamente en nada! Es un hecho. No hay nada real que nos detenga en nuestro ascenso.

Utiliza las revelaciones especiales que resumen este capítulo para empezar tranquilamente a elevarte sobre ti mismo.

1. El único poder que el yo falso tiene sobre nosotros es que todavía pensamos que es placentero vivir bajo su influencia.
2. El yo falso se siente vivo en la medida en que pueda chocar con la realidad.
3. La diferencia entre sentirse como alguien y ser alguien es la diferencia entre la vida del desierto y la vida de la montaña.
4. Alcanza nuevas alturas negándote a vivir en niveles inferiores.
5. Al yo falso le encanta construir sobre arenas movedizas y luego quejarse de que su vida se hunde.
6. Tu verdadero hogar en la montaña, tu verdadera naturaleza, no tiene el deseo ni la necesidad de sentir que está en alto. Es alto.
7. Sentir que eres especial porque otras personas o los acontecimientos te han elevado, es como vivir en un castillo de arena construido para ti a la orilla del mar.

8. La idea que el yo falso tiene de triunfar es perder; por eso quiere luchar contra la realidad todos los días.
9. El yo falso es una nada que siente que es algo; el yo falso es un "nadie" que siente que es "alguien".
10. Atesora lo que es verdad, y un día lo que es verdad te revelará el tesoro que se encuentra en la cumbre de su montaña.

CAPÍTULO 3

Cómo derrotar aquello que te está derrotando

El mayor problema que enfrentamos como individuos es que todos hemos quedado atrapados en la carrera por buscar alivio. Sería mucho más provechoso utilizar nuestro tiempo buscando fuerza. Cuando quedas atrapado en medio de una fiera tormenta, ¿por qué arrastrarte buscando una cueva al pie de la montaña cuando se puede utilizar la misma energía para escalarla? Tienes opciones. Puedes temblar en el interior de la cueva o puedes vivir por encima de las tempestades que azotan el valle. Nuestro error es que estamos tratando de encontrar la manera de enfrentarnos al sufrimiento, de aguantarlo de la mejor manera posible, en lugar de aprender a acabar con él. Nunca toleraríamos un gobierno dictatorial, ¿entonces por qué toleramos a todos los tiranos internos, incluyendo a su líder, al dictador principal, mejor conocido como el yo falso? No necesitamos hacerlo. Se requiere una revuelta, y puedo prometerte una victoria segura. No obstante, debes rebelarte con inteligencia. No pierdas el tiempo haciendo planes para una rebelión en el área del trabajo o en casa. No te concentres en tus relaciones interpersonales. El problema no está en ellas. Si quieres tener una vida siempre agradable y siempre presente, el único régimen que debes derrocar es tu manera de pensar actual. Como pronto verás, esto no es tan difícil como pudiera parecer.

El primer paso en esta justa rebelión para reclamar tu propia vida es aprender lo que significa pensar *en* ti mismo en lugar de pensar *a partir de* ti mismo; la diferencia es que cuando aprendes a pensar sobre tu pensamiento, esta clase especial de separación de ti mismo te permite cuestionar su inteligencia. Esta es una acción muy inteligente, ya que al pensar a partir de ti mismo permites que pensamientos que no han sido examinados entren en acción a toda velocidad. Por ejemplo, decir "sí" cuando quieres decir "no", o viceversa, es un ejemplo pequeño pero doloroso de lo que nos pasa cuando no examinamos nuestros pensamientos y sentimientos antes de hablar. Casi siempre lo que sigue es el resentimiento. Y, como estamos aprendiendo, uno de los trucos principales del yo falso es hacerte pensar que lo que él quiere es lo que tú quieres.

En este caso, al yo falso le encanta sentirse resentido. Estar resentido con alguien es como un viaje de placer en un crucero de lujo para esta naturaleza superficial, porque puede estrellarse y hundirse una y otra vez a causa de una situación, situación que, por cierto, esta misma naturaleza superficial causó pero de cuyas ruinas tendrás que encargarte tú. De modo que, como podrás ver, puede ser altamente provechoso desafiar tu propia manera de pensar. ¡Así como nunca comprarías una bolsa de diamantes sin antes verificar el profesionalismo del vendedor y el valor real de las piedras preciosas, nunca debes aceptar tus propios pensamientos o sentimientos hasta estar seguro de su fuente y de que en realidad son tuyos! No dejes que esta idea te sorprenda. Te daré un ejemplo de la forma en que creemos que estamos pensando, cuando en realidad es posible comprobar que los pensamientos que consideramos nuestros son falsos y carecen de valor.

Sé enérgico y sal del adormecimiento psíquico

Estoy seguro de que todos estamos de acuerdo en que ninguna persona consciente e inteligente se lastimaría a sí misma en forma intencional. Es importante que estemos de acuerdo con este principio. Nadie preferiría sentir dolor. Sin embargo, existe el hecho de que todos nosotros nos lastimamos todos los días con explosiones de enojo o ataques de depresión o ansiedad. No hay duda de esto incluso en el nivel más sencillo: el miedo y la preocupación causan enormes estragos en nuestra salud y bienestar. Entonces, sabiendo que las personas inteligentes nunca se causarían daño intencionalmente, pero admitiendo al mismo tiempo que de hecho lo hacemos de una u otra forma, casi todos los días, ¿cómo reconciliamos esta contradicción? Sólo existe una conclusión posible a la que podemos llegar a partir de estos hechos, a pesar de lo sorprendente que esto pueda parecer a primera vista.

¡Seguramente estábamos inconscientes aunque *creíamos* que estábamos despiertos! En otras palabras, en los momentos en que nos traicionamos, en que lastimamos a otros o a nosotros mismos con estados negativos internos, aunque tenemos los ojos abiertos y experimentamos todo tipo de sensaciones, *seguramente estábamos dormidos* con respecto a lo que estábamos haciendo. De lo contrario, no habríamos sido capaces de actuar contra nosotros mismos. De alguna manera, y vamos a descubrir exactamente cómo, nos separamos de la verdadera inteligencia que hay en nuestro interior y que nunca se castigaría. Jamás existe, y repito, jamás existe una razón inteligente para sentirnos mal. Si sólo permites que estas ideas verdaderas te comprueben este hecho asombroso, algún día esta nueva comprensión te precederá y derrotará a todo aquello que te ha estado derrotando.

Ahora ha llegado un momento importante en nuestro proceso de autocuestionamiento. Para esto hemos estado trabajando. Estamos a punto de alcanzar el premio que siempre llega cuando persistimos en nuestras lecciones internas. Si la inteligencia *real* es incapaz de lastimarse a sí misma, ¿entonces cómo podemos considerar que los pensamientos que causan estados de tensión son inteligentes? Es obvio que ya no podremos seguir considerándolos inteligentes a menos que queramos seguir hundiéndonos a causa de nuestro nivel actual de pensamiento.

Hagamos un breve repaso. La inteligencia no se causa sufrimiento. No obstante, como puede comprobarse, nosotros sufrimos. Esto sólo puede significar que se nos ha impuesto una inteligencia falsa y que hemos aceptado su forma de pensar como si fuera nuestra. Sólo existe una manera en que este siniestro cambio haya podido ocurrir en nosotros sin ser detectado. Durante esos momentos llenos de preocupación con que estamos tan familiarizados, estamos dormidos en cuanto a nosotros mismos. En este extraño adormecimiento psíquico sólo soñamos que estamos despiertos; ¿puedes ver entonces la solución a este lamentable estado? Como el único problema es que no estamos conscientes de nosotros mismos, entonces la única respuesta es lograr estar conscientes. Una estafa sólo puede realizarse con éxito cuando la víctima cree que uno de los oponentes, que participa secretamente en la estafa, está tratando de ayudarle. Expresemos esto en otra forma.

Tal vez no seas capaz de salir de un problema molesto mediante el *pensamiento,* pero puedes ver el camino que te sacaría de él. Esta forma especial de visión interna es segura. Despertar para ti mismo es lo mismo que desprenderte de todos esos pensamientos y sentimientos derrotistas que te han estado diciendo cómo triunfar.

Cómo liberarte de pensamientos y sentimientos de tristeza

"Todo esto está empezando a tener sentido, pero aun así, ¿cómo es posible que el simplemente ver algo como los pensamientos o sentimientos equivocados en mi interior me libere de su influencia? ¡Siento que son demasiado fuertes!".

"Tus pensamientos, buenos o malos, no son los amos de tu vida; sólo son momentos dentro de ella".

"Eso también tiene sentido, ¿pero cómo me ayuda este concepto a acabar con el doloroso dominio que esos pensamientos tienen sobre mí?".

"Te liberas de los pensamientos y emociones tristes viendo que, aunque tal vez te sientas así en ese momento, ellos no te poseen. Sólo te ocupan temporalmente. El ver esta importante diferencia cambia al instante tu actitud hacia cualquier factor de estrés que intente intimidarte para que le des autoridad sobre tu vida. Recuerda lo que hemos hablado. La inteligencia real no tiene autoridad fuera de su propia naturaleza. A medida que llegas a ser dueño de ti mismo, lo cual es el único propósito de esta vida, llega a ser imposible pensar o sentir que cualquier otra cosa o persona te posee. Esta es la única fuerza verdadera".

Es una garantía inflexible que estas ideas, acompañadas de una investigación personal persistente, te revelarán en forma gradual que el yo falso no es más que una sombra que quiere hacerse escuchar. Su tarea principal es asegurarse de que tus dificultades siempre parezcan ser todo menos lo que en realidad son y que parezca que están en todas partes. Lo único especial sobre el yo falso es su amplia gama de efectos especiales. La siguiente ilustración nos ayudará a comprender mejor estas emocionantes ideas que nos liberarán como personas.

¿Recuerdas la película *El mago de Oz* y cómo en las primeras visitas que Dorothy y sus amigos le hicieron al mago estaban aterrorizados? ¡Cada vez que hablaba el mago, su voz retumbaba por todo el gran salón como un trueno! ¿Recuerdas cómo Dorothy y su pequeño grupo de amigos temblaban y creían que el poderoso mago era capaz se lanzar llamaradas y humo? Pensaban que era un ser poderoso, quizás incluso un dios..., hasta que Toto, el perrito de Dorothy abrió cierta cortina detrás de la cual un extraño hombrecillo estaba de pie frente a un complicado tablero de control. Sin importar quién fuera, este hombre no dejaba de oprimir botones, mover palancas y hablar a mil palabras por segundo frente a un micrófono. En cuanto oprimía un botón o movía una palanca, la sala se llenaba de flamas y humo. Y cuando dirigía su voz al micrófono, los rugidos del mago inundaban la sala gritando las mismas palabras que emitía el hombrecillo. De pronto, Dorothy se dio cuenta de que el gran "mago" sólo era una proyección poderosa creada por el hombrecillo que se ocultaba tras la cortina.

De hecho, este hombrecillo estaba tan concentrado en su actuación que no se dio cuenta de que su escondite había sido descubierto, hasta que Dorothy le exigió que suspendiera su espectáculo. Pero al estar ahí de pie, bajo el impacto de la broma cruel de que había sido objeto, Dorothy *al instante* se dio cuenta de que no existían razones para tener miedo o preocuparse. ¡El espectáculo había terminado! Y ahora deseo repetir la lección que vimos antes: *El hecho de ver fue lo que dio origen a su libertad.*

Cinco grandes espejismos que te impiden desprenderte

Tú también experimentarás este grato alivio siempre que despiertes y veas a través del espejismo que hay en tu vida y que está limitando tu libertad, sin importar cual sea. Analicemos algunas formas en que podemos aprender a encontrar y retirar esta "cortina" de espejismos.

Una de las cosas que hacen que sea tan difícil desprendernos es la forma en que nuestra mente dormida observa la vida: cree que causa y efecto son dos acciones separadas. Por ejemplo, cuando una relación interpersonal nos preocupa, por lo general luchamos por desprendernos de los sentimientos indeseados que tenemos sobre ella. Pero esta reacción usual nos ciega al hecho de que la verdadera causa de nuestra constante desdicha no se encuentra fuera del nivel consciente que tenemos en ese momento.

Por ejemplo, en cualquier relación en la que hay abusos, la persona tiende a culpar a su pareja por el dolor que constantemente sufre. Pero esta percepción nace de un espejismo. Se basa en una percepción errónea que brota de una creencia falsa que es inconsciente y que es más o menos así: es mejor para mí vivir con un problema que ya conozco que enfrentar un futuro lleno de posibilidades desconocidas. Ahora abordemos directamente el corazón del problema.

Antes de poder manejar o eliminar el efecto negativo de cualquier espejismo que nos limita como personas, *en primer lugar debemos ver a través de la percepción falsa que es responsable de ese espejismo, y liberarnos de ella.* Con esto en mente, estudiemos a fondo los siguientes cinco espejismos que nos impiden desprendernos y vivir con libertad. ¡Utiliza cada uno de tal modo que te ayuden a ver que lo que parece ser verdad no siempre lo es!

1. El espejismo de sentirte inútil o insignificante en la vida, con todos sus dolores y pesares, nace de la falsa percepción de que la manera de medir lo que vales depende de lo que otros piensen al respecto.
2. El espejismo del desaliento, con su amargura y su culpa, nace de la falsa percepción de que es posible tener éxito en la vida sin aprender de tus "fracasos".
3. El espejismo del remordimiento, con su pesar y su culpa de los cuales parece que no es posible escapar, nace de la falsa percepción de que al aliviar cierto momento doloroso del pasado, tendrás el poder de resolverlo.
4. El espejismo de la limitación, con su miedo y su sensación de frustración, nace de la falsa percepción de que el único recurso disponible para ti en el momento de enfrentar un reto es lo que ya sabes que eres capaz de hacer.

5. El espejismo de que otros son mejores, más fuertes o más sabios que tú, con las dolorosas dudas acerca de ti mismo y la inseguridad que te hace sentir, nace de la falsa percepción de que estás aquí en la tierra para ser como alguien más.

Dale a la historia de tu vida un final feliz

Todos hemos visto en el cine esas increíbles escenas en las que el barco está en llamas y hundiéndose, en las que las mujeres y los niños gritan y en las que siempre hay un hombre que antes había ocultado a bordo un pequeño tesoro de oro y joyas y no está dispuesto a renunciar a él. Así que regresa corriendo a su camarote y llena sus bolsillos con todo el oro, las joyas y las monedas que puede, pone alrededor de su cuello pesadas cadenas de oro, y luego, como ya es muy tarde para abordar los botes salvavidas, se ve obligado a saltar al agua, ¡donde de inmediato se hunde como una piedra, pues en eso se convirtió al cargarse de joyas!

Este relato presenta un ejemplo clásico del hombre que causa su propia derrota. Por supuesto, eso ocurre en las películas, y es posible que este personaje haya merecido morir en el mar; sin embargo, nadie conscientemente elige perder, en especial cuando se trata de su propia vida.

Cuando vemos una escena como esta, nos preguntamos cómo alguien podría ser tan estúpido. Después de todo, desde la seguridad y el calor del sofá de nuestra sala, razonamos qué es más importante para alguien que está en un barco a punto de hundirse: ¿Un bote salvavidas bien inflado o una chaqueta llena de pesadas monedas de oro y plata? Nunca cometeríamos ese error, ¿de acuerdo? Veamos si nuestra certeza puede enfrentarse a la luz de una investigación honesta sobre nosotros mismos.

¿Qué decir de esos naufragios diarios, producto de la ansiedad, la depresión o la ira, en los que nos hundimos bajo las olas de los pensamientos y sentimientos desdichados? ¿Por qué después de estrellarnos contra un acontecimiento indeseado nos derrumbamos con tanta facilidad? Tal vez te sorprendas al descubrir que las mismas fuerzas que se oponen al personaje de nuestra historia son las que se oponen a ti. Sin embargo, como también estás a punto de descubrir, posees un poder mucho mayor que el que alguna vez podrá esgrimir cualquiera de esas fuerzas destructivas. Una vez que dominas este poderoso principio, verás que ninguna tormenta interior o condición tensa podrá volverte a derrotar. Ahora regresemos para darle al personaje del naufragio este nuevo poder, y veamos cómo esto cambia el final de la historia de su vida.

Abordaremos de nuevo el relato en el momento en que este hombre se abandona y empieza a regresar a su camarote para rescatar su tesoro. El difuso brillo rojizo de las lámparas de emergencia y el humo cada vez más denso hacen que sea casi imposible ver los números de las puertas. Su terror y desesperación aumentan a cada segundo que pasa. De pronto, la abrumadora angustia desaparece de su rostro. Con toda calma y deliberación se da la vuelta y se dirige a los botes salvavidas con el resto de los pasajeros, dejando que su fortuna se hunda con el barco. ¿Qué pasó? ¿Qué pudo cambiar en forma tan drástica el final de esta historia? ¿Qué fuerza benévola pudo llegar y motivar a este hombre para salvar su vida cuando había decidido llevar a cabo una acción que podía haberle costado la vida?

En ese momento crucial, mientras estaba en el proceso de elegir todas las opciones equivocadas, el personaje de nuestra historia *despertó*. De pronto pudo verse y ver exactamente dónde estaba. Lo que lo rescató fue una capacidad consciente que al instante le hizo comprender la situación peligrosa en que se encontraba y de inmediato le ofreció una opción inteligente que podía tomar. Para su mayor asombro, esa elevada conciencia personal que lo rescató incluyó el impacto de ver que sus propios pensamientos de hecho lo habían cegado. Sus pensamientos no mostraban preocupación por él, ¡sólo se preocupaban por lo que ellos querían! Esta visión momentánea de alto nivel, que le mostró todo a la vez, le ayudó a salir de un salto de su propio yo hipnotizado para poder saltar con seguridad del barco que estaba a punto de hundirse. Vivió para disfrutar otro día..., y quizás otra fortuna.

Un nivel de conciencia más alto a través de la observación de ti mismo

¿Recuerdas cuando hablamos sobre las ideas relacionadas con la inteligencia real y dijimos que si estábamos despiertos internamente, nunca nos lastimaríamos en forma intencional? La observación de uno mismo es la clave para esta capacidad consciente de orden superior; es la forma en que aprendemos a vigilar internamente nuestros propios pensamientos y sentimientos, a medida que se presentan. Cuando podemos observarnos en esta forma nueva, nuestra naturaleza superior naturalmente prevalece sobre cualesquier pensamientos o sentimientos inquietantes que quieren arrastrarnos a su mundo inferior.

La observación de nosotros mismos nos permite *comprender* lo que observamos en nosotros, en lugar de dejarnos arrastrar por nuestras reacciones a ello. Esta nueva "posición" interior de nivel más alto, que nos permite observar lo que se desarrolla a nuestro alrededor y en nuestro interior, es parte de los acontecimientos, pero al mismo tiempo está fuera de su alcance. Los acontecimientos no la tocan. Recuerda lo que dijo Cristo sobre "estar en el mundo, pero no ser del mundo", y tendrás una leve idea sobre este único santuario interior. Cuando despertamos en esta forma, siempre elegimos las opciones correctas ya que estamos actuando en un nivel de capacidad consciente que en el pasado no se ha involucrado en ningún acontecimiento ni en sus posibles resultados. Esto significa que es *libre* para elegir opciones *inteligentes*.

El impulso de los deseos acumulados no puede limitar a la inteligencia superior. El observador silencioso que hay en nuestro interior no piensa; sólo *ve*. Esto es un factor importante, ya que el observarnos significa que no podemos estar absortos en nosotros mismos. La capacidad consciente más alta que se logra al observarnos a nosotros mismos, incrementa la gama de opciones que tenemos disponibles, pues esta elevada posición interna nos coloca muy por encima del juego y nos permite ver a todos los jugadores. Por otra parte, el estar absorto en uno mismo es como estar en el campo de juego. No sólo te es imposible ver a todos los jugadores, sino que aquellos jugadores que no ves constantemente chocan contra ti, hacen que te muevas de un lugar a otro y al final ya no sabes hacia dónde correr. Esta es la clave: deja de correr y de chocar, y empieza a ver.

No existe un poder más grande, en lo que concierne a lograr cambios personales, que el observarse a uno mismo, ya que sólo esta nueva visión interna puede darte un verdadero conocimiento de ti mismo. Tener libertad personal es lo mismo que vivir en plenitud a partir de tu naturaleza superior. En este elevado estado, disfrutas de la libertad que produce el hecho de desprenderte de tu yo falso. Esta naturaleza superior se encuentra en un nivel más alto. Únete a ella. Permite que te guíe y puedas regresar a tu verdadero hogar que se encuentra en tu interior.

Si persistes día tras día en esta importante tarea práctica de añadir más luz interior a tu ser, de tener el propósito de mantenerte en la tribuna y no en medio de los conflictos del campo de juego, tal vez descubras que cada vez te molestan más algunas de las actitudes negativas que hay en tu interior cuando estás allá en el campo de juego. Esta es una indicación favorable que señala que en verdad estás progresando. Debes aplicar los principios que has aprendido sobre esto. La conmoción que estás experimentando es el yo falso que hace su mejor esfuerzo por hacer que vayas al campo de juego donde hay libertad para todos. Quédate en la tribuna, en tu puesto de observación. No te involucres con nada de lo que veas. Recuerda, la luz nunca necesita temer a las tinieblas, y cualquier cosa aterrorizante que puedas descubrir en ti mismo viene del mundo de las sombras.

Tu única tarea es traerla a la luz de tu nueva comprensión y dejar que ella se encargue del resto.

Repasemos este noble principio: verte en esta forma nueva significa que al mismo tiempo que estás consciente de tu ser físico, también vigilas tus pensamientos y sentimientos. Tu antigua inclinación a saltar y juzgarte también se suspende en esta nueva conciencia de ti mismo. En otras palabras, la observación personal es una forma de estar plenamente consciente de ti mismo, la cual incluye el vigilar cualquier preocupación personal que se presente como resultado de lo que ves en ti mismo. En esta postura psicológica única, permaneces, sin esfuerzo, lejos de todas las preocupaciones erróneas, y en caso de que surjan se les trata simplemente como algo adicional que estás *viendo*, no como algo que tú *eres*.

Al principio, esta idea de un nivel consciente expandido podría darte la impresión de que suceden demasiadas cosas al mismo tiempo. Te aseguro que ese no es el caso. Una vez que te familiarizas con ella, la observación personal no es más difícil que observar a un malabarista en el circo. Tal vez tenga en movimiento seis o siete objetos diversos que giran al mismo tiempo, pero eso *no te preocupa*. El mirar no requiere esfuerzo; ¡sólo estás disfrutando el espectáculo! Y hablando de espectáculos, te agradará saber que nada hace que baje el telón más rápido y oculte al yo falso que este tipo especial de atención interior. Verás que la observación de ti mismo es para tu naturaleza inferior como la luz del sol para un murciélago que vive en las cuevas. Así como el murciélago no soporta los brillantes rayos del sol, el yo falso tampoco puede vivir a la luz de esta nueva conciencia personal que te sana.

El trabajo interior premia a tu yo interno

Lo que siempre debemos recordar es que el único trabajo que hacemos que tiene un valor duradero es el trabajo que hacemos por nosotros mismos en nuestro interior. Definitivamente tenemos una dependencia condicionada que nos hace pensar que las cosas valen la pena sólo si otros reconocen su valor. Esta dolorosa manera de pensar no sólo nos deja tratando de agradar a otros, sino que también nos desanima e impide que nos embarquemos en la emocionante travesía de la investigación de nosotros mismos.

En nuestra manera de pensar, orientada a las apariencias, erróneamente creemos que a menos que otros puedan ver nuestros esfuerzos internos o en cierta forma aprobar los descubrimientos que hacemos acerca de nosotros mismos, nuestro trabajo ha sido en vano. Nada podría estar más lejos de la verdad. El trabajo interior premia a tu yo interno, a tu Verdadero Yo. Tu Verdadero Yo siempre está presente, pero todavía no ha logrado su realización. Es agradable a sus propios ojos y por lo tanto no necesita nada fuera de su propio estado elevado para sentir que ha alcanzado el éxito. Esta exaltada condición interior, que es la fuente de la verdadera liberación personal, ya vive en tu interior. No es algo que tengas que añadir a ti mismo, pues siempre te ha pertenecido. Este conocimiento especial nos enseña que el mayor de todos los premios es una comprensión, no una adquisición.

"Entonces, si no puedes darte esta victoria interna, ¿cómo triunfas?".

"Debes aprender a dejar de pensar en términos de inicios y finales, éxitos y fracasos, y empezar a tratar todo en tu vida como una experiencia de *aprendizaje* en lugar de una *prueba*".

"¿Cómo me ayudará esto a la realización de mi verdadero yo, un yo de éxito?".

"Al abordar la vida en esta forma nueva, ya no desperdiciarás tus preciosas energías luchando por siempre para comprobar tu valía ante ti mismo y ante otros. Ahora puedes dar a tus energías un uso de un nivel mucho más alto, que al principio hará posible que veas con claridad cómo te has estado aferrando tercamente a ideas y creencias que te derrotan".

"¡Eso no parece ser algo que me interesará ver!".

"Las cumbres más altas de las grandes montañas casi siempre están ocultas tras bancos de nubes negras que descansan justo debajo de ellas. Debes escalar la montaña hasta rebasar estas nubes y así conquistar sus cumbres. Entonces, tendrás una visión de altura".

"Me temo que no seré lo bastante fuerte para lograrlo".

"No necesitas ser fuerte, sólo necesitas estar dispuesto a ver. Si haces lo que te corresponde, es decir, si te revelas lo que eres, tu naturaleza superior te dará toda la fuerza que necesitas. Esta nueva fuerza es lo que te permitirá desprenderte de los pensamientos y sentimientos que te limitan y producen miedo, que han oscurecido tu vida y te han frenado. Al desterrar de tu espíritu esa pesadez antinatural, ahora naturalmente empezarás a elevarte. Cuanto más alto llegues, tu nueva vida fluirá con mayor facilidad. ¡Ahora, la única dirección que quieres tener en la vida es una dirección ascendente!".

Corregirse a sí mismo es elevarse

Somos una raza peculiar de seres. Por una parte, cada uno de nosotros afirma que lo que le interesa es crecer y desarrollarse, pero por otra parte, ninguno quiere estar equivocado jamás. Esta es una contradicción que nos paraliza. Si siempre estamos en lo correcto, o al menos tememos estar equivocados, ¿qué vamos a aprender? En nuestra actitud oculta existe la creencia de que ya lo sabemos todo. Este es un problema grave si tomamos en serio nuestra búsqueda de liberación personal, ya que esta liberación de nivel superior nos llega en proporción directa a lo que estemos dispuestos a aprender sobre nosotros mismos.

El aprendizaje es un proceso de corrección. La verdadera corrección, en cualquier nivel, siempre purifica la materia y por tanto la deja menos confusa y en un nivel más alto. Si damos un paso más con esta hermosa idea, se nos revelará la promesa de que el elevarnos como personas siempre va seguido de la corrección personal. Tal vez todavía no comprendas en su totalidad las implicaciones de esta poderosa Ley Interna, pero encierra la promesa de interminables éxitos.

Toda la idea de cambiar, de mejorar gradualmente al paso del tiempo, nace de nuestra renuencia a estar equivocados. Tal vez esa es la razón de que sean tan pocas las personas que en realidad aprenden a dejar de lastimarse. Dediquemos un momento a observar la diferencia entre el mejoramiento personal y la corrección personal. Con el mejoramiento personal aprendemos las lecciones que elegimos basándonos en lo que creemos que necesitamos aprender para crecer. El mejoramiento personal nos enseña y confirma el proceso de añadir cosas a nosotros mismos, en el que adquirimos conocimientos, comportamientos y creencias.

Con la corrección personal *aprendemos* por nosotros mismos que hemos estado actuando incorrectamente. Ver esto nos permite desprendernos de nuestra forma incorrecta de pensar. A medida que experimentamos los beneficios de desprendernos de nosotros mismos, ocurre un nuevo y vigoroso crecimiento interno, un crecimiento tan natural como el que tiene una planta que quitamos de la sombra y colocamos donde puede recibir la luz del sol. Un árbol nuevo no puede crecer a la sombra de uno viejo. El aprendizaje sólo puede ocurrir lejos de la sombra del orgullo. Cualquier cosa que se resista a la corrección es parte de lo que está mal.

Ya que estamos en el tema de resistirse, debemos reconocer que el orgullo es el segundo nombre del yo falso. Esta falsa naturaleza nuestra es lo que siempre salta para defenderse cuando tiene que enfrentarse a cualquier clase de corrección significativa. Recuerda, esta naturaleza inferior está feliz con la existencia desordenada que tiene actualmente. Tú pierdes cuando ella triunfa, y triunfa haciendo que niegues tus errores o los protejas. Negar un problema te convierte en su guardián y te deja encadenado al hecho de estar equivocado.

Repasemos de nuevo estos importantes principios. Estar equivocado no es el problema. Nos equivocamos cuando defendemos el nivel de vida que produjo el error. Una vez que empezamos a negar el problema o a defenderlo, lo transformamos y algo que debió ser sólo una condición temporal se convierte en un estado permanente. No estás atado a ningún problema del pasado a menos que tú te ates a él. Esto es exactamente lo que el yo falso quiere que hagas. Lo logra convenciéndote de que estás equivocado. Una vez que lo logra, puede continuar dándote anclas que parecen salvavidas. Mencionemos algunos de estos lastres internos a los que por error nos aferramos cuando nos sorprende una tormenta.

La culpa y la ansiedad son dos de los engaños favoritos del yo falso. Sabe que lo único que necesita hacer para ganar otro día para sí es obligarte a empezar a buscar con desesperación soluciones para tu problema, o a fingir, ante ti y ante otros, que no tienes un problema. De una u otra forma, te tiene precisamente donde quiere, porque ahora *crees* que el problema es tuyo. Es posible que, de hecho, algo esté mal, pero independientemente de cómo las sientas o de la apariencia que tengan, todas las dificultades personales brotan de falta de comprensión. Al tratar de ocultar el problema de ti mismo, cierras la ventana a la posibilidad de analizar tu nivel de vida actual, que es el único mundo donde puede llevarse a cabo una verdadera corrección. Es por eso que nunca debemos ocultarnos nada. Recuerda, una vez que el problema se pierde de vista, también se pierde de vista su posible solución.

A continuación aparecen cuatro principios de alto nivel para llegar a soluciones reales:

1. Si tienes la intención de alcanzar niveles más altos, entonces detectar lo que está mal en tu interior es la corrección que necesitas.
2. Si ves que estás equivocado, en ese instante puedes renunciar a estar equivocado.

3. Renunciar a la dolorosa identidad temporal de estar equivocado es lo mismo que desprenderte de tu naturaleza inferior, de tu yo falso.
4. Lo correcto nunca te ha traicionado. El engañarte a ti mismo equivale a traicionarte.

Esta es la última idea especial a la que debemos regresar mentalmente una y otra vez: si consideramos que el aprendizaje es más importante que el placer, llegará el día en que el aprendizaje tenga prioridad sobre el dolor.

El poder que derrota a la derrota

Posees un poder potencial que es superior a cualquier dificultad que la vida pueda llegar a presentarte. Esta inmensa capacidad interna hace posible que todos los que la reclamen al instante se eleven por encima de aquello que los desafía. No importa qué forma asuma el desafío o lo enorme que sea. Este poder latente que posees acabará con su capacidad de dañarte y al final lo hará desaparecer.

Esta fuerza amigable que puede transformar tu vida en una serie de victorias es el poder de cuestionar a la derrota. Ahora, antes de que empieces a insistir en que ya estás cuestionando a las tensiones y al estrés, permíteme mostrarte la diferencia entre la *intención* correcta y la *dirección* correcta. Un pequeño relato nos ayudará a ilustrar esta idea de nivel superior.

Un viajero feliz vio que un hombre que se veía muy cansado estaba sentado a la orilla de un pequeño camino rural muy agradable. Parecía que incluso la fresca sombra de un árbol pesaba sobre él. El viajero le preguntó si podía sentarse ahí por un momento y refrescarse. Poco después estaban compartiendo algo de pan, una manzana y una prudente conversación cortés, y fue entonces cuando el hombre, que obviamente estaba sufriendo, empezó a hablar.

Le pidió perdón a su nuevo compañero y le preguntó si podía ayudarle.

Al parecer, había estado vagando sin rumbo durante varias semanas, viviendo todo tipo de dificultades, pero a pesar de sus intensos esfuerzos, podía decir que no se estaba acercando a su destino. Quería regresar a la casa de su infancia. El viajero entendió su situación y le preguntó dónde estaba su casa. El hombre, mostrando su primera sonrisa, le dio el nombre de la pequeña aldea donde había nacido. "Sé lo que se siente cuando uno quiere ir a casa; pero junto con tu intención correcta, debes tener la dirección correcta. Has estado avanzando por el camino equivocado, amigo mío".

Entonces, el bondadoso viajero le señaló la dirección correcta, y poco después el vagabundo regresó al hogar de su infancia.

Observemos este relato a través de los ojos de nuestra nueva comprensión. En esa forma, también nosotros podremos regresar a nuestro auténtico hogar interno, nuestro Yo Verdadero. Hasta el momento, hemos aprendido que lo que causa nuestras experiencias de tensión y de dolor no son las personas ni los acontecimientos, sino nuestras *reacciones* a ellos. Y sin embargo, si examinamos con honestidad la forma en que actualmente cuestionamos a nuestras derrotas, esto es lo que vemos: todavía estamos buscando desesperadamente respuestas que sólo sirven para corregir condiciones superficiales o externas. Todavía estamos culpando a las circunstancias de habernos aplastado. La dirección de nuestras preguntas prueba que todavía estamos pensando en nuestros problemas en forma incorrecta. Es mucho muy importante que captemos esto si queremos cambiar nuestro mundo interno y externo. Por su propia naturaleza, nuestras antiguas preguntas tienden a convertirnos en víctimas y a mantenernos en ese estado. Suponen que alguien o algo fuera de nosotros mismos nos está castigando. Ningún ser humano es víctima de un castigo que no provenga de su propio nivel de vida subdesarrollado, que le hace creer que sus reacciones internas son ataques externos. Por eso debemos aprender a transformar nuestras preguntas en herramientas para desarrollar nuestra plenitud personal y no dejar que nos lleven en la dirección incorrecta. De hecho, en este momento ya debería estarse formando en tu mente una nueva pregunta. Si te parece bien, permíteme ayudarte a formularla, pues esta pregunta tiene la dirección correcta. Es más o menos así:

"¿De donde saqué todas esas preguntas equivocadas que han hecho de mí una víctima y han causado que esté peleado con el mundo?".

"Permitiré que respondas esta pregunta correcta por ti mismo. En base a lo que hemos descubierto hasta el momento, ¿quién gana más al hacer que sigas luchando contra las sombras y agarrándote a clavos ardientes?".

"¡El yo falso!".

"Tienes razón. Esta naturaleza falsa siempre divide para conquistar. A partir de este momento, vamos a aprender a formular nuestras propias preguntas, preguntas que abordan e iluminan aquello que está en nuestro interior y que siempre siente que se le está castigando".

Estas nuevas preguntas son el poder que derrota a la derrota. Sólo ellas te garantizan una victoria total. Cada vez que haces la pregunta correcta sobre un dolor interno, recibes un resultado nuevo y correcto que te libera de los oscuros engaños del yo falso que quiere que luches con la vida. A continuación presentamos diez nuevas preguntas que te llevarán a la plenitud personal. Úsalas para ver la diferencia entre la forma en que *solías* pensar y la forma en que vas a cuestionar a la derrota *de ahora en adelante.* ¡Vas a triunfar!

Preguntas para alcanzar la plenitud personal

1. En lugar de siempre preguntarte por qué las cosas siempre te pasan a ti, aprende a preguntar: *¿Qué hay en mi interior que atrae estas situaciones dolorosas?*

2. En lugar de siempre preguntarte por qué las cosas tuvieron que ser así, aprende a preguntar: *¿Por qué las condiciones externas siempre determinan la forma en que me siento?*
3. En lugar de siempre preguntarte cómo podrías protegerte en situaciones desafiantes, aprende a preguntar: *¿Qué hay en mí que siempre necesita que se le defienda?*
4. En lugar de siempre preguntarte cómo dispersar tu niebla mental, aprende a preguntar: *¿Puede la confusión saber algo acerca de la claridad?*
5. En lugar de siempre preguntarte qué hacer con respecto al mañana (o al siguiente minuto), aprende a preguntar: *¿Puede haber inteligencia en la ansiedad y en la preocupación?*
6. En lugar de siempre preguntarte por qué cierta persona actúa en cierta forma, aprende a preguntar: *¿Qué hay en mi interior que se quiere lastimar a causa de la forma en que alguien actúa?*
7. En lugar de siempre gritar: "¿Por qué yo?", aprende a preguntar: *¿Quién es ese yo que siempre se siente así?*
8. En lugar de siempre preguntarte si has elegido las opciones correctas, aprende a preguntar: *¿Alguna vez podrá el miedo tomar una decisión segura?*
9. En lugar de siempre preguntarte por qué alguien no ve lo equivocado que está, aprende a preguntar: *¿Lo que siento por esa persona es bueno para mí en este momento? ¿O es bueno para ella?*
10. En lugar de siempre preguntarte cómo lograr que otros te aprueben, aprende a preguntar: *¿Qué quiero en realidad, el aplauso de las multitudes o tranquilamente ser dueño de mi vida?*

Ponte en el asiento del conductor

Al abordar el lujoso autobús turístico, Jessica no podía creer que en realidad se estaba tomando un día de descanso. Era difícil imaginar que ya habían pasado seis meses desde que había aceptado su nuevo puesto y se había mudado a esta pequeña ciudad costera. Sabía que iba a disfrutar lo que el folleto turístico aseguraba que sería un día informal lleno de descanso y de paisajes maravillosos. El recorrido era caro, pero ella se había ganado este placer y lo iba a disfrutar. Se enderezó en su asiento cuando el autobús salió de la estación.

Veinte minutos después, ante las exclamaciones de asombro de los otros veinte pasajeros, el conductor describía las maravillas naturales del soberbio paisaje marino que se extendía interminable ante ellos. La promesa de un día hermoso inundó a Jessica como una ola de placer, y se relajó en su cómodo asiento. En ese momento, uno de los pasajeros se puso de pie de un salto y abandonó su asiento, se acercó al conductor y le dijo que quería conducir el autobús por un rato. El conductor se puso de pie, el pasajero se sentó al volante, y el autobús siguió avanzando. Para el asombro de Jessica, a nadie parecía molestarle este extraño cambio, ni siquiera al conductor.

Un momento después, el hermoso paisaje marino había desaparecido, y ahora sólo se podían ver edificios viejos abandonados y calles llenas de basura. El nuevo conductor estaba llevando al autobús a las zonas pobres. Ninguno de los pasajeros parecía sorprendido, así que Jessica hizo su mejor esfuerzo por relajarse. Pensó que tal vez esto era parte del recorrido, pero no recordaba haber leído nada al respecto. Sus pensamientos se interrumpieron cuando otro pasajero se acercó al asiento del conductor y tomó el volante. Ahora el autobús avanzaba a toda velocidad por calles empinadas y pedregosas, y por puentes peligrosamente angostos. Algo definitivamente estaba mal. Demasiado aturdida para expresar lo que pensaba y demasiado asustada para moverse, Jessica se hundió más en su asiento mientras que, uno por uno, todos los pasajeros tomaron el volante y condujeron el autobús por donde quisieron. Su viaje de placer se había convertido en un túnel de horrores.

Casi se había resignado a este tipo desesperado de furia impotente cuando de pronto, desde lo profundo de su creciente confusión, le llegó un pensamiento que le causó un impacto y la hizo despertar y percibir una nueva sensación de sí misma que nunca antes había experimentado.

Aterrada pero decidida, se puso de pie, se acercó al asiento del conductor y dijo con voz temblorosa pero firme: "Ahora es mi turno para conducir".

Para su sorpresa, el pasajero que estaba conduciendo se puso de pie y le cedió su asiento. Ella se sentó, tomó el volante y condujo a casa.

Este relato contiene muchas lecciones de altura que necesitaremos comprender si queremos llegar a una vida que siempre sea placentera. Cuando no sabemos hacia dónde vamos ni quién está conduciendo, es imposible tener un presente placentero. El único placer que podemos tener en este tipo de recorrido por la vida viene de nuestros sueños sobre nuestro destino. Debemos estar soñando mientras otros conducen, porque si tuviéramos los ojos abiertos, nunca toleraríamos los lugares a dónde nos están llevando.

Incluso cuando llegamos a un agradable lugar de descanso o vivimos un acontecimiento placentero, no existe en ellos un placer duradero para nosotros, porque sabemos que en realidad no tenemos ni voz ni voto en cuanto al tiempo que permaneceremos ahí. Estos placeres temporales por lo general son una extraña mezcla de anticipación y cinismo que aprendemos a aceptar sólo porque todavía no conocemos el sabor del verdadero placer.

Conoce el placer de tu verdadera naturaleza

El verdadero placer en esta vida brota de saber que estás al mando de ti mismo *en ese momento*. Nos gusta decirnos que estamos al volante, pero como aprendimos en el relato anterior, nadie se conduciría intencionalmente a los barrios bajos ni hacia un precipicio. Siempre que vemos que sentimos lástima de nosotros mismos, o nos sentimos enojados, preocupados o angustiados, es una señal segura de que tomamos el asiento equivocado y alguien más o algo más está al volante, conduciéndonos por el camino equivocado.

Al principio, es humillante ver y luego admitir que sólo *creías* que estabas al volante, en el asiento del conductor. Este es un impacto necesario si queremos identificar con exactitud quién o qué es lo que nos está conduciendo. Sin embargo, compara esta humillación temporal que a la larga te pondrá al mando de ti mismo, a una vida sin ella. Lo que sería muy similar al juego de Disneyland conocido como "El salvaje recorrido del Sr. Sapo". Esa atracción, que ya no existe en la actualidad, se basaba en la adaptación que hizo Disney de la obra *El viento en los sauces [The Wind in the Willows]*,[1] y a lo largo de ese recorrido frenético y caótico, los pasajeros, que viajaban casi en tinieblas, experimentaban de todo; desde una colisión contra un tren hasta una visita al "Infierno". ¡Vaya forma de divertirse!

Vivimos como en un canasto sin fondo lleno de necesidades sin fin que nos impulsan en todas direcciones, ¡y hasta nos llevan a la locura! Tener la esperanza de encontrar consuelo y dirección en la vida, es como tratar de encontrar un lugar sombreado donde refugiarnos estando en medio de un enjambre de insectos que nos atacan; aunque la sombra nos refresque, tenemos que seguir huyendo. Nuestro placer es nuestro dolor.

El verdadero placer no es lo *opuesto* al dolor, es la ausencia de dolor. Piensa en eso. Lo que deseas en realidad es liberarte de tus deseos o necesidades. Este anhelo de nivel superior se convierte en

---

[1] NOTA DEL TRADUCTOR: El viento en los sauces es un cuento (de unas 300 páginas) escrito por Kenneth Grahame en 1908, que forma parte de los clásicos de la literatura infantil inglesa. Kenneth escribió el cuento para su hijo Alistair, que fue quien, cuando tenía cuatro años, escogió los animales. Su padre desarrolló la historia a lo largo de los tres años siguientes y finalmente la publicó en 1908. Este canto a la vida pastoral inglesa, a la vida sencilla y a la amistad, está lleno de humor y poesía. En la novela se mezclan misticismo, aventura, moralidad y camaradería.

una necesidad a la que es posible responder en la medida en que comprendamos que no tenemos que ser pasivos y someternos a algo que no hemos elegido. Nadie elige ser destrozado a menos que su idea de la felicidad sea hacerse añicos.

Todos hemos conocido momentos en que todos nuestros deseos van en una sola dirección, y entonces tal vez logremos lo que deseamos. Sólo que en ese caso, todos esos deseos se convierten en lo que nos acosa. Demasiado tarde, nos damos cuenta de que *en realidad* no alcanzamos lo que creíamos *tener*, y ahora debemos aprender a vivir con otro "premio" que es más un castigo que un placer.

Esta es la clave de una vida que siempre será placentera. Nuestros deseos parecen contener la promesa de un futuro más brillante, más placentero; pero la verdad es que su naturaleza misma es lo que está trastornando el momento presente. Todo es placentero *ahora.* No lanzarías un guijarro a un estanque para que su superficie quedara tranquila como un espejo. Si no se le perturba, el estanque refleja los cielos que lo cubren. Cuanto más aprendamos a no perturbarnos, entenderemos con más claridad que así es como somos felices. A nadie le gusta una molestia, así que no es sorprendente que no seamos agradables para nosotros mismos.

No tengas miedo de decirle a un deseo persistente que te vas a hacer cargo del volante. Deja que proteste a gritos. A medida que todos estos pasajeros que hay en tu interior empiezan a comprender que tienes la intención de ser el conductor de ahora en adelante, empiezan a bajarse del autobús. En ese momento podrías notar una extraña sensación que es similar a la soledad. Créeme, sólo es uno de los últimos deseos que no está dispuesto a que se le ignore. Quédate en el asiento del conductor. Aunque en ese momento no lo parezca, no tienes nada que perder. Es cierto. No te preocupes si no sabes con seguridad a dónde quieres ir. Apégate a tu nueva posición interna y un día te agradará saber que hasta la preocupación era sólo otro deseo que te acosaba. Poco a poco descubrirás que en realidad nunca fue necesario que supieras a dónde ir. Ahora, sin importar dónde estés, todo es placentero para ti, ya que el placer se ha convertido en tu naturaleza y ha dejado de ser tu meta.

Recibe con gusto los cinco puntos que resumen estos conceptos y que aparecen a continuación; recíbelos como amigos en la ruta hacia una vida libre de derrotas personales, porque eso es exactamente lo que son.

1. Cuanta más luz podamos llevar a las partes de nosotros mismos que nos dicen que está bien deleitarse en pensamientos y sentimientos negativos, menos poder tendrán para engañarnos con el dolor que desean justificar.
2. Recurrir a pensamientos de ansiedad para responder a sentimientos de temor es como ¡tratar de detener un derrumbamiento de tierra lanzándole rocas!
3. Cuanto más despertemos a la comprensión de que la felicidad tranquila es nuestro verdadero estado natural, más pronto reconoceremos y dejaremos ir todo aquello que pudiera comprometernos obligándonos a salir a buscar lo que ya tenemos.
4. Nada es más productivo que observar nuestros propios pensamientos y sentimientos; la observación personal no sólo pone al descubierto los estados que nos llevan a la ruina mostrándolos como lo que son, sino que este orden de capacidad consciente de nivel superior también nos protege de sus influencias negativas que nos desgastan.
5. Buscar fuera de nosotros una felicidad de nivel superior que sólo llega con la plenitud espiritual, es como esperar que un carrusel se transforme en una rueda de la fortuna.

CAPÍTULO 4

Elévate y entra a un mundo totalmente nuevo

"¿En realidad existe un mundo totalmente nuevo?". "Sólo si sabes hacia dónde mirar".

"¿Qué dirección debo seguir?".

"Mírate a ti mismo".

En el interior de cada uno de nosotros hay un mundo en expansión de pensamientos y sentimientos cuyos movimientos determinan la forma en que percibimos y experimentamos el mundo externo que nos rodea. Aunque este mundo interior de pensamientos y sentimientos tal vez no nos entregue directamente *lo que* vemos, de hecho tiene una profunda influencia en la *forma* en que vemos nuestro mundo de relaciones y acontecimientos. Este es uno de los aspectos más profundos de una idea que abordamos en un capítulo anterior que se relaciona con la forma en que lo interno determina lo externo. En otras palabras, estamos viendo el exterior pero estamos experimentando el interior. Un ejemplo sencillo de la forma en que funciona esto son las ocasiones en que el corazón se siente apesadumbrado o preocupado. Siempre que nos sentimos así, todo lo que nos rodea tiende a parecer igualmente sombrío. Pero este importante discernimiento tiene implicaciones mucho más profundas. Mediante un estudio paciente de nosotros mismos, podemos transformar esto en un avance sensacional, a nivel personal, que nos dará una enorme libertad y que puede elevarnos a un mundo totalmente nuevo. Comencemos.

En uno u otro momento, todos nos hemos sentido atrapados en nuestra propia vida. En esos periodos de intensa desdicha, hay algo que parece muy claro: la única razón por la que no hemos desarrollado nuestro enorme potencial es que algo nos está deteniendo. Hay una persona desagradable, una condición de la que no podemos escapar, cierto lugar indeseado en la vida donde nos "atoramos". Así que una y otra vez planeamos nuestro gran escape. Y una y otra vez descubrimos que o bien no llegamos a ninguna parte o hemos regresado al punto de partida; ambos resultados equivalen a lo mismo. A pesar de todos nuestros esfuerzos, nada cambia en realidad. Los nuevos romances, los nuevos trabajos, incluso las casas nuevas sólo cambian los muros que nos rodean, no nuestra sensación de estar atrapados. ¡Sentimos que lo único que hicimos fue cambiar de celda! No debemos luchar contra esta impactante conclusión ni temerle en forma alguna. ¿Por qué? Porque este descubrimiento sobre nuestra condición actual que nos perturba temporalmente es un discernimiento crucial. *Nunca* fue esa persona o circunstancia lo que oscureció nuestros momentos. ¡No! A pesar de cómo puedan parecernos las cosas, el *lugar* donde estamos nunca nos atrapa. La trampa yace en *quienes* somos. Este es un breve resumen de este nuevo e inusual descubrimiento personal.

El poder secreto de la desconexión personal

Tu nivel de existencia es lo que determina dónde estás en cualquier momento, ya que tu experiencia siempre se basa en *quién* eres. Permíteme repetirlo. Para bien o para mal, experimentas *lo que* eres, no *dónde* estás.

Estos son algunos otros ejemplos que te ayudarán a captar esta importante idea.

Todos nos hemos sentido:

1. Solos en medio de una multitud.
2. Fuera de lugar en una reunión familiar.
3. Asustados en los brazos de un ser amado.
4. Deprimidos en una fiesta.
5. Rodeados de gente a pesar de estar solos.

Cuando oyes a alguien decir: "Estoy harto(a) de eso", lo que está diciendo en realidad, sin darse cuenta, es que está harto(a) de sufrir debido a su falta de comprensión. Todo esto queda claro en cuanto entendemos que la infelicidad no llega *a* nosotros, viene *de* nosotros. Por ejemplo, la impaciencia con nuestro nivel de comprensión es precisamente el nivel de comprensión que nos causa impaciencia. El comprender este principio espiritual nos permite desconectarnos de nuestra impaciencia. Nuestra vida mejora al instante. En primer lugar, la frustración se desvanece. En su lugar florece la capacidad de aprender. Y nuestra vida fluirá con mayor facilidad en la medida en que crezcamos interiormente.

Esta idea nueva de actuar deliberadamente para desconectarnos de cualquier cosa que pensamos que nos ha bloqueado nos lleva a la verdadera liberación personal ya que nunca hemos quedado atrapados en algo que no sea nuestra propia falta de comprensión. Por eso, el intento de desconectarnos de las limitaciones del nivel de vida que tenemos en el presente ya pertenece a un nivel más alto de comprensión. Esta acción consciente de nuestra parte "funciona", pues gradualmente destruye el doloroso "círculo del yo" que se forma una y otra vez debido a que consultamos al problema para pedirle su solución. La barreras empiezan a desmoronarse y a desaparecer, porque dejamos de crearlas. Dando a las palabras su verdadero significado, ¡estamos dejando de obstruir nuestro propio camino! Practica el desconectarte de ti mismo tan a menudo como puedas. Cuanto más trabajes en este tipo especial de desprendimiento, más libremente fluirán tus días y más se elevará tu vida.

La persistencia lo es todo en tu trabajo personal. Debes persistir, aunque sólo sea con tu deseo de ser persistente. Debes persistir a pesar de todas las fuerzas que parecen oponerse a tu deseo de abrirte camino hacia un nuevo ser. Créeme, no existen verdaderos obstáculos entre tu yo actual y la vida completamente nueva que anhelas. Puedes (y debes) comprobar personalmente esta clase de libertad, empezando con esta comprensión y con esta acción implícita:

Cuanto más grande sea la duda de la cual te atrevas a salir, mayor será tu posibilidad de crecer y superarte. Esta es la razón por la cual este axioma siempre es cierto: las únicas barreras que existen entre tu persona y una vida sin límites son los poderes que tú erróneamente has dado a tus dudas y temores. Por otra parte, siempre que dejas a un lado estos poderes falsos, desconectándote de las falsas preocupaciones que ellos ponen frente a ti, se incrementa tu fuerza espiritual.

Siete claves para incrementar tu poder espiritual

¿Qué es la fuerza espiritual? Podría describirse en docenas de formas, pero por el momento digamos que es saber que no tienes que comprometerte con nadie en forma alguna y con respecto a nada, con el objeto de sentirte tranquilo, confiado y seguro en la vida.

Estas son siete formas comprobadas de incrementar esta nueva clase de fuerza espiritual. Estúdialas con el deseo de descubrir los secretos que están ocultos en las poderosas instrucciones que te dan. Practícalas cada día, todas y cada una. Verás que por el solo hecho de desconectarte de los temores y las dudas que comprometen tu vida, te estás poniendo en contacto con un nuevo tipo de poder que nunca te abandona en tus necesidades.

1. Niégate a consultar el pasado para tratar de encontrar la forma de salir de un problema al que te enfrentas en el presente.
2. Responde con un "no" a cualquier persona o cosa a la que temas decirle "no".
3. Nunca le des explicaciones a alguien porque temes que podría juzgarte mal.
4. Aprende a considerar tu actitud defensiva ante otros como una ofensa contra tu propio derecho a estar libre del miedo.
5. Siempre que te sea posible, date cuenta de que la persona con quien estás a punto de tener un argumento sufre tanto dolor como tú.
6. Nunca aceptes ninguna reacción negativa que puedas tener como la única respuesta a los desafíos que enfrentas en el presente.
7. Recuerda que todo aquello que resistes en la vida aumenta su peso debido a la magnitud de los pensamientos que se utilizan para rechazarlo; por lo tanto, acepta todo lo que puedas aceptar, y tranquilamente deja caer el resto.

Persiste en estas prácticas espirituales, y verás cómo las antiguas dudas se convierten en certezas, y una osadía llena de luz reemplaza a los oscuros miedos.

Cómo desprenderse de sentimientos de impotencia

El sufrimiento psicológico que es común entre las personas es un desperdicio de vida. Es insensato, cruel y sobre todo, es engañoso. Digo engañoso porque el sufrimiento psicológico es un dolor innecesario, pero cuando lo sentimos estamos seguros de que no sólo es necesario, sino que de hecho es inevitable, que es parte de la "vida real". El desgaste diario del sufrimiento mental y emocional no es parte de la vida real. No tienes que vivir con pensamientos o sentimientos que te atormentan, a pesar de lo convincentes que sean sus gritos para convencerte de lo contrario. Siempre existe una opción en lo que concierne al sufrimiento psicológico. Nunca es necesario que te rindas ante una ola de impotencia que hace que lamentes estar vivo.

"Quiero estar de acuerdo con lo que dices, pero me temo que la verdad es que sin importar la dirección que yo elija tomar, al final me voy a topar con cierto tipo de conflicto o desdicha".

"Es cierto".

"Pero creí que dijiste que había una opción".

"La hay, ¡pero sólo si dejas de pensar en formas de escapar!".

"Bueno, ¿cómo debo, entonces, pensar en mi sufrimiento?".

"Esa es la clave. Tu sufrimiento brota del hecho de que, en primer lugar, estás pensando en ti mismo. Cualquier dirección o guía que recibas de tus pensamientos que te dicen cómo liberarte del confinamiento en que estás, es sólo una continuación de los pensamientos que hacen que te sientas aprisionado".

La búsqueda desesperada de felicidad es la continuación de la infelicidad. La felicidad nunca tiene el impulso a buscarse a sí misma. Es simplemente felicidad. El impulso por sentirse confiado es la continuación de las dudas sobre uno mismo. La esperanza de un futuro mejor es la continuación de un pasado sombrío y vacilante. Incluso el sentirse culpable por haberse enojado es la continuación de la irritación interna. Cualquier dirección que tomemos con el fin de alejarnos de alguna desgracia es la continuación de esa desgracia, independientemente del tiempo y espacio que pongamos entre nosotros y esa desgracia. Mientras hagamos nuestras elecciones a partir de este angustioso nivel de vida, nuestras soluciones tienen sus raíces en el problema. Este discernimiento nos ayuda a acercarnos al significado más profundo del mensaje de Cristo: "Uno cosecha lo que siembra".

"Sí, los acontecimientos de mi vida confirman lo que estás diciendo. ¿Qué debo hacer entonces? ¿Qué nueva dirección debo tomar?".

"El problema es que tu pregunta en sí supone que necesitas ir a algún lugar o hacer algo. Lo que necesitas es dejar de ser el tú que crees que eres".

"¿Pero cómo lo hago?".

"Debes estar dispuesto a ver la verdad de todo lo que hemos estado diciendo. Empieza observándote en acción. Este es sólo un ejemplo: sorpréndete escuchando a un estado de ansiedad con el que estés familiarizado y que te dice cómo hacer los mejores planes para un mañana seguro, y luego pregúntate si tiene sentido preguntarle a un tiburón cómo salir del océano. ¡Obviamente no lo tiene! Sorpréndete teniendo este tipo de conversación contigo mismo y poco después ocurrirá un verdadero milagro. Dejarás de preguntarte qué dirección tomar pues finalmente habrás dejado de creer en el tú que te dice que estás perdido".

Una técnica que hace que el miedo se desvanezca

Una noche, Carlos salió temprano de su trabajo como director en una empresa de televisión, y al llegar a casa vio que su hijo Miguel estaba sentado solo en el porche de atrás. Eso en sí no habría sido extraño, excepto que era la hora en que se transmitía el programa de televisión favorito de Miguel. En el pasado, nada había impedido que viera ese programa.

Carlos abrió suavemente la puerta, salió al porche y se sentó al lado de su hijo. Pudo ver que Miguel estaba preocupado por algo. Lo rodeó con su brazo y le preguntó qué pasaba. Minutos más tarde, le habló de la desconsoladora experiencia que había tenido. Miguel estaba molesto y asustado porque ese día en la escuela todos los niños habían tenido que pasar al frente de la clase y decir lo que querían ser cuando crecieran. Miguel le explicó a su padre que al parecer todos sabían lo que querían ser. Todos sus compañeros hablaron con entusiasmo de crecer y llegar a ser bomberos, médicos o estrellas deportivas. Él había sido el único que no sabía lo que quería ser, y por eso sus compañeros se habían burlado de él todo el día.

Pasaron unos momentos, y luego su padre lo miró y le preguntó si quería ir a un lugar especial. Veinte minutos más tarde, Miguel se encontraba en uno de los enormes estudios donde su padre estaba produciendo su película más reciente. Cuando menos se lo esperaba, su padre lo levantó y lo sentó en la elegante silla negra, con respaldo alto, de una de las cámaras. Después de mover algunos interruptores y hacer algunos ajustes en la lente, le dijo a Miguel que mirara por la cámara.

Miguel se inclinó y acercó su ojo derecho a la suave cubierta de goma del visor, y al hacerlo lanzó un grito agudo. ¡Lo único que pudo ver fue un monstruo que lo miraba desafiante! Su padre sonrió y le dijo que mirara de nuevo; pero que en esta ocasión siguiera mirando, sin importar lo aterrorizante que fuera lo que viera.

Tenía miedo, pero confiaba en su papá, así que hizo lo que le pedía. El monstruo seguía ahí, tan aterrorizante como antes. Pero ahora, mientras Miguel miraba por la lente, sintió que su padre hacía retroceder la cámara alejándola del monstruo. A medida que la cámara y Miguel retrocedían, la escena que Miguel estaba viendo empezó a cambiar. Primero sólo estaba el monstruo, pero ahora Miguel empezó a ver otras partes del escenario. Extrañas ventanas antiguas y cortinas de terciopelo, mesas y sillas de roble, y muchos otros objetos llenaron el cuadro que momentos antes sólo había sido un espantoso monstruo.

Para su sorpresa, su padre siguió haciendo retroceder la pesada cámara hasta que Miguel pudo ver todo tipo de reflectores y micrófonos suspendidos sobre el complicado escenario donde había estado el monstruo. Al retroceder aun más, Miguel pudo ver algunos de los otros escenarios del estudio y sus techos cubiertos de cables. A la distancia estaba el aterrador monstruo.

Miguel sabía que su padre le estaba dando una importante lección. Ya se sentía mejor, aunque no sabía exactamente por qué. Camino a casa, se detuvieron para comer algo, y su padre le explicó esta lección. Escuchémoslo.

"En ocasiones, nos pasan cosas desagradables o aterradoras, como cuando miraste a la cámara y todo lo que pudiste ver era el monstruo. Cuando esto pasa, lo único que podemos hacer es pensar en lo que vimos y en la forma en que podemos alejarnos y protegernos de esa amenaza. Igual que cuando viste el monstruo y no querías volver a ver la cámara porque no querías volverlo a ver. El problema que hay en esa decisión, Miguel, es que aunque no lo vuelvas a ver, sigues viviendo en y con el aterrador momento original, sólo que ahora este miedo se ha convertido en algo fijo en ti como recuerdo y te lo llevas a dónde quiera que vayas. Algo aún más asombroso es que este desagradable punto fijo que está en tu interior, este recuerdo aterrador, no sólo determina hacia dónde vas y las elecciones que haces, ya que probablemente, y sin saberlo, estás tratando de alejarte de él".

Se detuvo por un momento para ver si su hijo estaba captando esta importante lección. Los ojos de Miguel brillaban y eso era una buena señal. El padre continuó con suavidad: "Estabas en el porche de atrás cuando llegué a casa. Conforme tratabas de alejar de ti lo que había sucedido en la escuela te sentías cada vez peor. El hecho de intentar alejar de ti cualquier pensamiento o sentimiento desagradable sólo hace que estos sentimientos o pensamientos se fijen más en ti. Trata de entender esto. Por eso hice que miraras al monstruo una y otra vez, mientras hacía retroceder la cámara. Cuanto más se ampliaba el panorama ante la cámara, menos aterrador era para ti. Al final, cuando retrocedimos por completo, pudiste ver que no había nada aterrador, ya que podías ver todo el panorama. Eso es lo que debes hacer ante cualquier acontecimiento, ante cada pensamiento y sentimiento que se cruce en tu camino".

"Siempre que sientas miedo o ansiedad, recuerda esta importante lección: el sufrimiento mental o emocional sólo se presenta cuando te quedas fijo en algo parcial. Acaba con ese mal enfoque temporal y *retrocede.* Cuanto más puedas ampliar tu visión interna, menos te perturbará lo que veas".

Miguel miró a su papá y preguntó: "¿Pero qué va a pasar cuando yo crezca? ¿No necesito saber ahora lo que quiero ser?".

"Escucha con cuidado, hijo. Cuanto más podías ver a través de la cámara, menos aterrador era el panorama, ¿de acuerdo?".

"De acuerdo, papá".

"Bueno, eso pasa también con lo que querrás ser cuando crezcas. La vida tiene grandes posibilidades pero te llevará tiempo descubrirlas. La vida se te mostrará, y a medida que lo hace sabrás exactamente qué hacer y quién ser.

"Nunca existe una buena razón para preocuparse por nada. Trata esos sentimientos de terror como tratamos al monstruo y tranquilamente aléjate de ellos; amplía el panorama hasta que puedas verlos en el contexto general. Entonces sabrás que en realidad nunca hubo nada aterrador en ellos. ¿Tratarás de recordar esto la próxima vez que te sientas mal?".

"Haré mi mejor esfuerzo".

"Eso es lo único que necesitas hacer".

Despréndete de la soledad y el descontento

No hay nada más inconforme que nuestra naturaleza inferior, el yo falso. Siempre está infeliz a causa de una u otra cosa. Si hay una mala hierba en un rosedal, puedes estar seguro de que es lo único que verá. Como en realidad no tiene vida propia, debe crear constantemente pensamientos y sentimientos estimulantes de una u otra clase que le den la sensación de estar vivo. Como Sísifo, el rey de Corinto que fue condenado a empujar cuesta arriba una gran piedra, que sólo volvía a caer, este yo falso debe crear y volver a crear su vida una y otra vez. Le aterra y le desespera no tener algo más qué hacer, aunque sólo sea sufrir, porque no tiene nada más qué hacer. Como esta naturaleza falsa no es capaz de ser nada en realidad, constantemente debe hacer algo interna y externamente con el fin de tener sensaciones que le hagan creer que existe.

El interminable dilema de este yo falso es que todas las sensaciones que él mismo genera están "en el tiempo". Esto significa que tarde o temprano estas sensaciones que le proporcionan estímulos, ya sean placenteros o dolorosos, van a llegar a su fin. Todo lo físico debe pasar; esa es una ley universal. Todas las sensaciones deben desvanecerse, ya que las sensaciones sólo son una especie de eco, separado y distinto a lo que las causa. Los ecos son una especie de fantasma, sin importar dónde existan temporalmente. Tienen apariencia pero no tienen una verdadera sustancia. Un eco es una sombra; sólo parece estar ahí.

El descontento es un tipo de eco psíquico. De hecho, sin importar qué sea la infelicidad, sólo es un eco interno que "suena" en nuestro interior. Por difícil que parezca comprender esto en este momento, debes saber que el sufrimiento sólo *parece* real. No tiene vida *real.* ¿Cómo es esto posible?

El estrés, la tensión y el dolor que sentimos internamente nos parecen reales, por supuesto; pero también parecen reales los temores que sentimos en medio de una pesadilla. ¿Pero dónde queda ese terror una vez que despertamos? Ya no existe porque sólo fue real mientras vivíamos esa pesadilla. Trata de recordar esta importante idea. Un suceso doloroso, que haya sucedido hace veinticuatro horas o hace veinticuatro años, crea ecos en nuestro interior convirtiéndose en cierto tipo de recuerdo. Cuando recordamos su "sonido" emocional, eso hace que nos sintamos incómodos y descontentos. Así que nos esforzamos por aislar este disturbio, por identificarlo y resolverlo, para recuperar la tranquilidad que decimos que sentimos cuando desaparece el dolor.

Todo esto parece razonable, ¿verdad? ¡No lo es! La trampa en este caso, y siempre que erramos el rumbo, es que el "tú" que se esfuerza por convertir el desconcierto en tranquilidad ¡no eres tú en absoluto! Intentemos comprender esta nueva y asombrosa idea imaginando a un hombre que está perdido en una serie de profundas cavernas oscuras. En su ansiedad, grita: "¡hola!" y luego se esfuerza por escuchar una respuesta. Hay un latido del corazón, y en la distancia escucha "hola, hola". Se anima y corre hacia la persona que le gritó. No entiende que sólo es un eco. No sabe que está siguiendo el sonido de su propia voz, una voz que lo está llevando a mayores profundidades en las cuevas y lo está alejando de cualquier ayuda real que podría hacerlo regresar a la luz del sol.

En una ilustración como esta, nos es fácil ver que el hombre que estaba perdido en la cueva no sabía que se estaba escuchando a sí mismo. Si lo hubiera sabido, no habría confiado en el eco de su propia voz ni lo hubiera seguido. Su error fue suponer que la voz que estaba escuchando era de alguien más que, como él, se había perdido en las cuevas.

Cuando se trata del descontento o de cualquier otra situación de infelicidad, cometemos un doloroso error similar que nos aleja cada vez más de un verdadero rescate. Como el hombre que está perdido en las cuevas, vivimos y actuamos a partir de una suposición igualmente falsa. Creemos que las voces que hay en nuestro interior, que en forma tan servicial señalan el descontento de nuestra vida, lo hacen desde un puerto seguro y tranquilo al que sólo podremos llegar si seguimos sus instrucciones. Estos persistentes pensamientos y sentimientos que muy a menudo son muy intensos, nos señalan un bienestar futuro, un puerto seguro; pero ese puerto no sería necesario si en primer lugar estos mismos pensamientos y sentimientos no hubieran provocado una tormenta. ¡Lo ves! El yo falso siempre está intentando captar tu atención para señalarte que falta algo en tu vida. ¿Quién necesita un amigo que lo despierte todas las noches para preguntarle si está dormido?

No eres quien crees que eres. Tu presente nivel de pensamiento es tu descontento, ya que en este momento, el que está pensando por ti es precisamente el Sr. Descontento, el yo falso. Quiero dejar esto muy claro. *Tú* no estás descontento. Nunca has sido infeliz, ni ahora ni nunca antes. Ninguna condición descrita por ti mismo que tenga que ver con lo que tienes o no tienes está en la raíz de tu dolor. Tus sentimientos de descontento e infelicidad, todos esos ecos huecos, son la naturaleza misma del yo falso con el que erróneamente te has identificado.

Trata de recordar que lo que en realidad quieres no es simplemente *sentirte* diferente. No, tú quieres *ser* diferente. Cuando los sentimientos invariablemente fallan, el *ser* siempre triunfa. La persona que eres en realidad no está separada de la causa de la vida misma. Podemos utilizar otras palabras para nombrar a esta Fuente absoluta, pero repito, el nombre que le demos no tiene importancia. Lo importante que hay que recordar es que cuando algo en tu interior empieza a decirte que estás solo, no estás escuchando a *tu* naturaleza, sino a la voz de la separación en sí. Por eso nunca debes hacer nada acerca de tu descontento; *ese descontento no es tuyo.*

No tengas miedo de no tener nada que hacer. Si permites que los ecos interiores se desvanezcan, desaparecerán, y con ellos desaparecerá el yo falso. Elige el ser en lugar del hacer, y algún día ya no habrá dolor en lo que haces o dejas de hacer, pues ya no estarás haciendo nada para probarte a ti mismo que *eres* real. Lo eres y lo sabrás.

Una fuerza secreta que es mayor que cualquier sufrimiento

Antes solía yo vivir en el desierto del lejano oeste, rico en bellos paisajes. Muchos animales silvestres llegaban al área que rodeaba mi casa. En esa parte del país hay ciervos, conejos, ardillas, coyotes e innumerables aves de todas formas, colores y tamaños. Las aves son especialmente afortunadas pues en el clima templado de California nunca faltan insectos ni plantas o semillas. Es una vida maravillosa para estas criaturas voladoras, y su incesante canto lo demuestra.

Además, había una gata. No le pertenecía a nadie. Los campos que rodeaban mi casa habían sido su territorio mucho antes de que yo me mudara ahí. Sus años de independencia habían perfeccionado sus destrezas como cazadora. Pero su éxito no se basaba sólo en su gran velocidad o fuerza.

Esta gata, y los gatos en general, sobreviven porque, como depredadores, tienen una clase de astucia que supera los instintos de sus presas. La razón por la que comparto contigo este relato sobre la "vida silvestre" es que una de las formas en que cazan los gatos puede enseñarnos una lección muy importante sobre nosotros mismos y la razón por la que repetimos nuestros dolorosos errores una y otra vez. Lo que quiero señalar es que un gato sabe que las aves olvidan. Y ahora, esta es la lección:

La gatita salvaje que cazaba fuera de mi casa sabía exactamente dónde se reunían las aves para comer. Todos los días llegaba con cautela a ese lugar y, aunque al hacerlo alborotaba a las aves, simplemente se quedaba inmóvil por un momento y seguía acercándose sigilosa. Luego, en un lugar específico que sólo ella conocía, se detenía y prácticamente se volvía invisible. Minutos después, las aves regresaban alegres y se dedicaban a lo suyo, aunque la gata seguía ahí. No movía un solo músculo, pero bajo su pelaje curtido por la intemperie, su cuerpo estaba tan tenso que cuando finalmente saltaba, lo hacía superando la velocidad de la luz.

Así son las cosas en la naturaleza. Un ave sólo puede reaccionar ante lo que ve, y por lo general sólo ve lo que está en movimiento. En cierta forma "olvida" lo que no puede ver. En el reino animal esto puede ser un error fatal. Para nosotros, que observamos desde la seguridad de nuestra sala este implacable mundo de depredadores y presas, es obvio que el hecho de que el depredador no se mueva no significa que no está ahí. ¿Pero qué decir de nuestro mundo interior, donde nos encontramos atrapados y luchando en las garras del miedo o de una crisis? Ya hemos aprendido que los factores negativos que nos atrapan no son culpa de nadie ni de nada externo a nosotros mismos. Esto significa que lo que deberíamos preguntarnos es esto: ¿Cómo podemos percibir a estos invisibles depredadores internos que de manera tan obvia acechan a nuestro sistema psíquico?

Todos nosotros sabemos lo que se siente cuando nos ataca una duda o una preocupación desgarradora, sin mencionar la multitud adicional de pensamientos y sentimientos dañinos. Ojalá que las preguntas y respuestas que aparecen a continuación derramen algo de luz benéfica en nuestra búsqueda de mayor comprensión de nosotros mismos y de una seguridad personal perdurable.

P: Estoy empezando a ver, con la ayuda de estas ideas nuevas, que lo que he sospechado todo el tiempo es cierto. He estado perdiendo el tiempo con todos mis planes superficiales para escapar. Necesito una ruta de escape que me aleje de mí mismo. ¿Tienes alguna sugerencia?

R: Tal vez esto te sorprenda, pero para escapar de ti mismo debes primero dejar de tratar de olvidar tus preocupaciones, dudas y miedos.

P: Pero pensé que habías dicho que debemos dejar a un lado nuestros sufrimientos.

R: Lo que dije es que debes aprender a comprenderlos. Esta nueva comprensión es la única fuerza que puede liberarte de estas trampas ya que tu falta de comprensión es lo que construye, arma y dispara estas trampas en primer lugar.

P: Esto es tan diferente a lo que siempre me enseñaron. ¿Qué me dices del antiguo refrán "ojos que no ven corazón que no siente?".

R: Tal vez esta idea sea verdad a nivel físico, pero a nivel espiritual, en los mundos internos, nada podría estar más lejos de la verdad. Meister Eckhart, el gran místico, lo comprendió. Advirtió compasivamente a sus estudiantes sobre los peligros de la hipocresía y el engaño cuando les dijo: "Una piedra que está bajo la superficie de la tierra es tan pesada como una piedra visible".

P: Sé que lo que estás diciendo tiene sentido, pero a decir verdad, yo quiero olvidar mis debilidades. ¿Qué hay de malo en eso?

R: Tratar de olvidar un miedo es como tratar de mantener una pelota bien inflada bajo el agua. Se necesita toda tu fuerza y atención, y poco después saltará a la superficie.

Nada nos mantiene más conscientes de un problema que la lucha por olvidarlo. Escucha lo que la verdad trata de decirte sobre tu fuerza en lugar de escuchar a tus debilidades que te dicen dónde ocultarte. La fuerza más poderosa del mundo para lograr un verdadero rescate es tu propio estado de alerta. Los comportamientos mecánicos e inconscientes que te derrotan no pueden vencer a esta capacidad consciente porque su fuerza viene de la luz interior. La luz *siempre* acaba con las tinieblas. Sólo lo que está mal en ti quiere olvidar lo que está mal en ti. Lo que está bien en ti sabe que lo único que está mal en ti es que no *sabes* qué está mal; y por eso sigues sufriendo.

Siempre que sepultamos una desgracia también ocultamos lo que la causó. Cada crisis trata de enseñarnos que hay una lección en su interior, y que debemos permanecer en el salón de clase si queremos aprenderla. Esta es una visión fugaz de la libertad que te espera si te atreves a acordarte de ti mismo cuando todo en ti quiere olvidar y huir.

Al permanecer consciente de tu infelicidad, sin importar qué sea, un día descubrirás, para tu asombro y agradecimiento, que el sufrimiento y el dolor de esta vida no están en *ti*. Es cierto. Toda nuestra infelicidad yace oculta *en nuestras ideas* sobre lo que somos y sobre la forma en que la vida debería tratarnos.

La lección de cualquier doloroso choque emocional no es el choque en sí, aunque eso es lo que quisiéramos creer. Si convenientemente lo creemos, lo único que tenemos que hacer, desde el punto de vista psicológico, es culpar al otro conductor, conseguir un coche nuevo y conducir por una ruta diferente. Esta manera de pensar sólo hace que sigamos chocando contra la vida. Lo que cada choque trata de enseñarnos es que lo único que está mal en nuestra vida es el conductor que tenemos en ese momento, que dice que conoce el camino a casa cuando es obvio que no lo conoce.

Cómo cambiar la vida que te estás dando

Enfrentamos la vida, con todas sus complejas relaciones, a través de lo que sabemos. Cada acontecimiento cotidiano, con sus docenas de giros inesperados, es un reto para que demos nuestras mejores respuestas. Una vez que tenemos a nuestro alcance nuestra respuesta más adecuada, la ponemos en acción y nos ponemos en acción, y luego observamos qué ocurre. Con cada situación, este proceso de retos y respuestas se repite una y otra vez hasta que la condición se resuelve para nosotros, de manera favorable o desfavorable.

Lo que estoy señalando aquí es que en cualquier momento, siempre hacemos lo que sabemos hacer. Tal vez esto parezca muy obvio, pero si se le examina más de cerca, en especial a la luz del hecho de que queremos elevarnos y de elevar lo que estamos logrando en esta vida, descubriremos algo verdaderamente asombroso. Lee los tres siguientes enunciados con mucho cuidado. Les he dado un formato que ayuda a su lectura, pero tienen una relación muy cercana entre sí. Cada idea superior lleva a la siguiente, y cuando se absorben juntas, te darán un gran secreto.

Antes de poder sacar algo diferente de esta vida, debes hacer algo diferente.
Antes de poder hacer algo diferente con tu vida, debes primero conocer algo diferente.
Antes de poder conocer algo diferente, debes primero sospechar y luego confirmar que el nivel de comprensión que tienes actualmente es lo que te ha causado lo que ahora quisieras poder cambiar.

Ahora invirtamos el orden de estas ideas para que podamos ver cómo funcionan en sentido contrario.

Hasta que no conozcas algo diferente, no podrás hacer nada diferente.

Hasta que no hagas algo diferente, no conseguirás nada diferente. Y hasta que en realidad obtengas algo diferente de tu vida, no podrás saber lo que te ha faltado ni cuánto más tienes que comprender.

Esta es la idea clave: tratar de cambiar lo que obtienes de la vida sin cambiar primero lo que sabes sobre la vida es como ponerte ropa seca sobre ropa mojada y luego preguntarte por qué sigues temblando de frío. Debes dejar de tratar de cambiar lo que estás obteniendo para ti mismo y ponerte a trabajar para cambiar lo que te estás *dando* a ti mismo.

Es vital que comprendas que la vida no te ha negado sus riquezas. A decir verdad, y lo vas a reconocer, lo que te ha estado alejando de la vida verdadera es una naturaleza falsa que cree que el propósito de la vida es sufrir y que lo único que puede aislar a alguien de un mundo rudo es lo que la vida puede ganar y poseer. Aunque no podemos negar que nuestro mundo se está volviendo cada vez más cruel, tampoco podemos negar que nosotros somos el mundo. Ni nuestro mundo individual ni el mundo global pueden cambiar hasta que dejes de negar la conexión que existe entre *lo que experimentamos* y *lo que somos.* Por eso debemos tener un conocimiento nuevo. El conocimiento espiritual no es algo misterioso ni fuera de este mundo. En realidad, la comprensión espiritual es el conocimiento más importante y práctico que una persona puede tener. Es, a final de cuentas, lo que sabemos sobre lo que en realidad somos y lo que determina la calidad de nuestra vida.

Lo cierto es que no podemos separar nuestras respuestas de nuestras acciones ni nuestras acciones de sus resultados. Tal vez parezca que trabajan a nivel individual, pues a menudo ocurren en momentos diferentes, pero en realidad son una misma cosa. A nivel intelectual ya conocemos este importante concepto, pero todavía no comprendemos con claridad su profundo significado. Ya antes tratamos este tema. Analicemos de nuevo el antiguo adagio: "Cosechamos lo que sembramos". Aquí podemos ver un nuevo significado en esa enseñanza del Nuevo Testamento. Lo que siembras son semillas, es tu conocimiento. Lo que cosechas es el fruto o los resultados de lo que sembraste. Este conocimiento espiritual nos muestra la gran importancia de volver a considerar lo que creemos que sabemos. La vida está tratando de llegar a nosotros y enseñarnos, a través de la experiencia de la vida, que necesitamos respuestas nuevas y verdaderas. Estas respuestas de nivel superior son una especie de refugio personal que sin esfuerzo nos aleja de lo que podría dañarnos y conserva lo que es saludable y nos da vida. Esa es su naturaleza.

Cinco emocionantes respuestas, acciones y resultados nuevos

Así como después de que aparece la luz del sol se siente calor, después de que se permite que florezca la luz interior debemos experimentar una vida más feliz y de nivel superior. A continuación aparecen cinco ejemplos de la forma en que las respuestas nuevas y de nivel superior pueden hacer que tus días sean mejores y más brillantes. Verás cómo cada una de ellas también sugiere una nueva acción y promete un nuevo resultado. Recuerda que cada sección completa, de la uno a la cinco, representa toda una acción.

1. **Tu antigua respuesta:** Recurrir a algún estado negativo con el que estás familiarizado para encontrar apoyo en momentos de duda.

   Tu nueva respuesta: La verdadera fuerza es negarse a actuar a partir de la debilidad.

   Tu nueva acción: Mira dónde has estado considerando que una debilidad interna es una fuerza interna, como cuando dices que la ansiedad, la preocupación o el enojo son acciones rectas. Atrévete a vivir sin estas fuerzas falsas.

   Tu nuevo resultado: El final de tu confusión y tu dolor relacionados con la razón por la cual tu fuerza te falle tan a menudo. Al mismo tiempo, te darás cuenta del nacimiento de una fuerza nueva y verdadera que nunca se convierte en la debilidad opuesta.

2. **Tu antigua respuesta:** Evitar condiciones desafiantes que parecen ser más grandes que tu capacidad para resolverlas con éxito.

   Tu nueva respuesta: Tener el valor de seguir adelante aunque sabes que tienes miedo.

   Tu nueva acción: Atreverte a dar un temeroso paso tras otro.

   Tu nuevo resultado: Estar libre de una vida de temores, pues el temor no puede existir cuando se da a la capacidad de discernir un valor superior al hecho de sentir temor.

3. **Tu antigua respuesta:** Causar dolor a cualquiera que te causara dolor.

   Tu nueva respuesta: Perdonar es comprender a nivel personal que, excepto por las circunstancias, no existe una diferencia real entre tu persona y la persona que te ofendió.

   Tu nueva acción: A pesar de todos los gritos internos que exigen lo contrario, atrévete a tratar a la persona que te ofendió como quisieras que se te tratara.

   Tu nuevo resultado: Cuando dejas de castigar a otros por sus debilidades, dejarás de castigarte por las tuyas.

4. **Tu antigua respuesta:** Buscar a una persona, a *cualquier* persona, que te permita derramar en ella todas tus dificultades.

   Tu nueva respuesta: Ser compasivo es negarse conscientemente a aumentar los sufrimientos de otra persona, aunque parezca que eso aumenta tu sufrimiento.

   Tu nueva acción: Atreverte a llevar sobre tus hombros una carga mental y emocional cien veces mayor que la que crees que puedes soportar.

   Tu nuevo resultado: En el interior del sufrimiento está la visión fugaz de que no existe una víctima del sufrimiento.

5. **Tu antigua respuesta:** Caer en brazos de cualquier estado sombrío que se presente para encontrar consuelo cuando tus sueños se hacen pedazos.

Tu nueva respuesta: La verdadera esperanza es el hecho de que siempre existe una solución de nivel superior.

Tu nueva acción: Ver que siempre que sientas dolor o seas derrotado, eso sólo ocurrió porque insististe en aferrarte a algo que no funciona. Atrévete a desprenderte de eso, y no perderás nada, excepto la idea de un castigo.

Tu nuevo resultado: Una vida nueva que no teme a los desafíos internos o externos, pues la derrota sólo puede existir cuando uno no está dispuesto a aprender.

Ahora que has repasado estas nuevas respuestas llenas de verdad, tal vez quieras escribir algunas respuestas propias. Esto es muy provechoso para acelerar tu crecimiento interno. No te desanimes si al principio no se te ocurren ideas nuevas. Tus esfuerzos representan una gran ganancia ¡ya que hasta el menor intento por encontrar respuestas nuevas es una nueva respuesta! Cuanto más trabajes con estos principios verdaderos, más te funcionarán.

Recuerda siempre que cuando trabajas con esta clase de ideas poderosas de alto nivel, hay muchas partes de ti mismo, que por el momento desconoces, las cuales podrían tratar de llevarte por el camino erróneo. Saben que tu verdadero conocimiento espiritual te alejará de su influencia dañina y te dará seguridad verdadera. Independientemente de lo que estas dañinas voces internas digan, quien introduzca primero la verdad nunca perderá nada, excepto aquello que nunca fue real en primer lugar.

El secreto del placer permanente

Existe un placer de nivel superior que hace que todos los demás placeres parezcan piedrecillas que contrastan con perlas, pero para poseer este gran tesoro, debes atreverte a navegar hacia las regiones donde otros aseguran que no hay nada, excepto un precipicio en cuyo fondo no hay nada.

Como cuando se inicia una expedición importante, debemos estar adecuadamente preparados, así que necesitamos dedicar unos momentos a establecer las bases de nuestro viaje interior. Este nuevo conocimiento, junto con tu deseo de tener éxito en tu búsqueda, te dará el impulso que necesitas para salir de tu antigua vida limitada y entrar a este nuevo mundo de placer de alto nivel. Es físicamente imposible darte a entender la importancia de estas ideas nuevas, pero nada les dará vida con más fuerza que tu deseo sincero de comprenderlas. Si haces esto, si haces lo que te corresponde, la verdad hará el resto para ti. Un libro puede estar lleno de mapas que te guían a praderas llenas de flores, pero tú debes recorrer esos caminos si alguna vez quieres estar entre todas esas flores multicolores.

Imaginemos por un momento que sientes mucho frío. Se lo dices a alguien y para tu sorpresa te responde dándote una tarjeta postal con la imagen de una chimenea llena de leños ardientes. Esto ciertamente te causará asombro, pero no te hará sentir calor. ¿Por qué? Porque la imagen de las llamas, la *imagen* del fuego, no es el calor en sí. De igual manera, la idea de un vaso de agua no es el vaso de agua en sí, y esa idea no puede apagar tu sed, como tampoco la palabra "salvavidas" te mantendrá a flote si te aferras a ella en medio de una tormenta.

Todo esto te podría parecer tan obvio que te preguntarás hacia dónde me dirijo. Quiero llegar a esto: Con las ilustraciones anteriores relacionadas con objetos sencillos, comprendimos *que el pensamiento no es el objeto.* Pero de pronto este importante conocimiento parece venirse abajo cuando se trata de nuestros propios pensamientos y sentimientos sobre nosotros mismos. Creemos que estos movimientos internos en realidad son lo que aseguran ser.

Por ejemplo, ¿quién no se ha sentido triste y luego pensó: "estoy triste"? Tal vez exista una genuina sensación de tristeza, pero en realidad ahí no hay nadie que esté triste.

Así como antes estuvimos de acuerdo en que el pensamiento nunca es el objeto, este principio de nivel superior sigue siendo cierto cuando se trata de nuestros sentimientos. El siguiente enunciado te ayudará a entender lo que hemos estado diciendo. Léelo varias veces para comprender a fondo su significado. La tristeza o la alegría *son cosas que sientes, no cosas que eres.*

Un sentimiento sólo es eso: un sentimiento. No tiene una verdadera existencia independiente para nosotros, aparte de la relación momentánea que lo produce. Cuando un sentimiento es placentero quieres que persista, porque erróneamente te has identificado con sus sensaciones de placer. Crees que tú eres ese sentimiento. Este sentido de identidad erróneo no presentaría problemas, pero cuando tus sentimientos placenteros se desvanecen, lo que naturalmente ocurre con todos los sentimientos, también se desvanece el "tú" que sentía placer. Ahora, lo único que puedes hacer es sentirte mal, y entonces empiezas una vez más con el ciclo de la búsqueda de placer.

"Esto explica por qué a veces me siento atrapado en mis propios planes para sentirme bien. Es como estar en un juego de un parque de diversiones que no te deja bajarte porque en realidad nunca termina. ¿Cómo puedo salirme de este círculo de placer y dolor?".

"Medita profundamente en la siguiente idea de alto nivel. Te ayudará a empezar a ascender en lugar de sólo dar vueltas. *Crees que lo que estás buscando es placer, pero lo que en realidad estás buscando es permanencia*".

"¡Qué idea tan fascinante!, ¿pero no es también la permanencia sólo otro sentimiento?".

"No. Hay un placer de permanencia que no es un sentimiento sino un nivel de ser. Este elevado estado de conciencia podría incluir la totalidad de los diversos sentimientos que vienen y van, sean o no placenteros; pero sin necesidad de esforzarte, este estado de conciencia permanece imperturbable y sin disminuir a pesar del flujo y reflujo de las emociones. Tu placer es lo que eres; no lo que sientes".

"¿Qué tengo que hacer para llegar a esta condición tan elevada?".

"Adelantarás mucho en tu camino hacia ella cuando tu deseo de permanecer consciente de tus placeres sea más fuerte que tu deseo de perderte los sentimientos que ellos producen".

"¿Puedes explicarme por qué este tipo especial de capacidad consciente es tan importante?".

"Claro. Sólo el estar consciente de tus placeres te permite disfrutarlos sin que sientas que desapareces cuando ellos se desvanecen".

"Eso es muy lógico. ¿Cómo funciona?".

"Antes de darte una respuesta, debes entender la importancia de descubrir cómo funciona para ti. Es la única manera en que realmente estarás seguro de que es posible alcanzar ese verdadero estado de permanencia. Esta nueva capacidad consciente es como el poderoso faro que brilla en medio de las tormentas que rugen a su alrededor y al mismo tiempo está separado de ellas. Su brillante haz de luz permanece firme sin esfuerzo alguno, pues brilla y continúa brillando en medio de todo tipo de tormentas. Nada lo perturba ni altera su esencia, porque la luz tiene una naturaleza totalmente distinta a cualquier otra fuerza con la que pueda toparse en el mar. De manera similar, no es posible perturbar a tu verdadera naturaleza. Ya sea que tus emociones se desaten con furia o presenten un horizonte perfectamente tranquilo, tú sigues experimentando placer porque ahora tu verdadero placer está en tu percepción de que lo que permanece constante eres *tú*".

Ahora permíteme recomendarte que regreses y repases la sección del capítulo tres que lleva el título de "Un nivel de conciencia más alto a través de la observación de ti mismo". Te dará mayor discernimiento en relación con este tipo de capacidad consciente que te lleva a un placer permanente de nivel superior.

Medita en estos cinco puntos que te ayudarán a alcanzar una nueva clase de placer permanente:

1. Si tus placeres empiezan como sentimientos, así es como terminarán... pero los sentimientos de un placer que se desvanece no siempre son tan placenteros.

2. La satisfacción que siente el yo falso se relaciona con la satisfacción que le produjo su último pensamiento sobre sí mismo, pero tu verdadera naturaleza está satisfecha en su interior.
3. Buscar el placer para reducir el dolor es como correr tras de la brisa con la idea de refrescarse.
4. Tratar de encontrar placer sólo en tus sentimientos es como buscar una escalera en un arco iris.
5. Ganar lo que el mundo tiene que ofrecer te proporciona sus placeres temporales, pero si conquistas tu mundo interior ganarás un tesoro cuya permanencia es ilimitada.

CAPÍTULO 5

Cómo desprenderte y entrar al flujo de poder

A principios del siglo XX, antes de la era de las supercarreteras, los supermercados y las gigantescas empresas de productos alimenticios, las cosas eran muy distintas, y en muchos aspectos, mejores. Las pequeñas granjas familiares solían transportar la cosecha de la temporada en carretas o camiones a un pequeño mercado central establecido en su zona. Algunos agricultores, que estaban más aislados que otros, tenían que recorrer grandes distancias sólo para vender su cosecha. Ésta era prácticamente la única oportunidad que tenían estas valerosas personas, que vivían y trabajaban en estas pequeñas granjas lejanas, de ver a alguien más que no fuera parte de su familia. Todos esperaban con ansia el viaje a estos mercados abiertos. En ellos había trueque de artesanías y se podía comprar todo tipo de mercancías, ver los catálogos más recientes de las tiendas y disfrutar de la calidez de miles de saludos. Todo esto, además de la recompensa económica, fruto del arduo trabajo, que representaba el final de cada temporada, hacía que la venta de las cosechas fuera un acontecimiento emocionante y feliz para todos los involucrados.

Por eso, al estar ahí viviendo al máximo el gozo de todo este festival, el viejo granjero no podía entender cómo alguien podía andar por ahí sintiéndose cansado y agobiado. Sin embargo, recargado en el costado de una de las zonas con tiendas de campaña, había un joven granjero que se veía muy desdichado.

"¿Cuál podría ser el problema de este muchacho?", se preguntó el viejo. El clima había sido bastante benigno, y todos los granjeros que estaban en el mercado, incluyendo a este joven, habían traído cosechas abundantes. Lo pensó por un momento y decidió actuar como un buen vecino. Se acercó al joven.

"¿Puedo ayudarte en algo?", preguntó tan amablemente como le fue posible. Cuando no obtuvo respuesta, intentó un acercamiento diferente: "Espero que no te moleste que te haga esta pregunta. Pero parece que tal vez necesitas ayuda".

El joven granjero levantó la vista y miró al viejo sin levantar la cabeza. "Gracias. No hay nada que puedas hacer para ayudarme".

"¿Cómo lo sabes?", preguntó el viejo.

Pasó un momento y luego habló el joven: "No entiendes", dijo. "Se trata de mi estúpido tractor. El maldito me causa más problemas que lo que vale".

"¿Sí? ¿Y qué le pasa?".

"En realidad no lo sé. Hay días en que es más difícil usarlo que otros. A veces, el maldito tractor sólo me lleva a un área en que yo y mi familia ya no queremos sembrar".

Algo no le parecía lógico a la mente del viejo granjero mientras escuchaba al joven. "¿Dices que a veces es más difícil usarlo? Tal vez un día podría yo verlo. Soy bastante bueno cuando se trata de este tipo de maquinaria".

"Claro", los ojos del joven brillaron por un momento, "pero no creo que puedas hacer gran cosa. De todos modos, nos gustaría que nos visitaras, te prepararemos una deliciosa cena para agradecerte tu esfuerzo".

Entonces intercambiaron información sobre la ubicación de sus granjas.

Varias semanas más tarde, después de viajar día y medio, el viejo granjero llegó a la granja del joven con su carreta tirada por caballos y llena de herramienta. Frente a él, en un campo distante, pudo ver al joven granjero, a su esposa y a sus dos hijos. Estaban luchando para empujar al pequeño tractor entre los surcos.

"¡Hola!", saludó el viejo acercando su carreta para que pudieran escucharlo. "Veo que todavía no está funcionando bien".

El joven granjero le sonrió y dijo: "¿A qué te refieres?? ¡Hoy está funcionando bastante bien!".

Por un momento, el viejo granjero se quedó ahí sentado, lleno de asombro. No era posible. Sabía que tenía que hacer la siguiente pregunta, pero le fue muy difícil expresarla.

"¿Quieres decir...", el viejo se detuvo tratando de encontrar el tono de voz adecuado, "... que siempre empujan este tractor para que haga lo que ustedes quieren?".

El joven lo miró con un dejo de irritación ante una pregunta tan absurda. "Bueno, ¿en qué otra forma logras que haga lo que quieres?".

Al instante, el viejo entendió la profunda frustración del joven y la razón de su actitud derrotada en el mercado. Entonces le dijo tan calmadamente como le fue posible: "¡Hijo, un tractor es algo que conduces, no algo que empujas!".

Se necesitaron muchas explicaciones, varios viajes al pueblo y mucho trabajo en las piezas del tractor, pero cuando el viejo finalmente se despidió del joven y su familia, el pequeño tractor estaba funcionando de maravilla. Y todos estaban contentos. Finalmente todo era como debía ser. La vida estaba bien.

Estoy seguro, como tal vez tú también lo estás, de que es muy probable que esta historia nunca haya sucedido ni pudo suceder. No obstante, este relato sobre un tractor cuyo funcionamiento no se entendía contiene una lección muy valiosa para alguien que en realidad está cansado de vivir la vida a empujones. Analicemos esta lección y veamos lo que nos enseña sobre nuestras experiencias cotidianas: *¡el* *estrés existe porque nosotros insistimos!* De hecho es así de sencillo. Nuestra creencia errónea de que debemos empujar la vida en la dirección que queremos que vaya, es lo que crea la relación tensa y desdichada que tenemos con la vida. Nuestro deseo de tener poder sobre la vida brota de esta relación errónea con ella. La realidad tiene un curso en el que no hay esfuerzo, y podemos seguir ese curso o luchar eternamente con nuestro camino. *No necesitamos poder para fluir.* En otras palabras, ¿por qué empujar cuando podemos aprender a conducir?

Con una nueva clase de esfuerzo, podemos subir a bordo de una clase de vida completamente nueva en la que siempre hay cielos despejados y el viento siempre sopla a su favor. En su asombroso libro, *El poder de tu súpermente [The Power of Your Supermind]* (Prentice Hall, 1967), Vernon Howard habla de la posibilidad de experimentar esta clase especial de vida sin esfuerzo:

> *Las personas desperdician la vida tratando de lograr que se hagan las cosas por ellos sin un esfuerzo de su parte. Existe ese camino, pero sólo se encuentra después de hacer el esfuerzo personal correcto. Es como volar una cometa. Si haces lo correcto y sostienes la cometa de tal modo que se apoye en los vientos, volará con naturalidad por sí misma. Ahora bien, la vida en sí es nuestro apoyo, lo que significa que es necesario encontrar la vida verdadera de la súpermente y no vivir a base de imitaciones.*
>
> *El* Tao Te King, *el libro de la sabiduría oriental, habla de esto. Dice que cuando un hombre sigue el Camino, sus satisfacciones son inagotables.*
>
> *Supongamos que un niñito quiere volar una cometa pero no sabe nada sobre los vientos. Pone la cometa en el suelo y trata de volarla soplando con todas sus fuerzas. Tal vez su frustración haga que esté dispuesto a escuchar lo que un niño mayor pudiera decirle sobre el viento. Entonces, al reemplazar el esfuerzo incorrecto con el correcto, su cometa volará sin esfuerzo.*

Una cura segura para cualquier cosa que te inquiete

Imagina una pareja bien vestida, sentada frente a una elegante mesa en un restaurante sofisticado. Están tratando un asunto de gran importancia para ambos. Al iniciar su conversación, él es cordial y se muestra relajado, y ella sonríe con cordialidad. A medida que avanza la noche y van aflorando las intenciones de cada uno, el hombre empieza a mostrarse impaciente, y su actitud también lo es. La atractiva sonrisa de la mujer se convierte en una expresión facial tensa. Ahora, cada uno de ellos le está mandando señales al otro. Estos mensajes mudos e invisibles dicen: "No me presiones demasiado". Y detrás de esos mensajes silenciosos se oculta lo que ambos saben que hay en el fondo: "No me obligues a utilizar la fuerza".

Con pocas excepciones, casi todos estarían de acuerdo en que, en cualquier situación, el uso de la fuerza debería ser el último recurso. Sin embargo, este pequeño drama ilustrativo señala un importante hecho psicológico que no está a la vista y que se relaciona con lo que en realidad está sucediendo detrás de las apariencias que tanto se cuidan; casi siempre recurrimos a cierta clase de fuerza cuando las cosas no marchan como queremos. ¿Por qué otra razón crees que una persona busca el poder en esta vida? Nadie busca el poder para hacer el bien a menos que en primer lugar lo use para lo que considera ventajoso para sí mismo. Esta filosofía popular tan común, que se relaciona con asumir el poder, se justifica con este tipo de pensamientos: "Una vez que yo tenga suficiente, podré compartir mi abundancia con otros". El único problema con este tipo de pensamientos es que sólo son una mentira que se usa para perpetuar otra mentira.

En primer lugar, para la naturaleza falsa nunca hay suficiente de nada, y eso es algo adicional al hecho de que para hacer el bien no se necesita poder. El bien es su propio poder. Buscamos poder porque queremos la fuerza que se necesita para que las cosas marchen como queremos, para acabar con las rebeliones y disturbios pequeños o grandes sin importar dónde surjan; en casa o en el área de trabajo.

Al parecer, el poder, quienes lo tienen y quienes no lo tienen, determina quién ejerce presión contra otros y quiénes se ven presionados. Y tomando en cuenta nuestras preferencias, si debemos elegir una de estas dos posturas, preferimos ser uno de los que ejercen presión. El único problema es que al nivel de este campo de elecciones de ejercer presión o ser presionado, todos pierden, ya que después de ejercer presión siempre se recibe presión. Lo realmente increíble, como estamos a punto de aprender en nuestro estudio de nosotros mismos, es que aquí en realidad no existe un verdadero poder en el mundo o a nivel personal. Y lo que es aún más asombroso, si hablamos de verdadera seguridad o satisfacción, éstas no son necesarias. La tercera opción, que es de nivel superior, es la opción de que *se nos deje solos y en paz.* El siguiente párrafo te ayudará a entender esta nueva y poderosa idea:

No existe en el mundo un poder que pueda hacer que te sientas seguro y a salvo, ya que no es este mundo lo que te amenaza o te perturba. Buscas poder personal y poder en el mundo porque estás bajo el dominio de tus propios pensamientos y sentimientos. Tu propia naturaleza subdesarrollada es lo que te castiga, pues todavía no entiende que ella en sí es la conmoción que percibe y cree que está fuera de sí misma. De modo que esta naturaleza inconsciente siempre te mantiene buscando el poder y la autoridad con la esperanza que al tener suficiente, llegues a tener la fuerza necesaria para controlar tu vida. Esto es como lanzar una roca a un estanque para tranquilizar sus ondas. Cuantas más rocas le lances, más ondas se forman. Por eso, lo que en realidad quieres es que se te deje solo y en paz.

"Creo que entiendo lo que me quieres decir, pero si los poderes de las fuerzas sociales y económicas no pueden hacer que me sienta seguro y a salvo, ¿qué es lo que me hará sentir así?".

"En primer lugar, repasemos brevemente lo que acabamos de ver. Buscamos poder personal porque estamos bajo el dominio de nuestros sentimientos. Nuestras reacciones se apoderan de nosotros. Esto es doloroso ya que nuestra naturaleza original, nuestro Yo Verdadero, anhela ser libre y no cargar con pensamientos y sentimientos compulsivos que lo limitan y lo derrotan. En el nivel de subdesarrollo que tenemos actualmente, el problema es que creemos que lo que causa nuestros sentimientos de desdicha es otra persona o acontecimiento. Queremos tener poder sobre ellos con la esperanza de tener poder sobre los sentimientos que nos castigan. ¿Puedes ver que este enfoque al dominio de uno mismo está condenado al fracaso desde el principio pues se basa en razones erróneas?".

"Sí, definitivamente; sólo que ahora siento que parece que no existe un camino de salida. ¿Dónde podemos buscar el poder que necesitamos para ser felices?".

"No busques este poder en una persona, en un lugar o en una posesión, idea o creencia, sino en la nueva comprensión de que tu naturaleza superior y permanente no necesita poder fuera de sí misma para vencer a un atacante interno o externo. Su poder es lo que yo llamo Fuerza Silenciosa. Es lo único que puede hacer por ti lo que tú no has podido hacer por ti mismo".

"¿Qué es esta Fuerza Silenciosa? ¿Cómo hago que trabaje para mí?".

"Si en realidad deseas saber la respuesta a tu pregunta, nada en el mundo te lo podrá impedir. Permíteme hablarte un poco de esta fuerza. La Fuerza Silenciosa es la comprensión de que no necesitas responder a *ningún disturbio que haya en tu interior.* Cualquier forma de respuesta a un estado negativo, que no sea observarlo en silencio, siempre es una forma de resistencia ante él. Y aquello que resistimos persiste. El mal ejemplo y las falsas tradiciones te han enseñado que los pensamientos y sentimientos negativos como el miedo, el enojo y el odio son algo de lo que eres responsable; que te pertenecen. Lo que nos lleva a una idea muy importante: en realidad sí eres responsable *de* ellos, pero no tienes responsabilidad *hacia* ellos. Los dolores internos y los sentimientos sombríos no son tuyos. Nunca lo han sido y nunca lo serán, sin importar cuánto se esfuercen estos impostores tratando de convencerte de lo contrario".

"Me agrada lo que estás diciendo. ¿Podrías explicarlo un poco más? ¿A qué te refieres cuando dices que soy responsable de mis miedos pero no soy responsable hacia ellos?".

"Es contrario a la naturaleza que un ser humano esté bajo el dominio de algo. Tu única responsabilidad real es comprender este hecho de nivel superior. Y al corregir tu comprensión, tienes la relación correcta con todos los pensamientos sombríos y los sentimientos de derrota; es decir, que simplemente no tienes nada que ver con ellos. No digo que actúes como si el pensamiento sombrío no existiera o que finjas que no existe. Es muy importante comprender esto, ya que fingir que no existe un elefante agresivo o fingir que es un conejito, podría hacerte sentir bien por un rato, pero sigues estando en peligro. Ver al elefante y reconocerlo por lo que es, permite que la inteligencia te guíe hacia donde debes estar; es decir, lejos de la jungla".

Ninguna clase de pesar o disturbio te pertenece. Tal vez estén presentes estas enormes sombras internas con todos sus aullidos, ¿pero dónde está escrito que te pertenecen? Cuando visitamos un zoológico, no nos identificamos con los chillidos y mugidos de los animales, ¿entonces por qué caemos en la jaula que nos aprisiona y trata de hacernos creer que lo oscuro es luz? ¿Alguna vez les has gritado a un montón de ruidosos chimpancés o de escandalosas aves tratando de hacer que guarden silencio? El insistir en que se tranquilicen sólo los inquieta más. Lo mismo ocurre en nuestro interior. Siempre que buscamos algo de poder para ahuyentar al miedo, lo único que estamos haciendo es darle poder al miedo. No existe un poder que pueda transformar las tinieblas en luz. Recuerda esta lección la próxima vez que sientas que debes hacer algo para salir de un pensamiento interno en el que reinan las tinieblas. Recuerda la Fuerza Silenciosa. ¡Guarda silencio! Este silencio y esta luz interior harán por ti lo que tú no has podido hacer por ti mismo. Transformarán tus oscuros cielos internos en cielos azules. Guarda silencio y observa como se desvanecen las nubes negras de los pensamientos y sentimientos negativos. Detrás de ellos brilla el sol.

Despréndete del miedo de no ser nadie

¿Por qué desafiamos e incluso nos esforzamos por cambiar las opiniones del mundo en lo que concierne a nosotros, pero casi nunca cuestionamos nuestras propias creencias, sin importar cuánto estrés y ansiedad produzcan en nuestro interior? Por ejemplo, nunca soñaríamos en zambullirnos para buscar un tesoro en el fondo de nuestra tina de baño, porque sabemos que lo mejor que podríamos esperar encontrar ahí serían unas cuantas perlas de plástico. Y sin embargo, seguimos zambulléndonos en este mundo día tras día tratando de llegar a ser "alguien" especial. Una y otra vez nos hundimos en un nuevo plan que nos promete una mayor seguridad a nivel personal. Y aunque lo mejor que hemos logrado con nuestra lucha es una elevación de tipo temporal que suele desplomarse y caer en tierra, seguimos haciendo lo mismo. Esto es lo que ocurre: lo que nos daña es nuestra creencia de que debemos ser alguien especial, no nos daña el mundo por el hecho de no confirmar nuestra creencia.

Mediante un estudio paciente de nosotros mismos y con la ayuda de ideas verdaderas, podemos aprender a llevar una vida enteramente nueva. Sé que he señalado esto una y otra vez, pero es muy importante que lo comprendamos. Lo que es eterno y verdadero no es algo poco práctico y desesperadamente distante. Está tan cerca y tan a nuestro alcance como nuestro deseo de entender por qué seguimos lastimándonos y lastimando a otros. Teniendo como guía esta intención correcta, analicemos este deseo que tenemos de llegar a ser "alguien". Y a lo largo de nuestra investigación, trabajemos para tener presente que lo que vemos *con respecto* a este mundo es lo que nos da seguridad, no lo que podemos obtener *de* él.

Todos quieren ser "alguien". ¿Por qué? Pregúntale a cualquiera y de una u otra forma te dirá: ser alguien especial es ser alguien que tiene poder. El nivel del yo que busca poder lo ve como una necesidad; sin él, uno no puede aislarse cómodamente ni protegerse del aplastante mundo de los demás, de quienes a toda costa quieren lo mismo que nosotros queremos: llegar a ser "alguien".

En pocas palabras, la idea de llegar a ser alguien contiene la creencia, que no se cuestiona y que lo penetra todo, de que el nivel de seguridad, certeza y felicidad que podemos alcanzar en esta vida depende directamente de lo "especiales" que podamos llegar a ser. Eso es lo que casi todos los habitantes de la tierra creen, ya sea que lo expresen o no. Y esta creencia en sí, esta búsqueda del tesoro en la tina de baño, es lo que encierra la semilla del sufrimiento para toda la humanidad.

Bien escondido en esta falsa creencia, que es como la tentadora manzana envenenada que la malvada bruja le ofreció a Blanca Nieves, esta lo *opuesto* a esta creencia. Un elemento opuesto que merodea por todo el sistema psíquico de cada persona que tiene esa creencia y que no sospecha la presencia de su opuesto, que está justo al margen de su capacidad de ver y escuchar su mensaje, pero que está al alcance de su capacidad para sentir su presencia. ¿Qué es lo que acosa al yo que busca poder, qué es lo que lo impulsa a lo largo de su vida? Es el miedo. Y esta es la actitud mental inconsciente que produce estos factores opuestos en primer lugar, y que luego, sin saberlo, los sirve: el sentimiento predominante de que si no llegamos a ser "alguien" nunca tendremos seguridad ni certeza. La idea implícita del miedo, una idea poderosa, silenciosa, prácticamente imperturbable, es que si no llegamos a ser especiales a nuestros propios ojos o a los ojos de otros, no tendremos poder; y al no tener poder, pereceremos y nos desvaneceremos. Esto es lo que impulsa a los hombres y a las mujeres hasta el colapso. La promesa de ser alguien especial, alguien poderoso, sólo es la mitad de la ecuación. La mitad que no se ve es la amenaza de una incesante desdicha, la cual nos impulsa al éxito, sin importar lo que cueste a nivel personal o global. Expresémoslo en esta forma: no hemos estado corriendo *hacia* algo (hacia una meta o hacia un sueño), hemos estado *huyendo* de algo. Hemos estado huyendo del miedo a no ser nadie.

Como veremos, no existe una solución eficaz para este tipo de carrera ya que estamos atados a aquello que evitamos. Es cierto. Hasta la fecha, el miedo ha establecido el curso y el paso a seguir. Por eso nos es tan difícil relajarnos, incluso cuando ha llegado el momento de disfrutar con tranquilidad los frutos de nuestro trabajo. El hecho es que, cuanto más nos esforcemos por ser alguien especial, o incluso cuanto más parezca que tenemos éxito en una tarea, más en riesgo nos sentimos. La buena noticia es que este problema no es nuevo y tampoco lo es su verdadera solución. A lo largo de los siglos, hombres y mujeres de inspiración han llegado a entender estas trampas que nos derrotan y al hacerlo, han alcanzado una libertad duradera para sí mismos. Tú puedes hacer lo mismo.

Hace más de sesenta años, J. Krishnamurti, un brillante filósofo y maestro de fama mundial, habló de esta desdicha invisible al dirigirse a un grupo de estudiantes en Ojai, California (esta charla se publicó en su libro *Primeros escritos [Early Writings]*, Chetana, 1971). En su charla, también reveló el secreto de una victoria personal duradera.

> *Si eres pobre en lo mental, en lo emocional o en lo físico, quieres ser rico, ¿no es cierto? Quieres tener una mente rica y emociones fuertes. Bueno, eso sólo es perseguir algo opuesto, y los opuestos contienen aquello de lo que estás escapando. Lo que buscas contiene aquello de lo que estás huyendo. Cuando eres pobre, quieres ser rico y, mediante el contraste entre estos polos opuestos, sabes lo que es ser rico. Buscas la riqueza en tu mente, y así estás creando lo opuesto a través de tu deseo; por otra parte, al reconocer el hecho de que eres pobre y al tratar de liberarte de la idea de la pobreza, destruyes su opuesto.*

Si alguien te desagrada, es inútil que digas que debes amarlo; eso engendra hipocresía. Pero si tratas de liberarte de la idea del desagrado, te estarás liberando de la idea de hacer distinciones: el agrado y el desagrado. No puedes hacer esto mentalmente; no puedes decir: "Debo liberarme del desagrado" y engañarte a nivel intelectual. Reconocer el hecho de lo que eres, sin tratar de escapar de ello, hace que te liberes de los opuestos.

Cómo dejar que tus preocupaciones pasen de largo

Hace muchos años, había en televisión una serie sobre un grupo de chiquillos fantásticos. El programa se llamaba *La pandilla [Spanky and Our Gang]*. Cada capítulo presentaba las inocentes amistades y tiernas aventuras de estos niños que habían formado una banda. Tal vez recuerdes algunos de los personajes: Alfalfa, Spanky, Froggy, Darla, Buckwheat y muchos otros. Un capítulo que quiero comentar siempre permanece en mi mente. En un minuto sabrás por qué. Este es un breve resumen:

Los niños tendrían que enfrentarse a un gran problema pues la maestra les había dicho que al día siguiente iban a tener un examen sorpresa. De modo que en esa sombría noche, siendo ya muy tarde, entraron sin ser vistos al salón de clase para robarse el examen y estudiar las respuestas. En medio de la operación, Buckwheat, uno de los niños, se enredó en una cuerda al tratar de zafarse de ella y empezó a hacer mucho ruido. Temiendo ser descubiertos a causa de ese ruido, decidieron escapar. Había niños corriendo por todas partes. Lo único que Buckwheat sabía era que él también quería huir de esta aterradora situación. Por desgracia, y sin que él lo supiera, la cuerda todavía estaba enredada en su tobillo. Y como la suerte señala en una comedia, el otro extremo de la cuerda se había enredado en la base con ruedas del esqueleto que había en el salón de clase. De modo que, el pobre de Buckwheat tuvo que enfrentarse a algo inesperado, pues cuando salió corriendo tras sus amigos, ese horrible esqueleto venía detrás de él. Y sin importar en qué dirección corriera para escapar de sus huesudas manos extendidas, no podía alejarse de ellas.

Esto fue divertido para todos menos para el pobre de Buckwheat. Cuanto más rápido corría, más rápido avanzaba su peor pesadilla. Por supuesto, los espectadores entendíamos exactamente lo que estaba pasando: el niño no podía alejarse del esqueleto que lo perseguía ¡porque estaba amarrado a él! ¿Ves la conexión? Si de alguna manera Buckwheat hubiera podido entender la situación, todo lo que habría tenido que hacer era dejar de correr. La aterradora aparición que lo perseguía simplemente habría pasado rodando cerca de él. Y luego, cuando la cuerda se tensara por completo, se habría caído. El único poder que tenía era el que Buckwheat le daba debido al miedo que sentía. Y Buckwheat sólo tenía miedo porque no entendía lo que estaba pasando.

Tú puedes entender. Puedes cortar las ataduras de tus miedos y preocupaciones. Sin duda esta nueva clase de trabajo personal requerirá un esfuerzo especial de tu parte, pero no estás solo. La verdad quiere que triunfes. Una vez que entiendas que lo que te está amenazando no es real, ¿dónde quedará tu necesidad de protegerte con tanta ansiedad? Una vez que sabes, y llegarás a saberlo, que ya se te ha dado una identidad independiente y eterna, nunca sentirás la necesidad de volver a preocuparte por convertirte en "alguien". Este es un éxito verdadero.

Nunca vuelvas a sentirte atrapado por la vida

Raulito sabía que tenía un gran problema. Su manita, que se había deslizado con tanta facilidad al interior del frasco de los bombones, se había quedado atorada ahí. Antes de salir para recoger a su hermano mayor en la escuela, su madre le había dicho con toda claridad:

"Nada de golosinas antes de la comida". En ese momento regresaban y estaban entrando a la casa. Era demasiado tarde para pensar en una solución. Raulito corrió hacia su madre con la mano atorada en el frasco. "Ayúdame, mamá. ¡Yo estaba en la cocina ocupado en mis cosas, cuando el frasco de los bombones pegó un salto y trató de tragarse mi mano!".

Los tiempos han cambiado, pero no nuestras luchas. Nuestras manos se siguen quedando atoradas y nosotros seguimos culpando a todo tipo de frascos de bombones. Sólo que ahora las cosas que nos atrapan nos causan mucho más dolor que los inocentes incidentes de la infancia. La verdad es que no hemos aprendido mucho a pesar de nuestros años de sufrimiento. Culpar a la trampa en que caíste es como enojarte con una fritura que está demasiado caliente para ponerla en tu boca. El único poder que una trampa de la vida tiene sobre nosotros es nuestra propia falta de comprensión que nos lleva a caer en ella en primer lugar. En el sentido más elevado, y quizás en forma más poética, nosotros siempre nos atrapamos. Y eso nunca es más verdadero que cuando se trata de lo que yo llamo "la trampa de poder".

Como todas las asechanzas invisibles que hay en nuestro interior, la trampa de poder parece una promesa pero sólo contiene castigo. La única forma de salir de ella o de cualquier otra trampa interna es volvernos más inteligentes que el maestro constructor de trampas, mejor conocido como el yo falso. Esta engañosa naturaleza inferior tiene muchas trampas ocultas en su tenebrosa manga que están diseñadas para mantenernos luchando mientras estamos en sus garras. Uno de sus engaños más ingeniosos es hacernos creer que la triste experiencia de sentirnos atrapados es la verdadera trampa. El yo falso sabe que si puede convencernos para que luchemos tratando de cambiar la experiencia, entonces la verdadera trampa, la causa del sufrimiento, seguirá oculta. Lo cierto es que una experiencia jamás nos atrapa. La experiencia dolorosa de sentirnos atrapados es el efecto de la trampa, no la trampa en sí. Cuanto más tratemos de cambiar la experiencia, más hacemos que se aprieten las mandíbulas de la verdadera trampa interior que es invisible, y lo hacemos sin estar conscientes de ello.

Por eso los sabios de todos los tiempos han señalado con tanto énfasis la importancia de estar conscientes de nosotros mismos; una actitud que nosotros llamaremos "ver". La única fuerza que puede tener cualquier asechanza psicológica se basa en que no estamos conscientes de su presencia. Si eliges la iluminación interior en lugar de la lucha contra las experiencias, harás que la trampa se disuelva. Una vez que la trampa desaparece, ¿dónde queda el dolor o la necesidad de luchar y escapar? Quiero compartir contigo una experiencia personal real para ilustrar esta importante idea. Por necesidad, cambiaré los personajes y el lugar donde ocurrió, pero nunca se ha narrado una historia más verdadera. Mira si no te revela algo que tu corazón ya sabe.

El secreto mejor guardado del mundo

Sentada en el bar al aire libre, a la media luz de las linternas, y rodeada de personas poderosas y elegantes, Alexis sentía que esta era la noche que ella había esperado toda su vida. Recientemente la habían nombrado socia de la empresa, y había sido invitada a la palaciega residencia del presidente ejecutivo para asistir a su gran festejo semestral. Gigantes corporativos de todo el mundo se aseguraban de asistir a estos festejos, y sólo "personajes prominentes" recibían invitaciones. Ella había escuchado que aquí se realizaban los acuerdos de negocios importantes. Estos hombres y mujeres tenían el poder en sus manos, y ella quería ser parte de todo esto.

Alexis no lo sabía, pero esa noche sería poderosa para ella en una forma que nunca podría haber adivinado. Incluso hoy en día, ella recuerda vívidamente los sucesos que cambiaron su vida de manera tan profunda. Todo empezó cuando ella se acercó al vicepresidente de su división e inició una conversación relajada pero profunda. Después de todo, Alexis era nueva ejecutiva, una mujer brillante, así que parecía natural que le hiciera preguntas a su jefe sobre su futuro en la empresa. Además, todos sabían que el vicepresidente de la división era poderoso por derecho propio, y el sólo hecho de que la vieran hablando con él significaba que ella era importante. Los siguientes treinta minutos fueron casi celestiales. Su jefe le dijo que ella llegaría a ser una fuerza importante en la industria, que llegaría a tener poder.

Cuando su conversación estaba a punto terminar, Alexis notó que de pronto su jefe visiblemente se distrajo. Eso le hizo sentir algo de ansiedad. ¿Le había aburrido su conversación? No obstante, para su alivio, poco después comprendió que la razón por la que su jefe estaba actuando en forma tan extraña era que el presidente ejecutivo en persona había entrado a la sala y lo estaba llamando. Un momento después, ella observó en silencio que las dos personas más importantes de la empresa se alejaban a un extremo de la sala y empezaban a hablar. Trató de imaginar qué negocio importante estaban tratando. Tal vez ella era el tema de su conversación. ¿No habría sido maravilloso?

Actuando contra toda prudencia, pero siguiendo su insaciable curiosidad, Alexis encontró un sitio oculto cerca de donde ellos estaban; ahí nadie la podía ver pero ella podía escuchar el diálogo de estos altos ejecutivos. Lo que escuchó durante los siguientes minutos se estrelló contra ella como una ola del mar que arrasa un castillo de arena. Sintió como si toda una porción de su vida hubiera sido arrastrada por la ola. De alguna manera era incomprensible. Su propia reacción a lo que decían le causó más angustia que el contenido de lo que acababa de escuchar. Después de todo, la conversación dejó entrever que su jefe había dedicado los últimos minutos a hacerle a su jefe, con tranquilidad y al mismo tiempo con cierta ansiedad, las mismas preguntas sobre su futuro que ella le había hecho a él hacía menos de diez minutos. ¿Qué estaba pasando? Ella quería tener todas las cartas sobre la mesa, aunque eso significara descubrir que ella estaba ocultando algo de sí misma. Quería saberlo, y nada se lo iba a impedir.

Por eso, a partir de ese momento, Alexis siguió en secreto al jefe de su jefe durante el festejo. Este hombre era el director general de la empresa, y ella quería saber con quién hablaba y de qué hablaba. Entrada la noche, pensó que lo había perdido de vista, pero se dio cuenta de que él estaba lejos en el patio hablando con otro caballero. Le llevó un segundo reconocerlo, era el presidente de la junta directiva de la corporación más grande del país.

Ninguno de estos altos ejecutivos la vio acercarse a las puertas corredizas de cristal, y ninguno de los que estaban bailando cerca de ella se dio cuenta de lo que estaba haciendo. Pero ella lo sabía. Y si Alexis no se hubiera preparado para lo que estaba a punto de escuchar, es probable que se hubiera desplomado al instante. Sin embargo, en lo profundo de su mente, hacía mucho había sospechado lo que ahora estaba a punto de ocurrir.

Mientras se esforzaba por escuchar su conversación, ¡oyó que el jefe de su jefe le preguntaba a este hombre poderoso qué pensaba él que le deparaba el futuro! En ese momento, Alexis supo que se había topado con uno de los secretos mejor guardados del mundo. Los treinta segundos de diálogo entre esos dos hombres se lo explicaron todo. Esta era la raíz de la profunda inseguridad que ella había sentido durante tanto tiempo. Ahora entendió sus dudas sobre las solemnes promesas que otros le habían hecho pero que nunca le habían cumplido. Con razón toda la gente, incluyendo a los llamados "dueños del poder" en el mundo, tiemblan ante los acontecimientos inesperados. En un instante, Alexis comprendió todo esto y más. Se le habían abierto los ojos. Su propia búsqueda del poder la había cegado a tal grado que hasta ese momento nunca se había dado la oportunidad de considerar algo que ahora era tan dolorosamente obvio.

Sin saberlo, ella había participado inconscientemente en un juego de apariencias a nivel global; un juego en el que cada uno de los jugadores involucrados aparenta tener suficiente poder para ayudar a alguien que sea menos poderoso a asegurar su futuro. Sin embargo, ninguno de estos supuestos jugadores de poder tiene suficiente poder para dar descanso a sus propios miedos y dudas. De modo que cada uno de ellos se ve obligado a depender de otro jugador, con la única esperanza de que de alguna manera pueda ayudarle.

Todos están tan ocupados buscando algo más o alguien más que les de este poder, que nadie se percata de que *nadie tiene tal poder.* ¿Por qué no lo había entendido antes? Había estado entregando su vida día tras día, luchando por ascender en una escala de poder que de hecho no tenía el poder para elevarla. Había quedado atrapada en un juego donde el único trofeo era la esperanza de triunfar. Desde los que estaban en lo que se considera el peldaño más bajo de esta escala de poder, hasta los que estaban en lo que se considera su cumbre, todos estaban exactamente en la misma posición. Todos tenían miedo. Ella había temido verlo, pero ahora lo sabía. Por eso, este es un juego de apariencias. Quienes participan en él cierran los ojos al hecho de que depender de la ayuda de alguien que en realidad no puede ayudarse a sí mismo es una receta para el miedo, la ansiedad y el resentimiento. Es como dos hombres que están perdidos y errantes en el desierto y no tienen agua. Cuando por casualidad se encuentran, cada uno aparenta tener agua para que el otro comparta su agua con él. Ambos quedan sedientos. *No importa cuántas personas estén de acuerdo en sentarse ante un festín imaginario, todos se alejarán de ahí hambrientos.*

Hasta esa noche, Alexis había pensado que quería tener poder sobre otros. Ahora sabía que lo único que alguna vez había deseado era estar a cargo de sí misma. Todo el tiempo había estado segura de que tenía que ganarse la aprobación y el apoyo de otros. Ahora sabía que la única victoria importante era alcanzar la verdadera independencia.

Resumamos algunos de los puntos importantes de esta sección del capítulo:

1. Caemos en la trampa de poder siempre que buscamos fuerza fuera de nosotros mismos en lugar de descubrir la debilidad interna que nos obligó a buscar esa fuerza.

2. Buscar una fuerza nueva para resolver una debilidad antigua es una pérdida de tiempo y sólo nos debilita. Lo que se necesita es una nueva comprensión que nace de una nueva forma de ver.
3. El verdadero poder nunca busca poder. El único poder que necesitas es la fuerza que brota a medida que despiertas a tu Yo Verdadero.
4. Si estás buscando poder, estás bajo el poder de algo que no tiene poder, y a pesar de las apariencias, tendrás cada vez menos poder.
5. Sólo tienes el poder de poseer las partes de ti mismo que estés dispuesto a ver que has entregado a otros.
6. Tratar de alcanzar la verdadera independencia dependiendo de otros, es como tratar de alcanzar las estrellas entrando en un hoyo.
7. Nadie es poderoso mientras el poder sea una necesidad para él.
8. El poder de la verdad es que su luz nos da el poder de ver dónde hemos estado considerando que una debilidad es una fuerza. La verdadera fuerza aparece por sí misma en cuanto dejamos de actuar a partir de la debilidad.

No dejes pasar el momento que puede cambiar tu vida

Aunque la verdad nunca está más lejos de nosotros que nuestro deseo de comprenderla de tal manera que nos despierte y nos sane, hay momentos específicos en la vida en que la verdad está más cerca de nosotros. Por desgracia, casi todos estos importantes momentos, que tienen el potencial de cambiarnos la vida, se nos escapan por completo, ya que lo que está mal en nosotros, nuestra naturaleza falsa, considera que la verdad es un enemigo que la ataca. Quiero mostrarte lo que quiero decir, para que la próxima vez que la verdad aparezca de forma inesperada en tu vida, la reconozcas como lo que es: una fuerza amigable y benéfica que está de *tu* lado. Permitir que la verdad haga lo que debe hacer, te permitirá ser lo que quieres ser, o sea, una persona feliz.

Los poderes que tiene la verdad para sanar nunca están tan cerca como cuando se aproxima una crisis. Una crisis siempre precede a cualquier avance interior real, ya que el crecimiento espiritual verdadero es un proceso en el que se van eliminando los pensamientos y sentimientos que nos bloquean. La razón por la cual una crisis debe preceder a cada nuevo nivel de unidad personal auténtica, es que la crisis, independientemente de lo que sea, señala dónde nos hemos estado aferrando a cierta creencia, a un fingimiento incierto o a una imagen de nosotros mismos que nos halaga pero nos engaña y que está en conflicto con la realidad. Donde hay un conflicto siempre hay dolor, y cuando esta clase de dolor psicológico o emocional que es inconsciente, llega a nuestro nivel consciente, por lo general lo experimentamos como cierto tipo de crisis. Esto explica por qué una crisis es un encuentro cercano del tipo verdadero. De modo que lo que consideramos una "crisis" personal es en realidad el momento en que un conflicto interior que antes era invisible se vuelve temporalmente visible. Podemos expresar esta misma idea en otra forma. Una crisis surge cuando se revela que una mentira con la que nos hemos estado engañando, es precisamente eso: una mentira. Analicemos uno o dos ejemplos.

Quizás un hombre cree que siempre ha controlado su propia vida, pero ahora de pronto se da cuenta de que no puede dejar de beber, de hablar o de preocuparse incansablemente. Ha llegado a un momento crucial.

Una mujer siempre ha pensado que es buena y amorosa, pero de pronto empieza a notar lo críticos y crueles que son sus pensamientos sobre otros. Se da cuenta de qué sólo hace algo por otros para que ellos piensen que es buena, y esto llena su día de resentimiento. Ha llegado a un punto crucial.

En ambos casos, cuando de pronto se comprende el terrible precio de vivir a partir de una imagen de uno mismo que es halagadora pero es una mentira, la única alternativa que tiene el yo falso, que fue el autor de esas mentiras, es empezar a culpar a toda la gente y a todas las cosas por estas terribles circunstancias. Esta maniobra es prácticamente infalible para el yo falso. Al asegurarse de que se culpe a todo lo externo a ella, nos mantiene luchando con la vida en lugar de que aprendamos algo de ella. En realidad, esto es muy astuto de su parte. Cuanto más nos dediquemos a defender lo que está mal en nuestro interior, más parece que la verdad que ha desenmascarado este mal inconsciente, está contra nosotros. Trata de ver esto. Relaciona este importante discernimiento con lo que acabamos de aprender sobre las trampas internas, y luego añade lo que aparece a continuación a tus crecientes descubrimientos:

La verdad nunca causa dolor. El único dolor que se experimenta en una crisis es la resistencia que el yo falso opone a la verdad. *Una crisis sólo se convierte en un punto de ruptura cuando no la utilizamos como un punto de cambio.* Para transformar una crisis en un punto de cambio personal en tu vida, debes desear que se te muestre la lección que la crisis contiene y no permitir que la crisis te convenza de que el mundo está en tu contra. Este deseo de alto nivel, seguido de tu buena disposición para sufrir una clase nueva de dolor, engendra en ti una capacidad consciente más alta que pertenece a tu verdadera naturaleza. Esta elevada capacidad consciente nunca tiene que resolver una crisis porque en primer lugar nunca tiene una crisis.

"Estuve contigo a lo largo de todo el trayecto, hasta que llegaste a eso de 'una clase nueva de dolor'. Quiero estar libre de dolor, ¡no tener una nueva clase de dolor por la cual preocuparme!".

"Esta nueva clase de dolor es el dolor temporal que experimentas al soportar conscientemente lo que es necesario para acaban con tu dolor. Podemos describirlo en dos maneras; ambas son lo mismo. Este nuevo dolor es el hecho de que tengas el valor de atreverte a permitir que un conflicto que estás experimentando vuelva a ocultarse... o ... es el que estés de acuerdo con mantener a este conflicto interno consciente o visible durante suficiente tiempo para poder ver su causa".

"¿Qué se logra con eso? ¿Por qué no sólo me olvido de ello y salgo a jugar, o sólo espero a que el dolor se desvanezca?".

"Todos hemos intentado enfoques similares. Fingir que el dolor se ha alejado sólo aumenta su castigo cuando regresa, y siempre regresa si no se ha eliminado su causa. El alivio temporal es sólo eso, en especial cuando se trata de un conflicto interno. Este silencio interno es a veces como la tensa quietud que se siente entre los bombardeos en un campo de batalla; en realidad no hay descanso para quienes están ahí esperando. Por otra parte, analicemos los beneficios de lo que ocurre cuando hacemos que el conflicto se mantenga consciente. Usemos un ejemplo. Supongamos que la causa del conflicto de un hombre es que aparenta ser sabio y fuerte. Quiere que otros piensen en él como una fuente de fuerza y capacidad, como una persona de la que otros pueden depender en momentos de crisis. Por supuesto, parte de la razón por la cual quiere que otros lo vean así es para sentir que lo que piensan de él es verdad. Y sin embargo, a pesar de sus interminables consejos a otros sobre la manera en que pueden elevarse sobre sus problemas, él sabe que no puede elevarse del suelo ni dos centímetros pues sus necesidades son enormes. Vive una condición de crisis. Puede decidir seguir fingiendo que tiene una fuerza que no tiene, lo que equivale a evadir la crisis, o puede entrar a la crisis, donde una mayor comprensión consciente de su fingimiento puede destruir este fingimiento y al mismo tiempo acabar con todo el miedo y con todas las dudas sobre sí mismo que lo acompañan".

"¿Cómo es posible que el sólo hecho de estar consciente de mi fingimiento lo destruya?".

"¡Es posible porque nadie necesita sufrir! Antes de que la luz de este nuevo nivel de conciencia superior te lo aclarara todo, el yo falso te había convencido de que necesitabas seguir fingiendo para sentirte bien contigo mismo! *El dolor que había en el fingimiento te provocaba ansiedad, no felicidad.* Sólo pensabas que necesitabas fingir que eras bueno o bondadoso, sabio o fuerte. Lo que en realidad necesitabas era ver a través de tu necesidad de fingir. Tu naturaleza verdadera es lo único que necesitas. Permítele que te muestre qué es lo que no necesitas".

En su libro, *La ruta mística hacia el poder cósmico [The Mystic Path to Cosmic Power]* (Prentice Hall, 1967), Vernon Howard utiliza el siguiente diálogo para ilustrar cómo esta nueva clase de conciencia superior puede eliminar los miedos y la confusión:

> *"No entiendo. Dices que el estar consciente de la ansiedad la disuelve. Sé cuanta ansiedad siento, y la ansiedad persiste".*
>
> *"Sentir ansiedad no es lo mismo que estar consciente de ella. Cuando sólo sientes ansiedad, te estás identificando con ella. Si cierras los ojos y tocas un objeto redondo con tus dedos, podrías preocuparte pensando que es una bomba. Pero si abres los ojos, verás que es una inocua pelota. De la misma manera, cuando despertamos y vemos las cosas como son en realidad, nuestros pesares desaparecen".*

El secreto de tener todo lo que quieres

Todo mundo se pregunta si existe o no un gran secreto para tener una vida verdaderamente exitosa. Sí existe. Y no es un secreto. Todo el tiempo se ha estado expresando con suavidad justo frente a nosotros. Pero no podíamos escucharlo por encima del parloteo y el ruido de nuestras propias exigencias secretas. Escucha en silencio por un momento: todo puede cambiar al instante. Aprender a escuchar este secreto supremo no es más difícil que decidir si nadamos contra la corriente o permitimos que la corriente nos lleve a la orilla sin riesgos. Permite que el secreto comparta su sabiduría con esa parte secreta de ti mismo que no sólo puede escuchar lo que este secreto le dice sino que en realidad es su voz. Escúchala ahora. Te está diciendo: "Quiere lo que quiere la vida". Piensa en eso. Encerrado en esta breve frase está el secreto de un poder inexorable para lograr una vida sin esfuerzo; una nueva clase de poder que siempre te pone en el lado ganador de toda situación. ¿Por qué? Porque cuando quieres lo que quiere la vida, anhelas la vida en sí.

"¿Qué pasaría si no me gusta lo que la vida me ofrece?".

"Trata de ver que lo que no te gusta no es lo que la vida te ha dado. Lo que no te gusta son tus reacciones que convierten ese regalo de la vida en resentimiento hacia la vida".

"No quiero parecer malagradecido, pero francamente, estoy cansado de sufrir. ¿Cuál es la diferencia cuando me siento así?".

"Lo cierto es que estos sentimientos de tristeza nacen del hecho de que la vida no coincide con tus ideas sobre lo que necesitas para ser feliz. Esto te muestra, si estás dispuesto a verlo, que la vida en sí no te está negando la felicidad. Lo que te la niega son *tus ideas sobre la vida.* Renuncia a estas ideas erróneas en lugar de darte por vencido en la vida. Trata de estar cada vez más dispuesto a entender que sólo son una constante fuente de conflictos. Tu naturaleza falsa te dirá que debes tener estas ideas pues te protegen, que no puedes vivir sin ellas pues perderás algo valioso. Lo que debes hacer, a pesar de todas estas protestas, es ver que no puedes vivir con ellas. Lo único que perderás es tu infelicidad".

A continuación aparecen dos listas que no sólo hacen que estos conceptos que sanan tu vida sean más personales para ti, sino que también te ayudarán a ayudarte a ti mismo a hacer una elección de nivel superior cuando se trata de lo que en realidad quieres de la vida. Sería valioso estudiarlas y luego compararlas. Tal vez quieras agregar a alguna de las listas tus propios discernimientos, lo que recomiendo altamente.

Veamos qué pasa cuando quieres lo que *tú* quieres:

1. A menudo sientes nerviosismo y ansiedad porque tal vez la vida no coopera con tus planes.
2. Está dispuesto a sacrificar lo que sea necesario para conseguir lo que quieres, y esto podría incluir tu integridad.

3. Por lo general, estás diseñando alguna estrategia para lograr tu siguiente victoria.
4. Estás librando una batalla o recuperándote de una batalla.
5. No puedes descansar con tranquilidad cuando necesitas hacerlo.
6. Te enojas con facilidad cuando alguien o algo obstruye tu camino.
7. Siempre sientes el impulso de desear algo más.
8. Te opones a cualquier otro que también quiera lo que tú quieres.
9. Estás seguro de que lo que tienes es lo que eres.
10. Siempre estás tratando de convencerte de que obtuviste lo que deseabas.

Ahora considera lo siguiente con cuidado. Es lo que pasa cuando quieres lo que quiera la *vida*:

1. Lo que pasa nunca te causa desilusión.
2. Siempre estás en el lugar correcto en el momento correcto.
3. Siempre sientes una confianza tranquila, sin importar cuáles sean las circunstancias.
4. Estás fuera del alcance del enojo y la ansiedad.
5. Estás despierto ante tu entorno y tienes sensibilidad para percibirlo.
6. Estás libre de llegar a sentir que has perdido una oportunidad.
7. Una pérdida no te afecta.
8. Tienes mando total sobre los acontecimientos.
9. Tienes tranquilidad mental.
10. Estás eternamente agradecido.

"¿Hay algún principio sencillo que se pueda seguir cuando es necesario distinguir entre lo que quiere la vida y lo que uno quiere? ¿Cómo puedo saber fácilmente cuál es cuál?".

"Siempre recuerda lo siguiente: si algún deseo es fuente de ansiedad o pesar, ese deseo es *tuyo* no de la *vida*. Si el deseo contiene dolor, es un deseo vano. Para permitir que te inunde la verdadera vida, salte de la corriente de los deseos personales que te prometen un *futuro* placentero pero sólo producen dolor en el *presente*".

"¿Cómo me salgo de la corriente de mis propios deseos?".

"Observa y percibe si te están arrastrando y te cansarás de ser lanzado de un lado a otro por esa corriente. Esta es la clave: nunca aceptes, como necesaria, la presencia de sufrimientos mentales o emocionales, independientemente de la importancia que estos impostores le den a una necesidad muy apremiante. Al rechazar su oscura presencia, creas espacio para que el momento presente te entregue su indescriptible presencia. Ahí es dónde te espera la vida que tú deseas, y que te desea".

"Todo lo que dijiste es perfectamente lógico. A decir verdad, me gustaría desprenderme y permitir que la vida asuma la dirección, pero tengo miedo. ¿Qué me pasará si renuncio a mis necesidades? ¿No perderé el control de mi vida?".

"No puedes perder el control de algo que, en primer lugar, nunca antes has controlado. Ningún ser humano controla la vida, ya sea la suya o la de otros. Si no fuera por las energías cósmicas superiores que en este momento están descendiendo para llenar y animar tu cuerpo, no podrías sostener este libro en las manos ni podrías leer sus palabras. Si quieres medir el nivel de tensión de un individuo, mide su insistencia en que la vida hace lo que él quiere. Lo único que perderás al aprender a *desear lo que la vida desea* es tu miedo a ejercer control, lo que en primer lugar nunca fue un verdadero control, sino sólo la sensación de tenerlo, lo cual brota de vivir con su dolorosa realidad opuesta".

Esto es lo más importante. Ningún ser humano necesita tener control sobre la vida ya que, en realidad, nadie está separado de la vida. Lo que eres en realidad, tu naturaleza verdadera, no está separada de la vida.

Deja que la vida llegue a ti. Recíbela con gusto. A cada instante, es nueva, plena; ningún momento anterior la ha tocado o disminuido.

Entrar en una relación plena con la vida es entregarte a tu yo superior. Realizar el verdadero propósito de la vida es lograr tu propia realización; son una misma cosa. Estas son cinco lecciones clave que te ayudarán a desear lo que desea la vida.

1. No es posible liberar algo y resistirlo al mismo tiempo, lo que significa que cualquier intento por rechazar alguna debilidad que detectamos en nosotros mismos equivale a protegerla.
2. La verdadera nobleza no se relaciona con los derechos de nacimiento ni con el rango social; es el estado original de cada alma que al darse cuenta de su legado divino, conoce la fuerza de estas dos verdades gemelas sin tener que pensar en ellas: la justicia y la misericordia son una misma cosa, como lo son el amor y la valentía.
3. Nada te juzga; lo que amas, y sólo ese amor, es lo que te persigue o te brinda apoyo en momentos de necesidad.
4. Aquel que presta servicio a aquello que teme no ha sido capaz de ver que lo único que logra a cambio de sus servicios es sentir más temor.
5. Podemos dedicar nuestro tiempo a luchar en vano para hacer que otros sean lo que queremos que sean, o podemos ver el error inherente de esta manera de pensar, y en lugar de tratar de cambiar a otros para que respondan a nuestras necesidades, podamos superar la idea falsa de que otros son responsables de nuestra realización personal.

CAPÍTULO 6

Ábrete paso y alcanza un "tú" totalmente nuevo

Comenzar la vida de nuevo es la clave para alcanzar un nuevo "tú". No prestes atención a todos esos pensamientos y sentimientos que tal vez te digan que esto es imposible, esos murmullos internos que niegan la necesidad de este yo nuevo o que niegan que sea posible. Aléjalos de ti con la ayuda del siguiente discernimiento: el haber sido derrotado en el pasado no prueba que no pueda existir la victoria personal. Cualquier tipo de derrota en la vida sólo muestra que te enfrentaste al reto en forma incorrecta. Lo único que prueban mil intentos fallidos de recomenzar tu vida es que simplemente comenzaste en el lugar incorrecto mil veces.

El hecho es que una nueva vida en realidad existe. Sólo necesitas empezar a ver en el lugar correcto. Si estás de pie sobre un tesoro enterrado, lo único que tienes que hacer es excavar hasta encontrarlo. Si no estás en el lugar correcto, no importa con qué fuerza ni a cuánta profundidad excaves, sólo llegarás a la conclusión de que no hay un tesoro. En situaciones como esta las enseñanzas verdaderas resultan ser muy valiosas para nosotros. Su firme discernimiento sobre el nivel de comprensión que tenemos actualmente logra dos cosas para nosotros, siempre y cuando estemos bien dispuestos. En primer lugar, bajo su luz empezamos a ver que hemos estado tratando de lograr el éxito con métodos que están destinados al fracaso, como recurrir a pensamientos de ansiedad creyendo que nos ayudarán a calmar las emociones de temor. En segundo lugar, en cuanto nos demos cuenta de la forma en que hemos sido engañados, nos liberaremos, sin esfuerzo, de esa relación inconsciente. Ya no se nos podrá engañar, lo que significa que estamos más cerca de un nuevo principio en nuestra vida.

Permite que hechos de nivel superior te liberen de un pasado doloroso

Volver a empezar la vida es algo que debemos hacer a cada segundo. No debemos esperar hasta que sintamos deseos de volver a empezar, porque desear hacerlo en ese momento es sólo un deseo inútil de evitar lo que ya sucedió. ¿Recuerdas las lecciones de un capítulo anterior en las que aprendimos que estamos atados a lo que queremos evitar? Tratar de empezar la vida de nuevo porque queremos huir de nuestra tristeza o de las situaciones lamentables que la tristeza ha creado, es como saltar a un barco que se está hundiendo para salvarnos de un muelle que se está colapsando. Obviamente, esa es una forma de hundirse, no de volver a empezar. ¡Pero existe una forma de tener un nuevo principio!

Para desprendernos de cualquier condición dolorosa del pasado, de modo que no vuelva a presentarse un momento en que el arrepentimiento o el pesar nos hundan, debemos permitir que cada movimiento, cada acontecimiento inesperado que enfrentemos, cada pensamiento y sentimiento, sin importar cuál sea su naturaleza, *tenga su propia vida.* Si tratamos de ver la vida con esta nueva comprensión de alto nivel que nos dice que todo lo que existe, desde el pensamiento hasta los relámpagos, tiene su propio nacimiento, su vida y su muerte, entonces un día alcanzaremos esta hermosa comprensión que nos llenará de alivio: *la única razón por la cual persiste un dolor del pasado es que hay algo en nosotros que no le permite morir en forma natural.* Cualquier tristeza persistente es una forma de vida antinatural que sigue respirando debido a la renuencia del yo falso para dejarla ir. Podemos comprobarlo por nosotros mismos, y lo haremos, empezando con los hechos que se presentan a continuación y que nos ayudarán a avanzar en el camino.

Recientemente, los físicos confirmaron algo que los eruditos, sabios y místicos religiosos siempre han sabido: *cada momento presente es siempre nuevo, y lo nuevo siempre está en el momento presente.* El ahora constantemente desplaza a lo de antes. Lo nuevo muere ante lo siempre-nuevo en una interminable celebración de la vida. Esto no es filosofía ni es un deseo mal ubicado de tener un universo más bondadoso y gentil. La vida actúa mediante este proceso. Sólo necesitas observar cualquier sistema de vida para ver la belleza y la importancia de volver a empezar..., una y otra vez, una y otra vez. Si algo en la vida no es capaz de despojarse de lo antiguo, se estanca de inmediato. Un manantial que deja de fluir agua nueva, pronto se vuelve maloliente y acre. Este poderoso principio nunca es tan verdadero como cuando se relaciona con la vida humana. ¡Es un hecho científico que el tú que está leyendo este enunciado en este momento no será el yo que termine de leerlo!

De modo que la evidencia es concluyente. Nos dice que no existe una *verdadera* razón por la cual nuestra vida deba parecer estancada o sentir que es inútil, ya que la *verdadera* vida, de la que somos parte, siempre es nueva a cada momento. Es un hecho. Nuestra tarea es dar rienda suelta en nuestra vida al poder que este hecho encierra. Tal vez estés pensando: "¿Qué se va a necesitar para que yo llegue a vivir totalmente en el presente? ¿Cómo puedo aprender a realmente empezar de nuevo todo el tiempo?".

Así como un escalador de rocas en ocasiones debe superarse para alcanzar una difícil saliente en la cual descansar, debes atreverte a superarte para encontrar esta seguridad que siempre está presente.

No hay peligro en un verdadero ascenso personal. El único peligro yace en permanecer dónde estás. Piensa en eso. Si pudieras comprender y penetrar en esa cualidad verdadera de la vida, en la que existe un tú nuevo a cada momento, eso significaría que con cada latido de tu corazón estarías libre de cualquier posible dolor que pudiera haberlo precedido. En esta nueva vida, cada relación empieza de nuevo, una y otra vez. Cada desaliento termina, justo en este momento. Cada reto, cada dificultad se enfrenta sólo en su momento y nunca se lleva hacia el futuro ni se regresa a ella con arrepentimiento. ¿No es eso lo que todos queremos en realidad? ¡Claro que sí!

¿Ves lo que ha ocurrido? Algo maravilloso acaba de suceder. Ya no preguntamos: "¿Es en realidad posible esta vida siempre nueva?". Ahora estamos preguntando: "¿Qué hay en mi interior que me ha impedido vivir en esta forma nueva?". ¡Qué diferencia! Si sólo persistes en este tipo de cuestionamiento personal valiente, nada en el universo podrá detenerte ni impedir que dejes atrás el pasado doloroso y te abras camino hacia un "tú" nuevo. Esta es la maravillosa promesa de la verdad.

Eres muchísimo más de lo que puedes pensar

En nuestra búsqueda de una experiencia verdaderamente nueva de una vida nueva, a menudo confundimos la emoción con un verdadero sentido de novedad personal. Queremos una cosa y obtenemos otra. La emoción no es novedad, así como recibir un impacto no es lo mismo que recibir un impulso en la vida. En nuestro interior, la orden de vivir una vida nueva se está alterando. Es como pedir helado y que el mesero te traiga una toronja; empiezas a sospechar que en la cocina hay alguien que tiene sus propias ideas sobre lo que significa la dulzura en la vida.

Vas a tener que encargarte de las cosas. Sabes que es probable que esto le parezca mal a algunas personas, y sientes que en realidad no quieres tomarte tantas molestias. Pero como rara vez obtienes lo que has pedido, sabes que en algún momento tendrás que regresar a la gran "cocina" de la vida y ver por ti mismo por qué las cosas simplemente no salen bien. ¡Hazlo! Tu esfuerzo será recompensado muy por encima de tus expectativas. El siguiente relato ilustrará esta idea especial.

Una vez un hombre quería un par de zapatos nuevos, así que decidió ir a la gran inauguración de una enorme tienda departamental que recientemente se había abierto en el vecindario. Cuando llegó, la calle estaba llena de gente que estaba esperando para entrar. Las puertas se abrieron a las 9 a.m., y el hombre se vio arrastrado al interior de la tienda por la frenética multitud. Por fortuna, unos minutos más tarde la ola de compradores lo llevó al departamento de zapatería. Miró a su alrededor y al no ver a ningún vendedor, tomó un par de zapatos para probárselos.

Algo está mal, pensó en cuanto se los puso. Los zapatos se sentían inestables en sus pies. Se los quitó y al examinarlos con más cuidado, vio que los tacones estaban desgastados por un lado. Tomó otro par de zapatos y se los probó. Se veían muy bien, pero podía sentir el frío del suelo a través de las suelas. Se los quitó y los inspeccionó con cuidado. Por supuesto, las suelas de cuero de estos elegantes zapatos estaban desgastadas. Eso era el colmo. Se quitó los zapatos y caminó, en calcetines, hasta un cajero cercano y exigió saber por qué esta tienda nueva vendía mercancía de tan baja calidad.

El cajero lo miró, sonrió pacientemente y le dijo: "Señor, ésta es la sección de la tienda donde sólo vendemos mercancía usada. Si quiere zapatos nuevos, le diré cómo llegar al departamento de zapatos nuevos. Está en el piso de arriba. Estoy seguro de que allá encontrará lo que está buscando".

Como en todos los relatos verdaderos, está breve historia nos enseña simultáneamente varias lecciones prácticas de alto nivel. Así como necesitas estar en el lugar correcto cuando quieres comprar algo de tu elección, debes *vivir en el lugar correcto de ti mismo* si en realidad deseas encontrar lo que es auténticamente nuevo.

¿Recuerdas que en el capítulo 4 aprendimos que las emociones son algo que *sientes*, no algo que *eres*? Lo mismo ocurre cuando se trata del pensamiento. Así como lo que eres en realidad no está diseñado para ser limitado y definido por la forma en que te sientes en un momento dado, tampoco debes buscar quién eres en realidad en tus pensamientos sobre ti mismo. Permíteme mostrarte la verdad liberadora de esta asombrosa idea con un ejemplo sencillo. En cuanto todo esto te quede claro, permanecer fiel a lo que es nuevo será tan fácil como permanecer fiel a ti mismo, lo que llegará a ser tu mayor placer en la vida.

Cuando pensamos en un limón, sabemos que nuestro pensamiento sobre el limón no es el limón en sí. Y sin embargo, si en realidad imaginamos un limón, si lo vemos con los ojos de la mente, es posible que se nos haga agua la boca. Pero a pesar de esa vívida experiencia con respecto al limón, esto no significa que el *pensamiento* de un limón *sea* un limón. Esto es lo que ocurrió: el pensamiento "limón" activa una serie de asociaciones condicionadas que luego, a su vez, producen las sensaciones relacionadas con todo aquello que se parece a un limón. ¡Al instante! El pensamiento del limón parece real, porque el pensar en ello nos estimula para que volvamos a experimentar nuestros recuerdos y la sensación que el limón nos produce en la boca. Este es un concepto fácil de captar cuando se trata de limones, ya que no hay muchas personas que se identifiquen con los limones en forma dolorosa. ¿Qué significa identificarse con algo?

Cuando crees que lo que eres está conectado con algo que no eres, te identificas con ello. Para entender esto con claridad, piensa cómo te sentiste la última vez que por accidente raspaste tus zapatos nuevos o rompiste tu pantalón nuevo. ¡Sentiste como si tú hubieras sufrido el daño! ¿Lo recuerdas? Eso es lo que significa identificarse con algo o con alguien. ¡Duele! Nada de esto es muy difícil de entender cuando se trata de cosas externas a nosotros, pero cuando se trata de la palabra "yo", de pronto llega la neblina mental. Permíteme repetir el primer punto de esta lección: tú no eres quien crees que eres. Ahora consideremos esta importante idea utilizando lo que acabamos de aprender sobre la identificación.

Cuando piensas en ti mismo, cuando dices la palabra "yo", la rodea la misma serie de movimientos internos que antes rodearon a la palabra "limón" cuando pensaste en ella. Sólo que cada vez que piensas en este "yo", cada vez que piensas en lo que consideras que eres, existe un almacén aún más grande de recuerdos y experiencias que se han acumulado y que brotan hacia ti a toda velocidad formando un muro casi sólido de pensamientos y sentimientos. Al pensar en "ti mismo", te sientes real, pues a medida que estas olas de experiencias pasadas que se han acumulado pasan a través de ti, te comunican la misma sensación familiar de ser tú. Pero esta sensación personal no es tú, sin importar cuántas veces puedas tenerla ni la fuerza con que la tengas. Por ejemplo, tú no eres tu pasado, sin importar lo "real" que te sientas cuando vives lo que lamentas del pasado. El identificarte con estas sensaciones antiguas es lo que te ata a su tormento. Esta falsa identidad, este "yo" falso, como lo hemos llamado, es falso porque es una vida prestada.

El gran dramaturgo y filósofo William Shakespeare escribió: "No pidas prestado ni prestes, pues con el préstamo a menudo se pierde tanto lo que prestaste como el amigo a quien se lo prestaste". Esta frase tiene mucho más fuerza cuando se aplica a la vida. La verdad nos dice que no debemos pedir prestado, y mucho menos pedir prestada una identidad. No es sorprendente que la vida perezca haber perdido esa cualidad vibrante que se relaciona con ser nueva a cada momento. ¡Pensábamos que estábamos viviendo una vida real! Tratar de encontrar y de poseer tu Verdadero Yo mientras vives con esta identidad prestada y falsa, es como querer que el sol brille en una profunda cueva subterránea: se le espera con gran emoción, pero la luz y el calor que vienen con la verdadera realización personal nunca llegan.

Deshazte al instante de los sentimientos de enojo y ansiedad

Para tener una vida llena de luz momento a momento, debes estar dispuesto a permitir que te suceda algo nuevo. Nadie pide sinceramente una vida nueva hasta que está totalmente insatisfecho con la vida que ha tenido. Desprenderse de las ideas viejas es la única forma de abrirle las puertas a algo nuevo. Esto es lo que estamos aprendiendo a hacer con la ayuda de estas ideas de nivel superior. Consideremos un ejemplo de la forma en que un nuevo conocimiento de nosotros mismos puede convertir una infelicidad dolorosa y constante en una nueva experiencia brillante y positiva.

Imagina que alguien que consideras tu amigo de pronto empieza a actuar en forma desagradable hacia ti. Esto podría ocurrir en la casa o en el trabajo; el lugar y las circunstancias no tienen importancia. Todos sabemos lo que sucede. Primero hay una confrontación inicial. Luego, en una explosión o en forma gradual, como una olla que va acumulando presión, tu amigo empieza a expresar estos sentimientos de ira y enojo. Ahora tú también te empiezas a sulfurar. Pero te has estado estudiando. Y como has estado practicando una observación personal de nivel superior, la llegada de estos sentimientos candentes no sólo trae fuego consigo, también trae una nueva luz. Y con esta luz interior especial, puedes ver que el enojo que llega a la superficie brota del hecho de estar identificado con sentimientos de temor; temor de que la persona que está frente a ti no te entienda, que tal vez te deje, que haya dejado de "quererte" o que ya no te servirá de apoyo en tus puntos de vista.

Al enfrentarte a situaciones de este tipo en el pasado, antes de que despertaras a este nivel más alto de conciencia de ti mismo, solías seguir sintiendo enojo o tal vez tú también te alejabas. Se presentaba otra explosión y muchas personas, incluyéndote a ti, pasaban un día espantoso. No obstante, eso no ocurre en esta ocasión. ¿Por qué? Porque en lugar de defender tu posición, como habitualmente solías hacerlo, ahora entiendes que este "tú" que se siente amenazado o atacado no es quien realmente eres. Sabes que tu verdadera naturaleza nunca necesita defender una posición psicológica o emocional. Este conocimiento superior, junto con tu deseo de permitir que pase algo nuevo, te permite deshacerte al instante y sin dificultad, de esta identidad falsa y reaccionaria. ¡Enhorabuena! En cuanto te deshiciste de esta vida falsa, quedaste inmerso en la vida verdadera. Esta es la explicación: al iniciar tu vida de nuevo en ese momento, sin pedir tu vida prestada a una reacción acalorada, permitiste que ese sentimiento negativo de temor viviera y muriera. Cuando te permitiste desprenderte de lo viejo, fuiste leal a lo nuevo.

Son muchos los beneficios de esta acción definida y verdadera. Uno de ellos es que no tienes que seguir viviendo con los sentimientos de enojo o ansiedad que siempre acompañan al hecho de insistir en que otros vean la vida como tú la ves.

A continuación encontrarás cinco discernimientos liberadores que te ayudarán a permitir que ocurra algo nuevo en tu vida. Una comprensión real y de nivel superior en sí te proporciona todo lo que necesitas para lograrlo: claridad, instrucción y valor para tener éxito.

1. Las dudas sobre ti mismo brotan del hecho de identificarte con la idea de que lo que sientes sobre ti mismo depende de lo que otros sienten con respecto a ti.
   Renuncia a las dudas sobre ti mismo.
   Sólo hacen que dependas más de otros que no pueden hacer nada en lo que concierne a las dudas que tienen sobre sí mismos. Independencia es confianza.
2. La actitud de creerse muy bueno y justo brota del hecho de identificarse con la idea de que el solo hecho de poder señalar lo erróneo te coloca por encima de lo erróneo.
   Renuncia a la actitud de creerte muy bueno y justo.

Sólo parece ser correcta. Brota de algo que es erróneo. Uno no siente estar en lo correcto; uno está en lo correcto.

3. La compasión de sí mismo y el lamentar el pasado nacen de identificarte con la idea de que podrías haber hecho algo diferente a lo que hiciste. Si hubieras podido hacerlo, lo habrías hecho.
   Renuncia a lamentarte.
   Sólo te ata al nivel de vida que tenías antes; un nivel de vida carente de sabiduría que te mantenía alejado del nivel de vida en que sí hay sabiduría.
4. El enojo nace de identificarte con el miedo que sientes cuando otros no están de acuerdo con tu punto de vista.
   Renuncia al enojo hacia otros y hacia ti mismo
   Entiende que la fuerza de una reacción acalorada no es fuerza. Recuerda que para cada acción de fuerza existe una fuerza opuesta igual. Esto explica por qué la lucha nunca termina. Permite que termine.
5. El hecho de atormentarte nace de identificarse con la idea de que cuanto más sufras, debes ser más real y más importante.
   Renuncia al hábito de atormentarte.
   Te impulsa, pero no te lleva a ninguna parte. Lo que eres en realidad nunca sufre a causa de lo que no eres.

Renunciar a ti mismo equivale a elevarte

El comprender gradualmente que nunca más necesitarás encontrarte en tus pensamientos sobre ti mismo te hará feliz. ¡Se parece un poco a entender que el golpearte en la cabeza era la causa de tus diarios dolores de cabeza, que no era la forma de curarlos! Para tu asombro y gratitud, descubres que los golpes internos que tanto deseabas que desaparecieran finalmente terminaron cuando dejaste de lanzar golpes. Esta sorprendente comprensión te lleva a un momento crucial en tu búsqueda de un tú nuevo. Y debes actuar con decisión. Cuando empiezas a abandonar tu forma habitual de involucrarte contigo mismo, pues sabes que tienes que hacerlo para permitir que ocurra algo nuevo, empiezas a notar que empieza a brotar en ti un tipo de sensación perturbadora completamente distinta. Nunca lo habrías creído, pero está justo frente a tus ojos: *en realidad te estás empezando a preocupar por lo que te va a pasar cuando no tengas preocupaciones.* ¡No pasa nada! Al instante atrapas esta sensación falsa y te deshaces de ella, junto con el resto de los impostores que hay en tu interior. ¡Quieren que pienses que sin estrés no habría vida! Y sin embargo, incluso sacando del camino esta idea absurda, por un momento te sientes tentado a deshacerte de lo que te han revelado tus descubrimientos internos. Te parece que cualquier cosa es mejor que esta creciente inseguridad. No creas que estos sentimientos de temor son tus amigos. Escucha lo que la verdad está tratando de decirte.

No te preocupes en absoluto por el rumbo que te marcarán estos sentimientos carentes de conocimiento. Tu preocupación sobre los sentimientos de vulnerabilidad que están surgiendo en ti, es sólo otra identidad falsa. Elimínala también. Niégate a permitirle volver a entrar en tu vida. Esta total negación de ti mismo permite que el momento presente llegue como una inundación, sin filtrarse ni asumir color alguno. Está pasando algo genuinamente nuevo, y lo sabes. Esta novedad es tu verdadero hogar. En ella estás seguro y fuera del alcance de los pensamientos y sentimientos que habían creado un yo, y que a pesar de que te son familiares, son feroces. Persiste en esta clase de negación de ti mismo durante el tiempo que sea necesario. En forma lenta pero segura, la carga de tu yo habitual te pesará cada vez menos. A medida que tu espíritu se sienta más ligero, verás que esta nueva vida por la que has luchado es la persona que eres en realidad: es tu verdadera naturaleza. Todo el tiempo estuvo ahí, como el refugio fuerte e inconmovible que ofrece una profunda cueva en la ladera de una montaña. Al principio tenías miedo de entrar en ella cuando te sorprendió una tormenta, pero para tu eterna delicia, dentro de esta clase especial de novedad, encuentras un verdadero refugio. Tu fuerza se renueva en su fuerza. Todo está bien. Las tormentas ya no pueden afectarte.

Este es un ejercicio especial que puede ayudarte a empezar a desprenderte de ti mismo. Cada vez que notes que estás a punto de nadar en el antiguo río habitual de pensamientos y sentimientos, practica la *negación de ti mismo.* Así es como puedes empezar: no permitas que la corriente del pasado te ordene la dirección que debe tener el momento presente. Sé dueño de tu propia vida en el ahora. Tú no eres tus pensamientos y sentimientos. Atrévete a vivir cada dolorosa identidad que te llama para que la abraces y hagas lo que te pide. Permite que suceda algo nuevo a cada momento, dejando que estas antiguas sensaciones habituales sigan su camino sin obstrucciones. Quédate fuera de ellas. Trabaja en esta negación especial de ti mismo y en esta capacidad de estar alerta en tu interior hasta el día en que descubras que esta cualidad nueva que antes tenías que luchar para soportarla, ahora es algo sin lo que no soportarías vivir.

Cómo vivir la vida según tu propio punto de vista

¿Sabías que detrás de cada hecho hay una fuerza amigable? Y eso no es todo: un hecho nunca te decepcionará ni será contrario a la verdad. Y algo más: aunque a veces parezca lo contrario, los hechos tienen una autoridad total sobre las falsedades. ¿Por qué? Porque un hecho tiene sus raíces en la realidad; saca toda la fuerza que necesita para prevalecer ante lo que se opone a la verdad de aquello con que está hecha la vida misma. Este también es un hecho con el que puedes contar. Y este es otro hecho confiable que tal vez no conozcas: Recibe con gusto su llegada a tu vida, pues tiene el poder de sanarla.

Ningún ser humano tiene autoridad sobre ti. Tu vida te pertenece y sólo a ti. *Ningún rostro adusto o trato iracundo, ninguna postura desafiante o tono amenazador,* tiene poder alguno para hacerte sentir nervioso o con ansiedad, temeroso o enojado. Es un hecho, y cualquiera que esté cansado de permitir que alguien más le ordene cómo sentirse, puede utilizar este principio liberador para alcanzar una independencia real y duradera.

Repitamos una vez más este hecho fundamental; es muy importante para alcanzar en su totalidad un bienestar mental, emocional y espiritual. Ningún ser humano tiene autoridad sobre quien eres en realidad. Tu verdadera naturaleza no responde ante nadie. Esto significa que si no estamos viviendo la vida con plenitud, según nuestro punto de vista, que si hay en ella alguien que nos domina, no es porque la vida le haya dado a esa persona una ventaja injusta sobre nosotros. El hecho es que simplemente hemos renunciado al verdadero legado que la vida nos ha dado, un legado olvidado que ahora nos llama para recordarnos que nada ni nadie puede dominar a nuestro Yo Verdadero. Cada uno de nosotros tiene derecho a vivir como un ser humano totalmente independiente y libre. La verdad afirma que nada que sea real se interpone entre tú y esta vida noble, y te invita a recuperar todo el placer de vivir la vida de acuerdo a tu propio punto de vista.

"Puedo de hecho sentir lo acertado de esta afirmación, y hay ocasiones en que parece que soy capaz de vivir la vida según mi propio punto de vista. Pero también hay ocasiones en que, por razones desconocidas, parece que no tengo vida propia. ¿Entiendes lo que quiero decir?".

"Sí, lo entiendo. ¿Podrías ser más específico? Hay para ti beneficios especiales cuando honestamente te permites llevar al nivel consciente tus dudas y las debilidades que sospechas tener".

"Está bien, estoy dispuesto a intentarlo. Por ejemplo, no entiendo por qué me da miedo hablar con ciertas personas, pero también hay personas con quienes hablo sin parar, aunque no quisiera hacerlo. Además, a veces acepto hacer por la gente cosas que en realidad no quiero hacer, o encuentro que estoy en lugares donde en realidad no quiero estar, y con personas que de hecho me desagradan, y sin embargo, parece que no soy capaz de alejarme de ahí. Y para ser muy honesto contigo, no sé por qué a veces siento tanto resentimiento hacia personas cuya aprobación significa mucho para mí. Sencillamente no tiene sentido. En esos momentos, no sólo me siento inseguro al no saber por qué estoy actuando en esa forma, sino que ni siquiera me siento contento conmigo mismo. ¡No entiendo! ¿Cómo puede una persona estar a cargo de su propia vida en un minuto y un minuto después darse cuenta de que está en manos de alguien más? ¿Qué está pasando?".

"Tienes razón, no es lógico; y la verdad es que nunca lo será mientras tengas ideas halagadoras pero falsas sobre tu persona. Toma en cuenta este nuevo discernimiento sobre ti mismo y ve si las cosas no se vuelven más lógicas de inmediato. Siempre que haces algo que te molesta hacer pero te sientes obligado a hacerlo, inconscientemente debes estar más preocupado por lo que otros piensan de ti que por lo que en realidad estás sintiendo. Eso es lo que significa vivir en conflicto".

"Puedo ver que eso es lo que podría estar pasando. Explica prácticamente todo, excepto la razón por la que quisiera yo tratarme en esta forma. ¿Por qué, especialmente a la luz de estos hechos nuevos, me interesa la imagen que otros tienen de mí?".

"Por favor escucha con cuidado esta explicación. Te hará regresar al camino de poseer tu propia vida. Siempre has creído que el hecho de que otros piensen bien de ti determina el que tú pienses bien de ti mismo. Sin embargo, es posible que en realidad nunca hayas considerado que, tristemente, lo opuesto a esta creencia podría también ser verdad, es decir: cuanto menor sea el aprecio que otros te tengan, mayor será tu soledad y tu incertidumbre. Esto ayuda a explicarte por qué crees que tienes que agradar a la gente, y por qué sientes resentimiento hacia las personas que crees que debes agradar. Contar con la aprobación de otros se ha convertido en un extraño sistema de apoyo para la vida, según el cual, después de basarse en él a lo largo de toda una vida, inconscientemente crees que no podrías vivir si no hay alguien ahí que te dé su aprobación y te otorgue existencia. Lo opuesto es verdad. Cuanto más dependas de otros para que te confirmen lo que eres, menos vida real puedes tener".

"Sí, pero seguramente no me estás diciendo que recibir la aprobación de otros es malo".

"No, claro que no. Eso ocurre en forma espontánea y sana dentro de cualquier relación humana natural. No obstante, estamos descubriendo que existe una gran diferencia entre ganarnos la aprobación de otros y buscarla. Debemos estar muy alerta en lo relacionado con todo el proceso de contar con la aprobación de nuestros compañeros. Los seres humanos astutos entienden a la perfección la profundidad y la potencia que tienen las fuerzas que nos impulsan a buscar la aprobación de otros. Usan este conocimiento de nuestra debilidad para su propio provecho. Sólo una elevada conciencia de nosotros mismos, que produce un estado de alerta interior muy activo, puede mantenernos a salvo de estas fuerzas inconscientes y equívocas que nos traicionan; y de aquellos que están dispuestos a usarlas contra nosotros".

"¿Quién habría podido imaginar que este problema es tan profundo?".

"Escúchame: no es profundo. Lo que pasa es que todavía no lo entiendes con claridad. Imagina un estanque de agua contaminada en la campiña. Podría tener una profundidad de varias brazas,[1] o tal vez de sólo medio metro. Las dificultades internas sólo *parecen* profundas porque nuestra naturaleza falsa mantiene todo tan agitado en nuestro interior que no podemos ver su verdadero fondo. El propósito de trabajar con ideas verdaderas es aclarar las cosas. Cuando tenemos tranquilidad interior y podemos vernos con claridad, pode-

1 NOTA DEL TRADUCTOR: braza: Medida de longitud, generalmente usada en la Marina y equivalente a 2 varas o 1,6718 m.

mos abrirnos paso entre nuestras dificultades sin temor a tropezar. Una vez que vemos la causa de nuestro problema, descubrimos su solución.

"Me gusta esa ilustración. Por favor continúa".

"Sí, veamos cómo se conecta todo esto. Hemos aprendido que nuestro miedo de estar solos y en duda, nuestro miedo de querer sentirnos seguros de que lo que estamos haciendo es lo correcto, es lo que nos impulsa a buscar la aprobación de otros. Esto nos dice, entonces, que la razón principal de que nuestra vida a menudo acabe en manos de otros no es que ellos sean superiores o que el mundo sea demasiado fuerte para nosotros, sino que nosotros no queremos enfrentarnos a la incertidumbre y a la soledad que suponemos que no podremos soportar debido a nuestra debilidad. Esta es la verdadera causa de todas nuestras relaciones personales erróneas en la vida. *Lo que nos ha traicionado es la creencia en nuestra propia debilidad*".

"¡Fantástico! Creo que ya capté lo que me quieres decir. Entonces, la solución debe ser negarnos a dejarnos llevar por la debilidad".

"¡Sí! El rehusarte conscientemente a dejarte llevar por lo que tu debilidad quiere que hagas para escapar de la incertidumbre, es lo que atrae y finalmente te entrega una verdadera confianza interior. Este nuevo tipo de fuerza gradualmente se convierte en la piedra angular de una verdadera existencia individual; es la vida que siempre has deseado. De hecho, las posibilidades son ilimitadas, y la victoria personal es tan segura como el hecho de que la luz siempre triunfa sobre las tinieblas. Si permaneces en medio de esta lucha por lograr la verdadera posesión de ti mismo, sin afirmar tu individualidad sino permitiendo que se desarrolle y florezca, soportando lo que tengas que soportar al negarte a someterte a influencias negativas que te traicionan, llegarás a conocer la aprobación de más alto nivel que la vida puede otorgar: recibirás la aprobación de la realidad en sí. Y cuando esto suceda, todas tus luchas serán cosa del pasado. Tendrás posesión de ti mismo. Ahora vivirás de acuerdo a tu punto de vista, ya que tu punto de vista y el punto de vista de este nuevo mundo interior lleno de felicidad nunca están en conflicto. Te habrás ganado tu propia vida".

Sección especial de estudio para alcanzar una posesión duradera de ti mismo

1. Cuando no sabes qué hacer contigo mismo, siempre habrá alguien que con gusto te lo dirá.
2. ¿Por qué buscar la aprobación de alguien que ni siquiera tiene aprobación para sí mismo?
3. Halagar a una persona enojada es como pedirle aprobación a un lobo rabioso.
4. Cuanta más aprobación recibas, más necesitas tener.
5. Conservar en tu vida a una persona o circunstancia que te exige que le entregues tu derecho a ser un ser humano pleno y feliz, es negativo para todos los involucrados.
6. Cuando sales y te quedas en medio de una tormenta, no culpes al mal clima.
7. Después de que ponemos al descubierto una de las raíces de la debilidad, siempre experimentamos una verdadera fuerza.
8. No te busques. Atrévete a ser tú mismo.
9. Si en realidad estuvieras haciendo lo correcto con tu vida, no necesitarías que nadie te dijera que lo estás haciendo.
10. Permitir que otro tome el control de tu vida es como permitir que el mesero se coma tu comida.

(Vernon Howard)

Por impactante que al principio te pueda parecer cuando te das cuenta de ello, la mayoría de las personas que te rodean no quieren que despiertes y seas dueño de tu propia vida. No están conscientes de ese sombrío deseo, y sin embargo necesitan que permanezcas dormido ante tu Yo Verdadero; de lo contrario, no les seguirás siendo tan útil como has sido en el pasado, en el logro de sus mezquinos planes y sus propósitos egoístas. Si entiendes la verdad sobre ti mismo, ¿con quién contarán ellos para que apoye su falso sentido de identidad? ¡Se acabó el juego! Por supuesto, y esto debe expresarse, esta actitud es inconsciente en las personas que trabajan y juegan en el planeta Tierra, y es por eso que hay tanto dolor en tantas relaciones interpersonales. Ha llegado el momento de alejarte de este juego que no puede llegar a ninguna parte. Estas son algunas ideas útiles sobre lo que se necesita para empezar a rechazar esta interacción inconsciente y así poder empezar a aceptar la vida verdadera.

Existen dos principios básicos de poder espiritual cuando se trata de vivir la vida desde tu propio punto de vista. El primero, como lo hemos estado estudiando, empieza con aprender a aceptar esos momentos de la vida ante los cuales lo único que has sabido hacer es no desear lo que ha ocurrido. Liberarse de este tipo de resistencia es el camino a una vida sin esfuerzo, en tu interior y en tus relaciones con otros. Pero la segunda forma de ganar tu propia vida empieza con aprender a responderle a todo el mundo diciendo: "¡No, eso no es para mí!". ¡Esta respuesta es difícil, pues significa que ya no quieres participar en el tipo de compromiso personal que se requiere para vivir otro día sintiendo resentimiento por lo que estuviste de acuerdo en hacer! Hacer pedazos esta conspiración sin duda crea "olas" en el mundo que te rodea, pero sólo los "tiburones" se quejarán porque hayas cometido el error de dejar su mundo.

Seis respuestas para liberarte de relaciones personales falsas

Empieza hoy mismo a reclamar tu propia vida. Para tener resultados rápidos, a continuación aparecen seis respuestas comprobadas que puedes darle a la gente que te rodea y hacerle entender que estás de acuerdo en que ellos tengan lo que desean, pero que tú ya no tienes la intención de conservar una relación personal que te exija no ser sincero contigo mismo.

1. "Tengo cosas más importantes que hacer en lugar de ocuparme de lo que tú dices que debería ser importante en mi vida".
2. "Eres libre de hacer lo que quieras hacer con tu vida, pero no esperes que yo también quiera hacer eso".
3. "No vengas a llorar conmigo lamentando el mismo error que cometiste más de dos veces".
4. "Por favor deja de tratar de 'compartir' conmigo esa experiencia que tú mismo no quieres".
5. "Todo lo que estás haciendo es para convencerme de que tú tienes algo que yo quiero, pero yo no necesito nada que requiera que alguien me convenza de mi necesidad de ello".
6. "Tú sigues tu camino y yo sigo el mío; lo que significa que puedes dejar de pedirme que vaya contigo".

Hazte esta pregunta y escapa hacia la libertad

En una ocasión, un malvado hechicero hipnotizó a un grupo de cautivos para que creyeran que querían todo lo que él quería. Fue un poderoso hechizo de magia negra. No sólo hizo que cada uno de sus esclavos psíquicos estuviera inconsciente de sus propios sentimientos de infelicidad, sino que hizo que creyeran que su única opción era sentirse como se sentían.

Y así, estos pobres hombres y mujeres estaban dispuestos a trabajar para el hechicero, aunque a menudo les ordenaba que actuaran contra su propia naturaleza verdadera. Año tras año, siguieron lastimándose unos a otros mientras, sin saberlo, continuaban trabajando arduamente bajo la maligna influencia de este cruel hechizo. Entonces un día, mientras cumplían con uno de los deseos malignos del hechicero, uno de los cautivos tuvo un discernimiento sorprendente.

Le llegó como un relámpago. Se preguntó por qué nunca antes había pensado en plantearse una pregunta tan sencilla. Ésta es la pregunta que se hizo mientras luchaba para terminar la desagradable tarea que se le había asignado:

"Si estoy haciendo lo que quiero hacer, ¿por qué me lastima cuando lo hago?". No tenía forma de saberlo en ese momento, pero esa pregunta que aparentemente no era importante, fue el principio de un gran milagro que un día le permitiría volver a tomar el mando sobre su propia vida.

A partir de entonces, cada día y cada vez que encontraba que, de manera inexplicable, se sentía desdichado, se hacía esta pregunta: "Si estoy haciendo lo que quiero hacer, ¿por qué me lastima cuando lo hago?". Lo que no sabía es que cada vez que se hacía esta pregunta, estaba asestando un tremendo golpe contra el dominio que el maligno hechizo tenía sobre él. Pronto llegó el día afortunado en que ya no pudo encontrar en su mente ninguna razón para seguirse lastimando. Esta revelación final representó el final de la maligna influencia en su vida. Escapó de esta desdichada existencia y huyó a casa y hacia la libertad.

En realidad nadie quiere hablar del tema, pero lo cierto es que existe una especie de "hechizo maligno" sobre cada uno de nosotros y también sobre nuestro mundo. En realidad, parte de este hechizo global es el hecho de que se niegue su existencia. Se llama sufrimiento. Todos lo experimentan, y como los cautivos hipnotizados de nuestro relato, todos creían que de alguna manera su sufrimiento les beneficiaba. Así es como funciona el hechizo. De lo contrario, ¿por qué alguien se castigaría con sentimientos que lo llevan a la infelicidad, a menos que de alguna manera se le hubiera engañado para que creyera que el lastimarse era una forma de ayudarse?

Examinemos una de estas experiencias. En primer lugar, enojarse es sufrir. A nadie le ayuda enojarse. El enojo lastima a la persona que se enoja. Quema. El enojo arruina las relaciones interpersonales, causa angustia y arrepentimiento, y acaba con la salud. Y sin embargo, a pesar de todos estos hechos, cuando nos enojamos sentimos que estamos haciendo lo correcto. De alguna manera, en forma invisible, el enojo le prueba a la persona que experimenta sus sentimientos violentos, que está en lo correcto; aunque en realidad, nada podría estar más lejos de la verdad. Lo mismo ocurre con la preocupación, la ansiedad, el resentimiento, la duda, la culpa o cualquier otro estado sombrío. ¿Cómo es posible que algo tan erróneo parezca ser tan correcto? Esta es la respuesta: las emociones negativas parecen apoyar tus mejores intereses pues, en el momento en que se entremeten en tu vida, te llenan temporalmente con un sentido falso de identidad que es muy poderoso. No obstante, como el maligno hechizo de nuestro relato, este sentido de identidad brota de sentimientos fieros pero falsos que sólo pueden existir sin tu consentimiento consciente del hecho de que están ahí. ¿Por qué? Porque los intereses de este yo falso no apoyan a tus mejores intereses. Esta identidad temporal, producto de un conjuro, no es otra cosa que un yo de sufrimiento. Nadie prefiere perder.

Tal vez esta lección parezca difícil al principio, pero con tu deseo persistente de comprenderla, un día te preguntarás cómo fue que se te engañó para qué te sintieras mal acerca de algo. La verdad desea que sepas que nunca te favorece el sufrir de manera inconsciente, independientemente de lo convencido que estés en tu interior de que te traicionarías o de que traicionarías a alguien más si no sufrieras. La única forma en que un sentimiento de sufrimiento puede probarte que lo necesitas es hipnotizándote con una avalancha de ese mismo sufrimiento. Da un paso atrás. Aprende a escuchar la tranquila corriente del discernimiento superior que fluye suavemente por tu naturaleza verdadera. Esta corriente puede ver a través de tu sufrimiento. Permite que te muestre que el sufrimiento no prueba nada. Si deseas recibir ayuda especial para ayudarte a escapar de ti mismo, siempre recuerda la pregunta clave que liberó al héroe hipnotizado de nuestro relato de su cautividad psíquica. Permite que haga lo mismo por ti: "Si estoy haciendo lo que quiero hacer, ¿por qué me lastima cuando lo hago?". La verdad te garantiza que dejarás de hacer lo que no quieres hacer en cuanto *sepas* qué es lo que has estado haciendo contra ti mismo.

Da un paso al frente y aléjate de los sentimientos de castigo

Estas son diez formas poderosas para acabar con el hechizo del sufrimiento. Al leerlas, piensa en la forma en que podrías utilizar su sabiduría la próxima vez que estés a punto de ser arrollado por una avalancha de pensamientos o sentimientos dolorosos. Recibe con gusto la influencia de nivel superior que ellas pueden tener en tu vida.

1. El sufrimiento no prueba que sabes lo que significa cuidar de ti mismo o de otros. Lo que prueba es que no has analizado tus propias ideas sobre "cuidar de alguien", pues si lo hubieras hecho, no serías tan descuidado con respecto a ti mismo.
2. El sufrimiento no prueba que estés en lo correcto. Lo que prueba es que en realidad no distingues lo correcto de lo incorrecto, pues si lo distinguieras no considerarías que tu posición de dolor es lo que comprueba lo que quieres probar.
3. El sufrimiento no prueba que eres responsable. Lo que prueba es que has abandonado tu verdadera responsabilidad por ti mismo, pues si no la hubieras abandonado no te tratarías tan mal.
4. El sufrimiento no prueba que eres importante. Lo que prueba es que prefieres sentir que eres "alguien" que sufre a ser un "don nadie" que es libre y tranquilamente feliz.
5. El sufrimiento no prueba que estás solo en la vida. Lo que prueba es que prefieres la compañía de pensamientos y sentimientos hostiles cuya naturaleza es aislarte de todo lo que es bueno.

6. El sufrimiento no prueba que el mundo esté en tu contra. Lo que prueba es que te has unido a aquello que está contra todo, incluyéndote a ti mismo.
7. El sufrimiento no prueba que seas real. Lo que prueba es que te has identificado con un falso sentimiento de agitación con respecto a la vida y lo has confundido con la tranquila plenitud de la vida verdadera.
8. El sufrimiento no prueba que otro esté equivocado. Lo que prueba es que harás todo lo posible, incluyendo tu autodestrucción, para probar que estás en lo correcto.
9. El sufrimiento no prueba que eres lo que crees que eres. Lo que prueba es que no sabes quién eres en realidad, pues si lo supieras jamás tolerarías tener un "yo que sufre" como identidad.
10. El sufrir a causa de tu sufrimiento no prueba que quieras dejar de sufrir. Lo que prueba es que tienes miedo de acabar con el sufrimiento porque crees que al acabar con el sufrimiento acabarás contigo mismo. Eso no es verdad.

Cada discernimiento de nivel superior que alcanzamos nos presenta un desafío único cuando por primera vez vislumbramos su existencia. Debemos actuar como un alpinista cuidadoso que descubre por primera vez una cumbre que nunca antes había visto y que al parecer es imposible escalar. Su majestad ejerce de inmediato una fuerte atracción sobre él, y le emociona la promesa de los secretos que guardan sus alturas, pero está renuente a iniciar el ascenso porque sabe que será difícil. No obstante, su amor al alpinismo supera su miedo de caer, de modo que hace a un lado hasta el último pensamiento relacionado con las dificultades que implica el ascenso. Está consciente de que lo único que necesita hacer para alcanzar esa nueva cumbre es estudiar la inclinación del terreno y luego empezar a escalar. Sabe que no debe dejarse engañar por sus sentimientos de desaliento que tanto le pesan y no le permiten llegar a mayores alturas.

También está consciente de esta verdad: el ascenso al mundo de las alturas debe hacerse paso a paso.

Lo mismo ocurre en el ascenso interior. Primero analizamos los hechos, estudiamos las zonas de nivel superior y luego empezamos a ascender. Es posible alcanzar todo aquello que sea verdadero. Es verdad que nunca necesitas sufrir. Este es un ejercicio que te ayudará a dar el primer paso para ascender y alejarte de sentimientos que te castigan.

Este ejercicio se llama: *¿Es esto lo que realmente quiero?*

No tienes que aceptar ninguna condición interior que ponga en riesgo tu felicidad. Lee el siguiente enunciado varias veces antes de seguir adelante. Nunca es correcto sentir que uno está equivocado, sin importar lo correcto que *creas* que estás al sentirte así. Vivir en conflicto significa *sentirse* de un modo y *pensar* en otro. El conflicto personal es en realidad el único sufrimiento que existe; por lo tanto, la unidad personal es la única solución verdadera que puede destruir el hechizo del sufrimiento personal.

Así es como funciona. La próxima vez que te des cuenta de que te estás empezando a sentir mal a causa de algo, de inmediato deja de hacer por un momento todo lo que estás haciendo y hazte esta pregunta tan simple y honestamente como puedas: "¿Es esto lo que realmente quiero?". Trata de ver todo el panorama conforme se presenta ante tus ojos. Descubrirás que tus pensamientos están convencidos de que debes avanzar en la dirección que ellos te indican, y que te lleva a la preocupación, la venganza o el miedo, pero tú eres el que se siente mal. Estos pensamientos que te traicionan son como un amigo que te invita a una tarde de emociones en una competencia de lucha libre, ¡y luego descubres que estás en el cuadrilátero participando en la pelea principal! Repito: no tienes que aceptar *ninguna* condición que ponga en riesgo tu felicidad.

Puedes, y debes, decir interiormente a todos los pensamientos o sentimientos conflictivos, cualesquiera que sean: "¡Ustedes no son lo que yo quiero!". Cuanto más claro sea para ti que el sufrimiento es absurdo y nunca debe justificarse, más fuerte llegará a ser tu seguridad personal que es correcta y busca la unidad contigo mismo. La totalidad de la vida debe ser feliz. Elige tener una vida feliz eligiendo lo que en realidad quieres.

Llega hasta el final en tu ruta hacia tu yo verdadero

Si le preguntas a alguien quién es, probablemente te dirá dónde vive, lo que hace y la imagen que otros tienen de él; y luego lanzará a esta mezcla sus planes detallados para finalmente mejorar todo lo que te acaba de decir. Estas personas cometen el mismo error que todos cometemos cuando se trata de la antigua pregunta: "¿Quién soy yo?". Se buscan en todos los lugares equivocados.

Una mujer trata con desesperación de encontrarse en los ojos de la familia, en sus posesiones, en sus amigos o en sus amantes. Un hombre se jacta de sus logros, sus creencias o sus pasatiempos. Y cuando todas estas cosas no les proporcionan un sentido de identidad seguro y sin riesgos, lo que ellos nunca habrían logrado en primer lugar, erróneamente se buscan en sus dañinos sentimientos de temor, desesperanza, ansiedad o derrota. Tal vez no signifique gran cosa, pero la desesperación es incapaz de discernir, y por lo tanto, una identidad aborrecible es mejor que no tener una identidad en absoluto. Este tipo de abandono personal provoca dos efectos en quienes sufren sus consecuencias.

En primer lugar, llena el espacio que se produce a toda prisa cuando alguien no se encuentra en sus ideas usuales, o cuando la vida no confirma la imagen que la persona tiene de sí misma. La desesperación que se presenta de inmediato hace que sea aceptable que *cualquier cosa* llene ese vacío. En segundo lugar, una especie de creciente aversión por lo que la persona es y por lo que tiene, le proporciona una poderosa motivación para alejarse de su propio y desdichado yo; un yo indeseado. Pero nadie escapa de su propio yo apesadumbrado en esta forma, ya que este nivel de identidad sólo trata de buscarse en el mismo tipo de lugares y rostros. Y como en realidad nada ha cambiado, esta pauta dolorosa sólo se repite una y otra vez. *Esto no es vida.*

Tú eres quien eres; tu Yo Original no es tu creación. Tal vez puedas hundirte en las dudas y el miedo a través de lo que piensas, pero lo que piensas no puede llevarte a la seguridad ni a la verdadera felicidad. Deja de preocuparte por lo que crees que *deberías* ser, y empieza a ser quien eres. ¿Cómo? Deja de decirte quién deberías ser y empieza a escuchar a un tipo de voz completamente diferente que te ha estado llamando con suavidad. Permite que te muestre dónde encontrar a tu Yo Verdadero. A continuación leerás un relato sobre la vida interior que habla de un cachorro valiente. Es un relato que te ayudará a asimilar los puntos más importantes de este capítulo.

El animalito no sabía dónde estaba ni cómo había llegado ahí. Ni siquiera estaba seguro de lo que era. Todo era muy confuso. Su mente estaba abrumada por preguntas. ¿Cómo había llegado aquí y qué debería hacer? ¿En qué dirección debía moverse? Y, lo más importante, ¿quiénes eran su familia y dónde estaban? Si pudiera resolver eso, tal vez todo lo demás se alinearía. Para empeorar las cosas, lo único que hacía más ruido que el parloteo de su propia mente eran las copas de los árboles, que estaban llenas de las escandalosas voces de criaturas extrañas.

"No tiene sentido esperar aquí", pensó para sí mismo, y empezó a caminar con cautela hacia un grupo de animales que pudo ver al otro lado de un claro del bosque donde recientemente se habían caído unos árboles. A medida que se acercaba, se consolaba pensando: "Tal vez son mis hermanos y hermanas".

Como un relámpago, uno de estos animales de mayor tamaño se apresuró a evaluar al pequeño para determinar si era su amigo o su enemigo. Por fortuna, después de uno o dos momentos de tensión, la hembra dominante de este grupo de mandriles lo aceptó como parte de la familia. Él también se sintió en familia. Al menos por un rato.

Aprendió a acicalarse y a trepar por los árboles y las rocas. Sin embargo, poco tiempo después se empezó a sentir muy triste. No se sentía bien con la manera de actuar de los mandriles. Su incesante parloteo, carente de significado, le producía un constante dolor de cabeza. Pero lo peor era el increíble nerviosismo e inquietud que todos mostraban en todo momento. Al final tomó una decisión: tenía que irse. Este simplemente no podía ser su lugar.

Después de vagar sin rumbo por un rato, siguiendo el lecho de un río, vio algo que le levantó el ánimo. Estaba frente a un grupo de intrépidos animales. Su valentía era extraordinaria. Estaban peleando por la posesión de un ojo de agua contra un animal más grande que emitía sonidos horripilantes.

"Esta debe ser mi familia", pensó. Y se unió a la batalla para apoyarlos.

Los jabalís estaban más sorprendidos que la acosada hiena. Como era obvio que sus enemigos la superaban, la hiena huyó; y pronto, después de algunos rugidos y otras muestras de comportamiento extraño, los jabalís aceptaron al chico en sus filas. Vivió con ellos por un tiempo, pero de nuevo, pronto supo que algo estaba muy mal. En primer lugar, nuestro cachorro no soportaba escarbar la tierra con la nariz para encontrar alimento. ¡Eso lo lastimaba! Y además estos jabalís nunca dejaban de gruñir. Siempre que trataba de hablar como ellos, le salía mal. Pero lo que más le molestaba e incomodaba era que todos eran demasiado quisquillosos, e incluso entre los de su propia raza, lo usual eran las peleas, no la ternura. No quería irse, pero en su corazón sabía que no estaba en su lugar. No fue una elección fácil. Y al alejarse, su mente le repetía que si abandonaba a su familia más reciente, se quedaría solo por siempre. Nunca se había sentido tan extrañamente solo. Ni los sonidos constantes de la jungla podían llenar el vacío que sentía.

Caminó por mucho tiempo sin percatarse de que el panorama estaba sufriendo un cambio dramático. Poco a poco, el entorno cambió de densas arboledas a espacios abiertos. En varias ocasiones vio otros grupos de animales, pero no se molestó en detenerse para ver si eran su familia. En cierta forma su instinto le indicaba que no lo eran. Llegó el momento en que se detuvo para descansar. Mientras estaba recostado tranquilamente observando a los seres vivos que lo rodeaban, no pudo evitar percibir un extraño sentimiento en su interior. Sin importar cuánto lo intentaba, no podía explicárselo. ¡Después de todo, no debería sentirse tan bien! Y sin embargo así era como se sentía.

"¿Cómo es esto posible?", se preguntó. "No tengo idea de quien soy ni de dónde debo estar. Lo único que he descubierto hasta el momento es lo que no soy".

Justo a la mitad de este pensamiento, llegó a él un sonido desde el otro lado de la planicie; un sonido que hizo que su corazón de pronto se detuviera. Nunca había escuchado tanto poder en la voz de un animal. El sonido volvió a cruzar la planicie; llegó hasta él y lo atravesó. Quería correr pero, a pesar de lo insensato que parecía, no sabía si huir de estos perturbadores sonidos o acercarse a ellos. Finalmente, no tuvo otra opción. Corrió en la dirección de donde venían los rugidos. Cuanto más se acercaba al pequeño grupo de animales de porte regio, más seguro estaba de haber encontrado su hogar. Abrió la boca para saludarlos y de ella brotó ese mismo rugido lleno de poder. Su corazón saltó. Había encontrado a su familia. Él era, y siempre lo había sido, el Rey de la Selva. Ahora lo sabía. Había encontrado su hogar.

Este es un valioso resumen de esta sección del capítulo que te ayudará en tu búsqueda de tu verdadera identidad. Atrévete a alejarte de las relaciones mentales y emocionales que te son familiares pero son inútiles, y que te dan un sentido de identidad temporal e insatisfactorio. Tu verdadera identidad te está llamando. Pero para escucharla, debes estar dispuesto a soportar el miedo que produce la incertidumbre personal durante el tiempo que sea necesario. Al final, esta forma de aparente abandono personal se convertirá en tu mayor placer, pues será cada vez más evidente que lo único seguro acerca del miedo es que *siempre* te compromete. Cuando se trata de quién eres en realidad, *no* existen compromisos.

Este es un gran misterio: sólo cuando sabes lo que *no* eres, sabrás lo que *eres* en realidad. Escucha el llamado de tu naturaleza. No sientas miedo ante los espacios abiertos. Busca la verdad, no la seguridad, y también encontrarás el camino a casa. Escucha la voz de esta breve colección de lecciones clave sobre tu Yo Verdadero. Escucha la "vocecita tranquila" que hay en tu interior y que sabe que fuiste creado a la imagen de aquello que es invencible.

1. La novedad en la vida es más que una idea agradable. Se convierte en nuestra experiencia de vida cada vez que decidimos desprendernos y vivir sin permitir que quienes hemos sido en el pasado nos diga quiénes debemos ser en el momento presente.
2. Aprende a cuestionar conscientemente a las partes de ti mismo que quisieran que creyeras que lo que le da sentido a la vida es cuánto sufras a causa de ella.
3. Nuestro deseo de entender y descartar cualquier sombra tenebrosa que quiera vencernos, despierta en nosotros una luz viviente que se encargará de que nuestro deseo se vuelva realidad.
4. El miedo de estar solo nace de hacerte acompañar con las partes de ti mismo que desean que te sientas incompleto para así guiarte, una y otra vez, hacia relaciones que comprometen tu identidad.
5. Nadie puede darte lo que debes encontrar en el interior de tu Yo Verdadero.

CAPÍTULO 7

Despréndete y permite que las fuerzas superiores de la vida logren el éxito para ti

¿Alguna vez has mirado el suelo de cemento de una acera o de un estacionamiento y te has maravillado al ver una brizna de hierba que de alguna manera encontró en sí la determinación de atravesar el pavimento y salir al aire fresco y a la luz del sol? Cuando pensamos en un esfuerzo titánico, por lo general no pensamos en una semillita de hierba que está enterrada en las tinieblas y lucha para salir a la luz. Y sin embargo, aunque no lo veamos mientras enfrentamos nuestros días a toda prisa, esta antigua lucha por vivir ante la luz también se libra en nuestro interior. Aunque por lo general no respondemos a ella, a pesar de que nos llame constantemente, existe nuestra necesidad de encontrar nuestro lugar bajo el sol, que es natural en nosotros y pertenece a un orden superior. Es la necesidad de encontrar un mundo que está justo afuera de nuestro viejo yo limitado, un mundo donde la vida verdadera se abre y es libre. Esta necesidad, presente en cada uno de nosotros, de elevarnos por encima de nosotros mismos, es una ley eterna que se expresa en todos los seres vivos.

No obstante, a diferencia de la nueva semilla de hierba o de mostaza que busca la luz del sol sin preocuparse por lo que pudiera estar obstaculizando su camino, nosotros a menudo nos desanimamos a causa de la multitud de sombras internas que se interponen entre nosotros y una vida más llena de luz. Esta es una condición desafortunada que sólo empeora cada vez que luchamos y no logramos liberarnos. Por eso debemos aprender a librar la clase de lucha adecuada, y nuestra "batalla" comienza aprendiendo a distinguir lo verdadero de lo falso en nuestro interior, y la forma en que vemos nuestra vida como resultado de eso. Por ejemplo, si nuestra búsqueda de la libertad se ha topado con el fracaso una y otra vez, no es porque nos hayan faltado fuerzas u oportunidades; ni la ausencia ni la abundancia de estos atributos circunstanciales marcan una diferencia real cuando se trata de alcanzar la liberación personal.

El águila, en su sabiduría, sabe dónde esperar que los vientos produzcan ciertas corrientes que la elevarán. Su conformidad con las leyes de la naturaleza se ve recompensada con una vida en las alturas. Nosotros también debemos aprender a vivir en conformidad con las leyes de nivel superior que gobiernan el proceso de liberación personal si deseamos que nos eleven por encima de nuestro yo presente. Ese es el tema de este libro.

Por el momento, veamos cómo estas leyes naturales gobiernan incluso los detalles más pequeños. Jesucristo hizo alusión a la existencia de estos principios compasivos de nivel superior cuando dijo: "Miren los lirios del campo, vean como crecen sin angustiarse. No hilan,[1] y sin embargo, ni Salomón en toda su gloria vistió como uno de ellos. Si Dios viste así a las plantas, que hoy engalanan los campos y mañana son echadas al fuego, cuanto más los vestirá a ustedes, hombres de poca fe". Si estos principios compasivos cuidan de manera tan asombrosa a seres vivos de niveles inferiores, su capacidad para ayudar a quienes deciden cooperar con sus leyes inmutables debe ser mucho mayor.

---

[1] NOTA DEL TRADUCTOR: hilar: formar hilos de fibras como el cáñamo, la lana, la seda o el algodón.

Sabemos que un brote de hierba que nace en las tinieblas pronto debe abrirse camino hacia los cálidos rayos del sol; de lo contrario perecerá. Debe salir de las circunstancias desfavorables que vive en el presente para reclamar una vida en plenitud. Por supuesto, este tierno brote de vida nueva no puede saber todo esto, pero no está solo en su lucha desesperada por encontrar la luz. La vida misma está a su favor; es una fuerza inteligente e innegable que se enfrenta a todas las barreras con la misma audacia. Y así la hierba recién nacida emerge a pesar de todos los obstáculos, ya que la vida, de una u otra forma, invariablemente encuentra una manera de ser más fuerte que cualquier cosa que pudiera negarle el derecho de expresarse.

Estas mismas fuerzas de la vida que son tan poderosas pueden trabajar para ti. Seguramente has sentido la necesidad de una vida de mayor alcance fuera de ti mismo. ¿Quién no la ha sentido? Todos sentimos esta necesidad natural de elevarnos por encima de los pensamientos y sentimientos que nos limitan, pues nuestra verdadera naturaleza, como la luz que es su fuente, nos llama a emerger del fondo de la pesadez de nuestra propia identidad falsa, que hemos asumido erróneamente. Quiere darnos una vida nueva a cambio de la vieja. Sólo nos pide que estemos dispuestos a conformarnos con su proceso eterno de renovación personal, y ella nos dará lo demás.

No te preguntes si este tipo de trueque puede o no hacerse; compruébalo por ti mismo. El primer paso es ver cómo se te está revelando en este momento la verdad de las cosas. Es posible realizar el trayecto hacia el brillo y la luz de tu Yo Verdadero. Otros te han precedido.

Arremete contra los pensamientos que te limitan y ábrete paso entre ellos

Todas las enseñanzas de la verdad nos sirven al mismo tiempo como invitaciones, como instrucciones y como ánimo. Se nos dan para que nos ayuden a lograr elevarnos y alejarnos de nuestra antigua naturaleza. Este tipo de transformación personal debería ser tan natural para los seres humanos como para los girasoles es natural dar la cara al sol. Sin embargo, es mucho lo que todavía no hemos entendido sobre la verdadera vida espiritual y es mucho lo que creemos que sabemos pero no lo sabemos. El siguiente relato breve de Vernon Howard se tomó de su libro *Inspírate [Inspire Yourself]* (New Life, 1975). Es uno de mis relatos favoritos relacionados con la verdad, pues está lleno de indicaciones de nivel superior sobre nuestra invisible condición interna, y sobre lo que se requiere de nosotros si deseamos salir de nuestro desagradable estado actual de confinamiento personal. Se titula "El Metal Desconcertado".

> *Un trozo de metal descansaba cómodamente sobre el estante de una fábrica. Permaneció ahí por mucho tiempo, y lo único que hacía era acumular polvo. Un día, un obrero levantó ese trozo de metal, lo llevó a una mesa de trabajo y empezó a retorcerlo cambiando su forma usual.*
>
> *"¿Por qué me haces esto?", gritó el trozo de metal alarmado y asustado.*
>
> *"Para que puedas ver maravillas que superan tu imaginación", respondió el obrero. "En este momento todo parece extraño y aterrador, pero algún día estarás muy feliz. Mira, voy a convertirte en un telescopio".*
>
> ESTAR DISPUESTOS A PASAR A TRAVÉS DE LOS CAMBIOS INTERNOS, HACE POSIBLE QUE VEAMOS LA INMENSIDAD QUE ESTÁ MÁS ALLÁ DE LA POSICIÓN QUE TENEMOS EN EL PRESENTE.

La clave para dejar atrás el mundo que hemos creado y que nos limita se encuentra en nuestra voluntad de *seguir adelante*, aunque sintamos que nos está ocurriendo algo malo o que no vamos "a ninguna parte a toda velocidad". La idea de renunciar o de volver atrás es la desafortunada opción que se presenta sólo cuando tenemos una comprensión incompleta de cualquier situación. Este es el momento en que un conocimiento de nosotros mismos de nivel superior se vuelve tan importante para nuestro verdadero progreso interno. Cuando sabes en tu corazón que debes seguir adelante pero tus pies simplemente no captan el mensaje, el conocimiento de ti mismo puede abrirse y llevarte a atravesar las puertas que tu insistencia personal no fue capaz de hacerte atravesar. Así es como sucede:

Gracias a los estudios que realizamos sobre nosotros mismos, sabemos que el yo falso debe encontrar una manera de convencernos de que su mundo es el único mundo. Una de las maneras en que lo logra es utilizando siniestras voces internas. Podemos escuchar a estos pensamientos parlantes susurrando o exclamando:

"¿Qué objeto tiene?".

"¡No estás progresando!".

"Has tratado de cambiar, pero la vida simplemente es demasiado ruda".

"¿Por qué moverle?".

"Sólo regresa a tus hábitos antiguos. Será mucho más fácil".

Con estas frases, y otras igualmente tortuosas, el yo falso trata de endilgarte su temerosa manera de pensar que se resiste al cambio, haciéndote sentir que son tus propios pensamientos. Estos pensamientos de derrota y autocompasión no te pertenecen. Llegan a ti desde el interior del mismo mundo limitado que la vida verdadera te está invitando a abandonar en este momento. Tu deseo sincero, aunque débil, de dejar atrás a tu yo falso, obliga a esta naturaleza inferior a hacer todo lo que esté a su alcance para hacerte creer que el salir de ti mismo no sólo es peligroso, sino imposible. Sabe que la única manera en que puede esperar ganar esta crucial batalla interior es convencerte, de una u otra forma, de que estás derrotado. Lo que no quiere que sepas es que él en sí no tiene un verdadero poder para detenerte en el camino que te has propuesto seguir para elevarte y encontrar la salida. ¡Es cierto! Escucha este asombroso hecho: el yo falso y todo lo que lo conforma tiene una naturaleza *mecánica*. Está hecho de recuerdos empolvados, miedos antiguos, dudas recurrentes, placeres familiares, y muchas otras reacciones cuya variedad es ilimitada. En resumen, el yo falso no está vivo en realidad. No tiene más vida verdadera que la que tiene un juego en un parque de diversiones por el que se pagan unos centavos.

Permite que tu mundo interior pase de largo

En una ocasión, un hombre despertó y se dio cuenta de que estaba recorriendo lo que parecía ser una casa embrujada. No sabía con exactitud dónde estaba; sólo sabía que estaba muy oscuro y que se avanzaba sin poder elegir la dirección en que se movía. Y si eso no fuera lo bastante malo, sabía que en cada esquina algo proveniente de sus peores pesadillas estaba a punto de saltar sobre él. Estaba a punto de saltar del carrito que lo transportaba y correr en busca de ayuda, cuando creyó escuchar una voz fuerte y tranquila que le hablaba directamente.

"Quédate en el carro", le dijo. "No tengas miedo. Esta oscuridad y estas criaturas no son reales. No tienes que ser valiente, pero si quieres salir de este aterrador lugar, debes esperar en el carro hasta que termine el recorrido. Si saltas y te sales del carro ahora, sólo saldrás a la oscuridad. Escúchame: la luz del sol está muy cerca. *No tienes que hacer nada excepto permitir que termine el recorrido*".

El hombre sabía que le estaba pasando algo extraño, ya que en ese momento, su sabiduría convencional le habría indicado que abandonara el carro y corriera como loco buscando cualquier cosa que pereciera una salida. De manera inexplicable, sintió que ya antes había estado en esta posición, y en esta ocasión tenía que hacer algo totalmente nuevo.

Por eso, en lugar de escuchar a sus propios sentimientos de desesperación, decidió seguir las extrañas instrucciones que había recibido. Después de varios momentos de tensión que parecieron durar toda una vida, encontró que se dirigía a la luz del sol, como se le había dicho que ocurriría si permitía que el recorrido llegara con naturalidad a su final. Para su gran alivio, sólo había sido un paseo delirante, después de todo. Ahora, te presento la explicación interna de este relato y de esta sección del capítulo. *Sigue en el trayecto hasta alcanzar la libertad.*

Cada esfuerzo que realices para crecer y superarte, para ayudarte a realizar un cambio real en tu presente nivel de conciencia, hace surgir en ti una gran cantidad de pensamientos y sentimientos negativos que de inmediato te dan razones negativas por las cuales esto no puede hacerse. Todos hemos escuchado sus gemidos en nuestro interior. Nos gritan: "No es posible", "¿por qué intentarlo?" "Es demasiado difícil" y así sucesivamente. Si no se les examina, estas voces internas parecen estar tomando en cuenta nuestros mejores intereses. Pero mienten, y ver la verdad de este engaño es vital en nuestra búsqueda de una victoria personal. Sólo necesitamos persistir en nuestro deseo de despertar, de desprendernos de las cosas y de conocer la verdad sobre nosotros mismos. ¡Y a pesar de sus vigorosas protestas, estas reacciones de resistencia se verán obligadas a revelarse como los descomunales gigantes de temor y desesperación que siempre han sido! No son nuestros amigos. De hecho, su única tarea es asegurarse de que demos marcha atrás. Estos demonios, feroces pero falsos, por lo general logran su objetivo haciéndote creer que no podrás avanzar cuando ellos bloquean tu camino.

Ahora viene la mejor parte; esta es la belleza y la forma secreta en que el conocimiento superior de uno mismo "rescata" a la persona que hace de él una realidad. No tienes que "hacer" nada adicional. La parte del proceso que te corresponde ya está hecha. Igual que en el relato del aterrador recorrido del hombre en la casa embrujada, lo único que necesitas hacer es escuchar la voz de la verdad y hacer lo que te dice. Escucha ahora: no tienes que hacer nada con respecto a lo que está tratando de perturbarte en tu trayecto hacia el exterior de ti mismo. De hecho, como el hombre de nuestro relato, no debes hacer hada excepto permanecer en el "carro" de la vida conforme te hace avanzar. Estás seguro ahí, percibiendo *conscientemente* tus miedos. Ahora sabes que no debes huir de una duda aterradora para caer directamente en brazos de otra.

Practica esta lección al perfeccionar una paciencia de nivel superior en los momentos más desquiciantes de la vida. Recuerda que el progreso interior no se mide por lo que hagas con los pensamientos o sentimientos que te aterrorizan, sino por lo bien que entiendas esta nueva enseñanza: no hay nada que sea necesario hacer en un estado de tinieblas, excepto permanecer despierto y alerta. Al final, lo que está tratando de asustarte se desvanecerá y se perderá en la nada de donde vino en primer lugar. Permite que tu mundo interior pase de largo. Lo único que necesitas hacer es actuar a partir de lo que puedas reconocer como verdadero. Entonces, como la luz del sol, la victoria llega a ti.

Esta enseñanza de nivel superior te llevará más allá de ti mismo

"A decir verdad, creo que sería un verdadero alivio salir de las limitaciones de las reacciones negativas, ¿pero cómo llego a eso? ¿Cómo puedo estar seguro de que voy en la dirección correcta?".

"Este es el secreto que sólo conocen quienes han recorrido el trayecto antes que tú. Sigue esta enseñanza de nivel superior y seguramente encontrarás el éxito que buscas: *Aléjate del 'cómo' mental y entra al 'ahora' espiritual*".

Esta enseñanza secreta merece nuestra atención. Su verdadero valor, como el de una joya inapreciable, se entiende mejor cuando se le ve desde todos los ángulos. Así como una joya única por naturaleza refleja su brillo interior en todas direcciones, esta enseñanza especial por naturaleza ilumina tu camino, una vez que hayas descubierto su secreto. Esta es una de sus claves. El viaje hacia el exterior de ti mismo no te lleva a un lugar, sino a darte cuenta de que la persona que eres de hecho vive por encima del mundo de los pensamientos y sentimientos. La vida mental cotidiana, que naturalmente incluye el preguntar el "cómo" de las cosas, tiene su lugar práctico en el mundo de la mecánica automovilística, de la construcción de casas o del manejo de una computadora. La vida mental gobierna este tipo de tareas. Al vivir y trabajar en este mundo físico es necesario preguntar el *cómo* para aprender a *hacer* algo. Sin embargo, cuando se trata de aprender a vivir por encima de ti mismo y fuera de ti mismo, esa misma vida mental que puede transportar hombres a la luna sin riesgo alguno, ¡no puede llevarte a niveles más altos o lejanos que el nivel que tiene tu pensamiento más elevado! Y como ya hemos aprendido, el pensamiento nunca es el objeto. En otras palabras, es imposible que llegues a estar fuera de ti mismo a base de meros pensamientos.

Hemos llegado a una etapa importante en nuestro trabajo personal. Hagamos un breve repaso. Queremos saber cómo proceder en nuestro viaje interior, pero ahora también comprendemos que ni la vida mental de mayor calidad puede llevarnos más allá de sus propias limitaciones inherentes. Desde esta posición ventajosa interior, que es única, podemos ver que se necesita algo completamente nuevo, un salto impensable, si queremos salvar el abismo entre este mundo mental limitado y la vida nueva que buscamos más allá de nosotros mismos.

"No estoy seguro de estar entendiendo lo que dices. Si mis pensamientos no pueden elevarme por encima de mi mismo, ¿entonces cómo puedo desprenderme del nivel de mi vida presente y ascender a un nivel más alto?".

"A medida que empiezas a entender las verdaderas restricciones de vivir a partir de un yo dominado por los pensamientos, dejarás de preguntarte cómo, ¡ya que parte de tu nueva comprensión incluye el darte cuenta de que esta pregunta habitual sobre cómo salir de ti mismo, de hecho brota del mismo nivel de vida que estás tratando de abandonar! En esta importante etapa de tu desarrollo interior, tal vez haya ocasiones en que te parecerá que no existe un camino de salida. Como te he estado recordando a lo largo de este libro, ten en mente que así es como el yo falso quiere que te sientas. Te alegrará saber que la verdad tiene para ti algo mejor que hacer, en lugar de sentirte atrapado. Estas son sus enseñanzas:

"Cada vez que llegues a este punto interior de falta de certeza en ti mismo, en el que sabes que debes dar un paso pero también sabes que ya no puedes preguntar cómo hacerlo, *¡simplemente decídete y da un paso al frente!* No pasará nada malo. De hecho, ocurrirá algo milagroso justo frente a tus ojos, Tu decisión a favor de esta nueva acción atrevida, te lanzará a un nuevo Ahora espiritual, en que el momento real en sí te enseña *todo lo que necesitas saber sobre la manera de seguir adelante.* El alejarte del cómo mental y entrar al Ahora espiritual te pone bajo las influencias que te guían a partir de una inteligencia que nunca teme a lo desconocido, ya que la comprensión de nivel superior es su naturaleza misma. Para tu agradecido asombro, este nuevo orden de inteligencia hace para ti lo que estabas seguro que no podías hacer por ti mismo: resuelve el dilema; encuentra el camino. Lo único que necesitas hacer es seguirlo".

No importa con cuánta renuencia des tu primer paso hacia el Ahora espiritual; lo que importa es que lo hagas. Si haces lo que te corresponde, la verdad se encargará del resto. Esto explica por qué se dice que la verdadera vida espiritual no tiene senderos. Cuando se trata de dejar atrás al mundo mental, el único camino que hay es tu siguiente paso... y el siguiente... y el siguiente. ¿Entonces qué estás esperando? Cuanta mayor sea la claridad con que puedas hacerte ver la diferencia entre el cómo mental y el Ahora espiritual, más fácil te será alejarte del primero, lo que equivale a entrar al segundo. Tomando en cuenta lo que acabamos de aprender, tal vez desees dar especial atención a las siguientes ideas:

1. **Si vivimos a partir del cómo mental:** A menudo tememos lo que no podemos entender.

Si vivimos a partir del Ahora espiritual: Entendemos que el miedo es un error mental.

2. **Si vivimos a partir del cómo mental:** Buscamos respuestas para las preguntas que nos atormentan.

   Si vivimos a partir del Ahora espiritual: Entendemos que en el tormento no hay inteligencia, así que descartamos esas preguntas.

3. **Si vivimos a partir del cómo mental:** Consultamos el pasado para que nos ayude a guiarnos hacia un futuro seguro.

4. **Si vivimos a partir del Ahora espiritual:** Estamos libres del pasado y no tenemos pensamientos sobre el futuro, ya que estamos viviendo plenamente en un presente sin dolor.

5. **Si vivimos a partir del cómo mental:** Estamos renuentes a admitir que nos hemos equivocado.

   Si vivimos a partir del Ahora espiritual: Estamos libres de la punitiva necesidad de aparentar que siempre estamos en lo correcto.

6. **Si vivimos a partir del cómo mental:** Dedicamos tiempo valioso a lamentar los sucesos del pasado.

   Si vivimos a partir del Ahora espiritual: El pasado sólo existe para propósitos prácticos y nunca es una fuente de dolor ni de problemas.

Tal vez quieras hacer tu propia lista, como yo lo he hecho. Al ver el contraste entre estas dos condiciones internas, verás cada vez con mayor claridad en cuál de esos dos mundos deseas vivir.

Un resumen especial para ayudarte a hacer pedazos todo aquello que te limita

1. Nada se interpone entre tu persona y la felicidad permanente.
2. No preguntes cómo, permite que el Ahora te lo muestre.

3. El Ahora espiritual es una acción impensable.
4. Cuando recorras los senderos interiores, tu llegada al mundo nuevo que hay en el exterior marca el momento en que abandonas el mundo antiguo.
5. Cuanto más claro sea para ti que no puedes ayudarte a escapar de ti mismo, más libre estarás.
6. La velocidad con que puedes llegar al exterior de ti mismo depende de la velocidad con que quieras que se te conduzca hacia allá.
7. El único camino al éxito personal es tu siguiente paso.
8. Agrega dulzura espiritual a tu trayecto espiritual trabajando, momento a momento, para reducir la distancia entre el cómo mental y el Ahora espiritual.
9. Nadie más puede ayudarte a salir de ti mismo, pero debes permitir que todos te muestren la necesidad de hacerlo.
10. El verdadero éxito no se mide por lo que te sientes impulsado a alcanzar, sino por lo que puedas entender con tranquilidad.

Detecta y rechaza a los intrusos psíquicos

Imagina por un momento que estás sentado en una cafetería o en una cómoda sala de espera de cierto tipo. Sabiendo que tu educación superior sobre ti mismo debe incluir un estudio tranquilo de otras personas, ocupas tu tiempo con provecho observando discretamente los rostros de las personas que están sentadas a tu alrededor. Justo a tu izquierda, observas los ojos de un hombre de negocios de edad madura que se mueven con rapidez de un lado a otro como si estuviera buscando algo, pero sabes que no está viendo nada. Está bajo el acoso de pensamientos que lo ciegan y que lo presionan para que resuelva un problema. A tu derecha, los labios de una mujer atractiva parecen dos delgadas líneas. Su corazón está sufriendo debido a un reciente rechazo que sigue vivo en su mente. Y frente a ti, un caballero de sienes plateadas está sentado con la cabeza inclinada, como si sus pensamientos fueran un peso que ya no puede soportar. Lo abruman inminentes temores financieros.

Al estar sentado en silencio observándote y observando a cada una de estas personas, puedes ver lo que quizá nadie más en la sala tiene ojos para ver. Sabes que, sin saberlo, estas personas han permitido la entrada de intrusos sombríos en su sistema psíquico. Pensamientos y sentimientos negativos han invadido y se han apoderado temporalmente de su hogar interior, donde estas personas viven en realidad. La única intención de esos pensamientos y sentimientos es poseer y castigar a cualquiera que, sin saberlo, los invite a entrar.

Creer erróneamente que los intrusos internos son invitados que merecen ser bien recibidos no es tan poco común como pudieras suponer. Analicemos una experiencia de la vida cotidiana que nos es familiar. En un minuto, vas caminando sin ninguna preocupación en el mundo, ¡y el siguiente, sientes como si estuvieras cargando todo el mundo sobre tus espaldas! ¿Qué pasó? La historia de la antigüedad puede ayudarnos a entender nuestra propia historia, si estudiamos el relato épico del Caballo de Troya.

Para entrar con engaños a la gran fortaleza de sus enemigos, que no habían sido capaces de conquistar por la fuerza, los guerreros griegos construyeron un enorme caballo de madera que estaba hueco en su interior. En él ocultaron a sus mejores guerreros. Después colocaron esta hermosa estatua frente a la puerta de la fortaleza, con la esperanza de que sus enemigos creyeran que era un regalo o un ofrecimiento de paz.

Poco después, sus enemigos aceptaron el caballo y lo llevaron al interior de los muros de la fortaleza. Más tarde esa noche, mientras todos dormían en la fortaleza, se abrió la puerta que había en el cuerpo del caballo y salieron los soldados griegos, al mando de Aquiles, el gran guerrero, quien de inmediato derrotó a sus anfitriones que no sospechaban nada.

Este asombroso relato puede ayudarnos a empezar a entender cómo los pensamientos y sentimientos que merodean a nuestro alrededor, entran a nuestro hogar interior. Sin saberlo, los invitamos a entrar cuando no podemos ver la diferencia entre un amigo interno y un enemigo interno. El siguiente relato ilustra cómo podemos aprender a detectar y a rechazar estos intrusos psíquicos. Pero antes de comenzar, debemos preparar el escenario para este importante relato sobre la verdad.

Hace mucho tiempo, en un mundo de reyes verdaderos, había ciertos caballeros con títulos de nobleza cuyas tierras eran tan vastas que para viajar a caballo o en carruajes de una sección a otra, en ocasiones se requería una semana o más. La familia real emprendía este viaje al menos una vez al año, en el cambio de estación, y para que el viaje fuera más cómodo, se establecieron grandes casas reales a lo largo del camino.

Estos bien equipados edificios también proporcionaban cómodos lugares de descanso durante la noche para los numerosos invitados y dignatarios que frecuentaban a estas nobles familias. En cualquier época del año, cada casa real del camino contaba con el servicio de todo tipo de cocineros, guardias, sirvientes y guardabosques. Su única tarea era encargarse de que se tratara a todos y cada uno de los viajeros invitados del noble como un invitado de la realeza.

El encargado de todo este personal era un administrador que se aseguraba de que la casa real del camino siempre estuviera lista para recibir a estos invitados. Tenía los conocimientos y el liderazgo para mantener a todo el personal y a la casa en general en perfectas condiciones. Pero ahora, continuemos con nuestro relato.

El regreso del aristócrata ausente

El aristócrata y su séquito llegaron a la casa real del camino poco después del anochecer. Se dirigían a su residencia de verano después de haber viajado en el extranjero a lo largo de todo un año. Todos se alegraron al ver las ventanas iluminadas y al ver salir el humo de la chimenea, pues sabían que esta casa del camino se encontraba a la mitad de su recorrido. Pronto dejarían atrás sus viajes y disfrutarían del descanso y la relajación que ofrece la comodidad tranquila de estar en un entorno conocido.

Pero definitivamente algo estaba mal. El aristócrata podía escuchar que del interior de la casa brotaban fuertes gritos, sonidos estridentes y malas palabras. Cuando descendió de su carruaje, la puerta principal de la casa se abrió bruscamente y de ella salió un caballo a todo galope montado por un salteador de caminos borracho que se alejó en la oscuridad. El aristócrata se quedó boquiabierto. Un momento después, para su gran alivio, apareció otro hombre en la puerta cubierta de humo; vestía el uniforme de su administrador. Pero el alivio del aristócrata desapareció al instante, pues el hombre que estaba en la puerta no era el administrador que había servido con lealtad a su familia durante tantos años. Para empeorar las cosas, por la forma en que este hombre reaccionó a su llegada, el aristócrata se dio cuenta de que ni siquiera lo reconocía como su jefe ni como el propietario de la casa.

Después de unos momentos de confusión y de trato severo, ¡el administrador se enteró de quién había llegado a la casa! Segundos más tarde, los sirvientes corrían por todas partes desempeñando los deberes que se les habían asignado.

Mientras se dirigía a la casa desde el patio, el aristócrata se enteró de que durante la larga ausencia de su familia, el administrador anciano en quien tanto confiaba había muerto, dejando su puesto vacante. Como no había nadie que tuviera la autoridad para nombrar a un nuevo administrador, todos los hombres del bosque decidieron que compartirían las responsabilidades del administrador, turnándose en el puesto cada semana.

Al irse acercando a la casa, el aristócrata preguntó quién era el jinete borracho y qué estaba haciendo en la casa en primer lugar. El administrador en turno lo miró sorprendido y dijo: "Era un huésped de la casa".

"¿Y quién lo invitó a quedarse?", preguntó el aristócrata.

El administrador lo miró con una profunda confusión. "¿Quiere decir que usted no lo invitó?".

Percibiendo el problema pero sin estar seguro de su naturaleza, el aristócrata dijo: "Por supuesto que no. ¿Cómo pudo ocurrírsele esa idea?".

"Mi estimado señor", dijo el administrador mientras abría la puerta principal. "Está usted a punto de ver por qué pensé que usted lo había invitado. Hay aquí al menos veinte huéspedes que son como el que usted vio salir a caballo; y todos me dijeron que eran sus invitados especiales. ¿Cómo iba yo a saber?".

Cuando apenas esa frase acababa de brotar de los labios del administrador en turno, el aristócrata entró a la sala de su casa. No podía creer lo que estaba viendo. Todo estaba en ruinas. Había basura por todas partes, había comida en el suelo, y muchas de sus valiosas posesiones estaban destrozadas o de plano habían desaparecido. Frente a él, media docena de salteadores de caminos, soldados de fortuna y vagabundos estaban sentados bebiendo su mejor brandy. Algunos de ellos incluso vestían su ropa, que habían sacado de los roperos. Pudo escuchar y ver que en la planta alta otra docena de rufianes se reía entrando y saliendo de las lujosas recámaras reservadas para sus verdaderos invitados. Esto era el colmo. Dio órdenes para que la casa del camino quedara totalmente vacía. Para el amanecer, todo estaba como debería haber estado cuando llegó el aristócrata. Habían obligado a salir a todos los indeseables vagabundos y a sus invitados. La casa real del camino volvió a estar limpia y en paz.

Como era un hombre sabio y bondadoso, el aristócrata comprendió que ninguno de los administradores en turno había podido entender lo que se esperaba de ellos, así que no castigó a nadie por los daños causados por su mala administración. En lugar de eso, seleccionó a un hombre y le asignó el puesto permanente de administrador, y nombró a un delegado que también aprendería a desempeñar ese puesto. Y esa tarde, antes de salir rumbo a su residencia de verano, mandó llamar al nuevo administrador y a su delegado. Les entregó una hoja de papel cuidadosamente preparada con instrucciones que les dijo tenían que seguir al pie de la letra cuando él estuviera ausente. En esa hoja había una lista de principios especiales que en el futuro les ayudarían a determinar quiénes eran los verdaderos invitados del aristócrata y quiénes eran intrusos que sólo fingían tener una invitación. Esto es lo que aparecía en la lista del aristócrata:

Cómo distinguir a las personas que han sido invitadas y a los intrusos indeseables

Las personas que han sido invitadas siempre:

1. Anuncian su llegada.
2. Conocen el lugar que les corresponde.
3. Actúan en forma agradable y cortés.
4. Ayudan siempre que pueden y donde pueden.
5. Conservan la calma.
6. Tienen consideración con otros.
7. Conservan la buena educación.
8. Salen en silencio.
9. Te dejan sintiéndote contento por su presencia.

Los intrusos indeseables siempre:

1. Disfrazan su llegada con actitudes sigilosas o descaradas.
2. Creen que deber recibir más de lo que se les ofrece.
3. Crean cierto tipo de trastorno.
4. Se aprovechan de cualquier situación.
5. Actúan con un nerviosismo que incomoda.

6. Insisten en que todos satisfagan sus deseos.
7. Constantemente se quejan de que nada está bien.
8. Roban, de una u otra forma.
9. Hacen que te des cuenta de que estarías mejor solo.

A partir de ese día, el administrador y su delegado siguieron con cuidado las instrucciones del aristócrata, y nunca volvió a entrar a los muros de la casa real del camino ningún intruso indeseado que nadie había invitado. Y todos vivieron felices por siempre.

Sin esforzarnos mucho, deberíamos poder ver los numerosos paralelos entre la historia de este aristócrata y la historia de nuestra propia vida. Nosotros también hemos estado ausentes de nosotros mismos, de nuestra casa real interna que el Rey de Reyes nos entregó. Cuando no tenemos una verdadera conciencia de nosotros mismos, nuestro hogar interno se convierte gradualmente en una especie de paradero al que pueden llegar todo tipo de pensamientos y sentimientos negativos y donde pueden quedarse todo el tiempo que quieran. Igual que los administradores en turno que no sabían hacer su trabajo, nosotros hemos estado recibiendo intrusos psíquicos indeseados junto con nuestros invitados verdaderos durante tanto tiempo que casi hemos olvidado la forma de distinguirlos.

Ahora llega la parte agradable de la historia, que podría ser tu propia historia. Nos describe lo que pasó cuando el aristócrata regresó a su casa. Esta es la verdad que estos principios reales quisieran transmitirte: *ningún dolor mental o emocional indeseado tiene autorización de vivir en tu interior.*

Si hay sufrimiento en tu corazón, la única razón es que has confundido a un intruso indeseado con un huésped que tú has invitado. Tu habilidad para discernir la diferencia que hay entre ellos, la cual puedes empezar a utilizar en este momento, es una clase especial de título real que te otorga el poder que necesitas para hacer que tu hogar interior esté a salvo de intrusos psíquicos que son ladrones y gente ruda. Regresa y vuelve a leer varias veces los principios reales del aristócrata. Permite que su influencia saludable despierte en ti a un nuevo administrador que se encargará de que tu hogar interior sea en realidad un lugar noble y que lo siga siendo siempre.

Experimenta el milagro de alcanzar la plenitud personal

No sé si has notado este cambio relativamente reciente, pero hace años, cuando ibas a un juego en un parque de diversiones, entrabas al carrito justo cuando salían los pasajeros que ya habían estado en el juego. En las atracciones más modernas que se diseñan en la actualidad, el final del paseo y los pasajeros emocionados están a cierta distancia del punto de inicio, de modo que los carros siempre llegan vacíos a la puerta de entrada. Este diseño no es accidental. Quienes crean las atracciones modernas saben algo sobre la psicología humana. Entienden que tú, el que compró el boleto, estás ahí para vivir emociones. Pero también saben que para ofrecerte este tipo de emociones, de alguna manera deben crear la ilusión de que *en realidad* vas a ir a alguna parte. Así que estos genios de la diversión hacen todo lo posible por ocultarte el hecho de que el paseo que vas a iniciar empieza y termina en el mismo lugar. Sin embargo, lo que puede hacerse tiene sus límites, y a pesar de la inteligencia con que estas atracciones se diseñen, un juego de feria sólo es un juego de feria. Simplemente te lleva a un viaje de fantasía y luego te regresa al mismo lugar donde empezaste.

Todos nosotros hemos tenido la experiencia de estar agotados después de un día en uno de estos parques, y el único "paseo" que esperamos con ansia es el que nos aleja del parque y nos lleva de regreso a casa. Estos sentimientos son naturales al final de un gran día. Ya no queremos más subidas y bajadas, ni más vueltas y vueltas. Estamos cansados y, como dice el dicho, se acabó la fiesta. Aceptamos con gusto el final de nuestro día sensacional, pues pronto estaremos en la tranquila seguridad de nuestra casa, donde podemos estar bastante seguros de que nada inesperado saltará sobre nosotros.

Utilicemos ahora nuestros nuevos conocimientos sobre el tema de los juegos del parque y de la gente que los disfruta, para tener una visión especial de nuestro invisible mundo interior de pensamientos y sentimientos que giran. En este mundo secreto también hay juegos violentos, recorridos que nos hacen sentir muchas emociones y escalofríos, pero que, como los del parque de diversiones, no nos llevan a ninguna parte. Sin saberlo, la mayoría de los hombres y mujeres se pasan toda la vida subiendo y bajando de estos juegos internos; momento a momento, viven en una especie de Rueda de la Fortuna emocional, se elevan más y más con cada nueva esperanza, sueño o respuesta, sólo para volver a bajar una y otra vez, cuando se dan cuenta de que una vez más están actuando con la solución equivocada. El negocio o el matrimonio fracasa. La salud se desvanece. Un amigo en quien confiabas cambia inesperadamente. Incluso el sentimiento de que la vida te ha abandonado es una especie de juego interior solitario en el que nos mecemos entre sentimientos de expectación y de traición. La verdadera tragedia de todo esto es que después de muchos años de vivir a partir de estas emociones inciertas que suben y bajan, al final llegamos a sentir y a creer que este tipo de agitadas sensaciones internas son la vida en sí. No lo son. De hecho, lo contrario es la verdad.

Permite que el siguiente diálogo derrame algo de luz en estas importantes ideas.

P: Si te entiendo bien, me estás diciendo que los sentimientos que tienen altibajos no son la vida verdadera. ¿Pero no es esa la razón por la que estamos vivos, para tener todas estas asombrosas sensaciones? ¿Qué otra cosa existe?

R: Tu pregunta nos lleva directamente al centro de uno de nuestros mayores malentendidos sobre nosotros mismos y nuestro verdadero potencial interno. El movimiento ascendente y descendente, descendente y ascendente de nuestra vida emocional no es la vida verdadera, como las olas tampoco son la totalidad del océano. Una de las formas en que el océano se expresa es el movimiento de su superficie, ¿pero qué es una ola si se le compara con las vastas e insondables profundidades del mar? ¿Lo ves? Existe una forma mucho más amplia de experimentar la vida si sólo estuviéramos dispuestos a realizar la exploración personal que se requiere.

P: A menudo yo también he pensado en estas cosas, así que percibo la verdad de lo que dices. Pero percibir es una cosa y comprender es otra. ¿Qué pasos prácticos puedo dar para llegar a esta comprensión de una vida más grande y más completa?

R: Puedes empezar permitiéndote estar tan insatisfecho como en realidad estás con lo que te proporciona el nivel actual de tu vida.

P: ¿Por qué querría alguien hacer eso?

R: Cuanto más claro sea para ti que en realidad no estás satisfecho con la clase de vida que te has estado dando, más pronto recibirás con gusto la posibilidad de una clase de vida completamente distinta que no genera el yo.

P: Por favor continúa. ¿En realidad existe ese tipo de vida?

R: Antes de estos estudios de nivel superior sobre nosotros mismos, siempre habíamos supuesto que la causa de nuestra insatisfacción estaba en la forma en que nos trataba la vida. Ahora estamos aprendiendo que nuestros sentimientos de infelicidad y de estar incompletos no brotan de la forma en que la vida nos ha tratado, sino más bien de aquello a lo que hemos estado llamando vida. El enojo, la desilusión y la frustración, o cualquiera de sus sensaciones opuestas, sólo son sensaciones. Esto es lo importante. Considerar que nuestras sensaciones y sus altibajos son la "vida verdadera" no hace que lo sean; así como considerar que una licuadora de la cocina es un aeroplano no hace que la licuadora pueda volar, ¡por el solo hecho de que produce un zumbido y vibra! Como los juegos de un parque de diversiones que se centran en un tema, estos pensamientos y sentimientos habituales sólo parecen llevarte a alguna parte. En realidad, son un boleto para un viaje sin un destino, excepto regresar a la necesidad de entrar al mismo juego. Conforme sientes mayor insatisfacción con el lugar al que este tipo de vida te ha llevado y con lo que te ha dado, naturalmente empiezas a perder interés en su existencia. Este es un acto muy saludable.

P: ¿Por qué? ¿Qué es lo que logra?

R: Como ya no te estás identificando automáticamente con este mundo limitado de sensaciones ascendentes y descendentes, empiezas a estar consciente de una clase totalmente nueva de mundo interior. Con debilidad pero en forma definida, puedes sentir el llamado de esta vida de nivel superior, calmada y siempre en expansión. ¡Adelante! Atrévete a dejar atrás el yo que tú mismo has generado.

P: ¿Qué va a pasar después? ¿Quién seré sin todos mis sentimientos usuales?

R: Serás esa persona poco común que experimenta un verdadero milagro. Al alejarte de la vida interior que tú mismo has generado, empezarás a descubrir que todas las sensaciones que creías que te estaban dando vida, en realidad te estaban apartando de la vida. Para tu asombro y gratitud, te darás cuenta de que la autoestimulación no es nada si se le compara con la plenitud personal, que es lo que estabas buscando en primer lugar. Ahora entiendes que la verdadera vida es verdadera satisfacción, ya que a medida que dejas atrás a la necesidad de autogenerarte, entras al mundo real, donde ya todo está completo, incluyéndote a ti.

El camino de salida es seguro

Imagina una pequeña caravana de una docena de carretas que avanza por el desierto en el amplio territorio inexplorado de América del Norte. En cada una de ellas viaja una familia originaria del este en busca de una nueva vida en uno de los grandes territorios del oeste recién abiertos. Avanzan lentamente, enfrentándose a las rocas, a la arena y al calor. Un horizonte se desvanece y aparece otro. Luego, un día al anochecer, cuando terminaron de prepararse para pasar la noche, el guía de la caravana le pide al encargado de explorar los territorios antes de que la caravana entre a ellos, que vaya a su campamento. En voz baja le dice que vio señales indiscutibles de la presencia de indios justo antes de cruzar el río, y como el paso de montaña por el que pronto deben atravesar es el lugar perfecto para una emboscada, le pide al explorador que se adelante, vaya al paso de montaña y regrese al amanecer con un informe completo. Le dice que la seguridad de todo el grupo está en sus manos.

El explorador escucha con atención sus instrucciones y en un instante entiende lo precario de la situación. Empaca algo de cecina, pan y una cantimplora llena, toma su rifle Winchester y monta su caballo. Sale a toda velocidad, antes de que el guía de la caravana pueda siquiera despedirse. Se hunde en las tinieblas en dirección al angosto paso de montaña. Un coyote aúlla bajo un cielo sin luna. "Va a ser una noche larga", piensa para sí el guía de la caravana, mientras empieza a tomarse un taza de café recién preparado.

Después de media hora, percibe un movimiento en las tinieblas hasta donde no llega la luz de su fogata. Levanta la vista alejándola de su taza de café caliente y se asombra al ver frente a él al explorador que lo está mirando. Debe haber sucedido algo terrible. El guía de la caravana rompe el silencio con una pregunta rápida en voz baja: "¿Por qué regresaste tan pronto? Pensé que te dirigías al paso de montaña para asegurarte de que podíamos cruzarlo con seguridad mañana".

Después de una pausa extrañamente incómoda, el explorador responde: "Me dirigía hacia allá cuando me di cuenta de que podía haber un problema".

"¿Y a qué problema te refieres?", preguntó el guía de la caravana.

Esforzándose para controlar el volumen de su voz, pero con la fuerza suficiente para hacer llegar su mensaje, el explorador exclamó: "¡Que tal si en realidad hay indios allá!".

Este breve relato humorístico contiene un mensaje importante. Para revelarlo, expresemos en otras palabras lo que el explorador realmente le estaba diciendo al guía de la caravana. Sería algo así: "¿Bromeas al asignarme esa tarea? Podría salir lastimado... ¡Quizá incluso me tope con una flecha! Creo que ya no me interesa ser explorador. Busca a otra persona para ese puesto!".

¿Quién no se identifica con ese repentino cambio de actitud? En épocas remotas, cuando hombres y mujeres valientes lucharon para llegar a territorios inexplorados e iniciar una nueva vida, había en su camino más peligros que certidumbres. La historia nos dice que fueron muchos los que murieron y resultaron heridos al tratar de pasar de su mundo antiguo y del estilo de vida al que estaban acostumbrados hacia un mundo nuevo y lleno de promesas.

Dedicamos tiempo a analizar este relato porque durante nuestro trayecto hacia un yo superior, habrá momentos en que se nos pide que nos aventuremos a entrar en tenebrosos territorios internos que son desconocidos y difíciles. Cada uno de los personajes de la caravana de carretas que conocimos en nuestra breve visita, tiene su lugar en nuestro interior. Por ejemplo, el guía de la caravana representa tu intuición superior; se da cuenta de que para continuar el viaje interior sin riesgos, debes enfrentarte a cierta resistencia o renuencia que has estado evitando. Tal vez ha llegado el momento de dejar de huir de cierta persona o de cierta situación incómoda. O tal vez has estado posponiendo una tarea o situación que debe llevarse a cabo o resolverse en forma definitiva..., sabes a qué me refiero. Lo importante aquí es que en tu peregrinar interno, el camino de salida es el camino *a través de* la situación; nunca es un camino por encima de ella ni rodeándola.

A medida que avanzamos en esta lección, verás por qué esto siempre es verdad.

El explorador representa la parte de ti mismo que es capaz de actuar basándose en impresiones de nivel superior que vienen del guía de la caravana de tu mundo interno, es decir, de tu intuición superior. Su tarea es tratar de reunir a todos los elementos que te conforman, la caravana de carretas, que está formada tanto de viajeros bien dispuestos como de mulas tercas, y guiarte hacia el lugar donde el guía de la caravana sabe que hay un mundo nuevo. Pero, como hemos visto en nuestro relato, incluso el explorador puede tener sus temores y sus dudas. Bien sabemos todos lo cierto que es esto. Nuestra vida interior constantemente es testigo del hecho de que saber lo que necesitamos hacer y el hacerlo realmente a menudo son dos cosas completamente distintas; en especial cuando se trata de dar uno o dos pasos fuera del camino al que estamos acostumbrados.

Analicemos algunos ejemplos en los que el guía de la caravana de tu mundo interior dice: "Adelántate y mira", y la respuesta es: "Es demasiado peligroso", o "No creo poder hacerlo".

Sabes, o al menos sospechas, que:

1. Debes dejar de adular a esa persona prepotente.
2. Debes negarte a caer en la autocompasión.
3. Debes atreverte a vivir sin la aprobación de otros.
4. Debes anteponer una honestidad personal implacable a una adulación personal agradable.
5. Debes tener la osadía de dar otro paso alejándote de ti mismo.

Ahora, por favor presta mucha atención: Adelante, da ese paso, sin importar lo que sea. Sólo dalo. Tú sabes qué paso es. La Verdad en sí te promete que no te pasará nada malo. Pasa a través de eso. Esa dificultad, ese bloqueo o esa relación cruel parece estar al exterior de ti mismo y por eso temes que si tratas de liberarte de su influencia, se presentarán en el exterior repercusiones o castigos de cierto tipo. Lo cierto es que cada uno de los aterradores pasos de montaña de la vida, llenos de toda su hostilidad desconocida, son un asunto interno; en verdad, el peregrinar interno no puede lastimarte. El camino de salida es seguro. Estás protegido en una forma que es impensable para ti. De hecho, no debes pensar en los "peligros" que representa el alejarte de ti mismo. ¡En lugar de eso, debes mirar al "tú" en peligro que tus pensamientos crean! Más que nada, este discernimiento superior acelera tu avance, porque ahora sabes que el verdadero peligro no está en lo inesperado, sino en el hecho de quedarte donde estás, en el nivel de vida que tienes en el presente.

Las certezas de quienes siguen el camino

Las antiguas escrituras védicas, que contienen los escritos inspirados del Bhagavad-Gita, el libro sagrado de Oriente, narran una conversación entre el Señor Krishna y Arjuna. Arjuna aspira a la vida superior, pero antes de poder alcanzar este Yo Verdadero, debe enfrentar un peligro inminente que encierra muchas pruebas difíciles. En una sección muy conmovedora de su diálogo, Krishna, que ha asumido forma humana temporalmente para ayudar a Arjuna, le dice que no sienta temor ante las dificultades que deberá enfrentar. Para ayudarle a tener el valor suficiente, le dice que "las hondas y las flechas" y ninguna otra arma terrena puede dañar al Yo Verdadero de Arjuna. Krishna le da mayor certeza al decirle: "Ningún corazón que tiene un deseo recto puede andar por el sendero de perder". Al final, Arjuna acepta sus instrucciones. Persiste y al final triunfa.

Nosotros también debemos persistir y alejarnos de quienes hemos sido hasta el momento. Nada real se interpone entre nosotros y la vida que hemos soñado, *siempre y cuando estemos dispuestos a permitir que nuestra Luz interior nos indique el camino.* Con esto en mente, recibe con gusto las siguientes palabras. Nos aseguran que en el momento que enfrentemos valerosamente la verdad de nuestra vida, el viento espiritual nos dará su impulso.

> *"Cuando el corazón llora por lo que ha perdido, el espíritu se ríe por lo que ha encontrado"*
>
> SUFISMO

"Aunque camine por el valle de las tinieblas de muerte, no temeré ningún mal, porque tú estás conmigo".

ANTIGUO TESTAMENTO

"En lo más alto, lo más profundo, lo más interno, habita Otra Vida".

BHAGAVAD-GITA

"La Verdad es el fin y el propósito de toda existencia, y los mundos se originan para que la Verdad pueda venir y habitar en ellos. Quienes no aspiran a la Verdad, han errado el propósito de la vida. Bienaventurado aquel que descansa en la Verdad".

BUDISMO

"Dios no nos ha dado el espíritu de temor, sino el del poder, el del amor y el de una mente sana".

NUEVO TESTAMENTO

Las diez características del verdadero guerrero espiritual

En una ocasión, cuando hablaba yo con un pequeño grupo de estudiantes sobre la naturaleza secreta de la verdadera confianza, uno de ellos me hizo la siguiente pregunta: "¿Cuál es tu mejor descripción de realmente llegar a ser una persona de éxito, y cómo se las arregla uno para lograrlo?".

Como estás a punto de leer, mi respuesta no dice nada sobre llegar a ser una persona que otros reconocen como poderosa, sobre tener posesiones valiosas o sobre conseguir la aprobación de quienes nos rodean. Sólo habla de otra posibilidad totalmente distinta, una posibilidad cuyo valor no puede enfatizarse demasiado.

"Tenemos éxito en esta vida cuando, sin importar si triunfamos o perdemos a los ojos del mundo, podemos alejarnos de cualquier momento demandante con una mayor cantidad de verdadera comprensión de nosotros mismos que la cantidad que teníamos al llegar a él".

Esta respuesta provocó muchas preguntas, la mayoría de las cuales se relacionaban con la manera de alcanzar este estado superior de identidad. Tomando en cuenta lo desafiante que en ocasiones puede ser la vida, casi todos los estudiantes se preguntaban si esa meta tan elevada era siquiera posible. Ese día analizamos, paso por paso, las razones por las cuales todos debemos llegar a ser verdaderos guerreros espirituales si tenemos la esperanza de alcanzar la vida verdadera. Estudia con cuidado la siguiente serie de lecciones que ejemplifican las verdades que consideramos ese día. En estas lecciones especiales, que llevan el título de "Diez características del verdadero guerrero espiritual" (se publicaron originalmente en mi álbum de audio *La liberación de la conciencia [The Liberation of Consciousness]* [Life of Learning Foundation, 2004]), está todo lo que necesitamos saber sobre una nueva clase de éxito que nunca declina y sólo se renueva de momento a momento.

1. El verdadero guerrero espiritual sabe que el único enemigo que tiene es aquello sobre lo cual todavía no ha proyectado luz, en relación consigo mismo; por lo tanto, nunca pospone una batalla que debe librarse.
2. El verdadero guerrero espiritual nunca olvida que no tiene otros enemigos, excepto el olvidar este hecho esencial.
3. El verdadero guerrero espiritual inicia la vida de nuevo, una y otra vez.
4. El verdadero guerrero espiritual trabaja cada día, cada momento, para perfeccionar sus destrezas en la batalla.
5. El verdadero guerrero espiritual guía mediante el ejemplo, nunca teme mostrarse como ejemplo, sin importar lo que cueste.
6. El verdadero guerrero espiritual tiene el objetivo de nunca abrumar a otro ser humano con sus propios dolores.

7. El verdadero guerrero espiritual nunca teme mirar lo que no quiere mirar.
8. El verdadero guerrero espiritual se compromete con sus mejores elecciones y entiende que vivir en conflicto tratando de discernir lo que es o no mejor, es evadir responsabilidades.
9. El verdadero guerrero espiritual nunca teme a los sentimientos de impotencia, pues reconoce que esos estados son los heraldos de nuevos poderes que se avecinan, así como las nubes de una tormenta, que llegan antes que las flores de la primavera.
10. El verdadero guerrero espiritual sabe que el camino de la liberación espiritual que ha elegido debe llevarlo a encontrarse, una y otra vez, con condiciones que siempre parecen ser más grandes que él.

CAPÍTULO 8

Atrévete a desprenderte de las cosas y vive como te plazca

Acerquémonos al talentoso científico, inventor y exitoso hombre de negocios, Charles Franklin Kettering, para recibir de él una guía muy especial. Su comprensión con visión futurista le ayudó a conseguir gran cantidad de patentes y logros notables en sus primeros años en la industria automotriz. Como estás a punto de ver, todos podemos beneficiarnos del discernimiento único del Sr. Kettering en lo que concierne al secreto de la solución de problemas. Él creía que un problema se prestaba a ser resuelto *siempre y cuando la persona que estaba buscando la solución recordara quién era el jefe;* al decir esto, el Sr. Kettering se refería al problema, no a la persona que estaba buscando la solución. Solía decirles a sus compañeros de trabajo que la única diferencia entre un problema y una solución es que la gente entiende la solución. Las soluciones sólo contienen un cambio en la percepción, ya que la solución debe haber existido todo el tiempo; justo ahí, *en el interior del problema*. Solía decir que la tarea no es dominar al problema, sino hacer que dé origen a su propia solución.

Este tipo superior de comprensión puede aplicarse a cada situación difícil que se nos pide enfrentar. En su raíz se encuentra la poderosa idea de que *la iluminación es superior a la dominación.* Para clarificar esta importante idea, pregúntate qué preferirías hacer: dominar temporalmente un doloroso problema personal y vivir sabiendo que un día tendrás que volver a luchar con él, o desprenderte por completo de esa condición desafortunada rastreando su verdadera causa. No es difícil elegir, ¿verdad? Y por eso, cada vez que enfrentamos un problema personal debemos elegir a favor del Yo Verdadero y suspender voluntariamente nuestras reacciones en busca de soluciones. Repito, la clave es permitir que el problema te revele su verdadera naturaleza. Sólo una mirada al problema real podrá revelar la solución *real.* Para hacer que este principio dinámico sea un poco más claro, miremos una sencilla ilustración.

Imagina a un hombre que está en su casa y que de pronto empieza a sentirse incómodo a causa del frío. Se pone un abrigo grueso, pero eso no le ayuda a entrar en calor. Sus pies se están congelando. Entonces enciende el sistema de calefacción, pero sigue sin poder librarse de su persistente frío. Está desconcertado. Empieza a preocuparse pensando que tal vez se le ha presentado un grave problema de salud, así que toma algunos medicamentos y considera la posibilidad de llamar a un médico. Y luego, de forma bastante accidental, nota que una de las cortinas que cubren las puertas de cristal del porche trasero parece moverse suavemente. Se acerca a las puertas y abre la cortina. Al instante, sus temores sobre enfermarse se desvanecen. Ahora todo es muy obvio. Descubrió la fuente del terrible frío: el viento había abierto las puertas de cristal permitiendo que el helado aire del invierno entrara a su casa. Todo lo que tiene que hacer para calentarse es quedarse como está y cerrar la puerta.

Una de las principales lecciones que brotan de este sencillo relato para nuestro estudio personal, es que nuestros problemas reales, independientemente del aspecto que tengan al principio, rara vez son lo que pensamos que son. Los siguientes cuatro párrafos están especialmente diseñados para ayudarnos a ver cómo la solución nueva y verdadera para la independencia personal brota del hecho de revelar el verdadero problema interno.

Pensamos que el problema es que es difícil ser la persona que somos y vivir con tanta libertad como queramos, cuando hay ciertas personas o ciertas circunstancias difíciles que siempre nos exigen un compromiso.

Nuestra *solución usual* inmediata es reivindicarnos tanto como sea razonable después de sopesar cada situación, pero nunca vamos más allá de nuestra capacidad para proteger lo que ya consideramos nuestro. Cuando es necesario, negamos o evitamos por completo cualquier situación que no tenemos la esperanza de cambiar.

Los *tristes resultados* son una vida de conflicto constante, ya que dedicamos la mayor parte de nuestro tiempo a comparar lo que podemos ganar con lo que podríamos perder si nos atreviéramos a expresar nuestra manera de pensar.

Sin embargo, el problema real es que algo en el interior de nuestro sistema psíquico está difundiendo, en forma silenciosa pero segura, el mensaje oral y emocional de que simplemente deberíamos rendirnos ante fuerzas superiores, de que más nos valdría darnos por vencidos, porque son muy pocas las posibilidades que tenemos de ganarnos una vida que sea felizmente nuestra.

Ahora detente por un momento y reflexiona sobre la frecuencia y la persistencia con que has escuchado y tenido este triste sentimiento en tu interior. Para comprender mejor el propósito de estas voces interiores llenas de pesimismo y de una derrota ineludible, necesitamos estudiar las fascinantes técnicas de guerra del general mongol, Genghis Khan.

Tu victoria definitiva sobre las voces internas dañinas

El hecho de que Genghis Khan haya derrotado a muchos de sus enemigos desde el *interior* de sus tropas utilizando la guerra psicológica, es muy poco conocido. Algunas de sus victorias incluso se lograron sin pelear. Así es como lo hizo: Khan mandaba agentes con entrenamiento especial mucho antes de la llegada de sus ejércitos. Estos espías, que se vestían y actuaban como campesinos comunes, se infiltraban en silencio en el campamento enemigo, profesando lealtad al líder de la tribu. Una vez que eran aceptados por los enemigos de Khan, empezaban a difundir relatos aterradores sobre el gigantesco tamaño, la fuerza y la invencibilidad de los ejércitos de Khan. Como estas historias parecían brotar de los miembros del ejército, que aparentemente no tenían razonas para mentir, se aceptaban como verdaderas. Por lo tanto, la única opción que tenían los rivales de Khan era rendirse ante la imposibilidad de triunfar contra él.

Estos datos históricos ilustran con exactitud lo que ha ocurrido en nuestro interior. Trata de verlo: también se nos ha "invadido" sin saberlo. Y como los rivales de Khan que no sospechaban nada, cometemos el error de aceptar al enemigo como a uno de los nuestros. En este caso, lo que nos engaña es nuestra propia naturaleza falsa, que siempre nos está diciendo que no nos arriesguemos y que comprometamos lo que sea necesario para garantizar nuestra seguridad psicológica. Creemos erróneamente que esta advertencia, que brota de nuestro interior, está ahí para protegernos de los constantes ataques de un mundo insensible. La verdad es que estas alarmantes advertencias internas, que siempre conllevan cierto tipo de malas noticias, son el único ataque que existe. Hasta este momento, nuestro problema ha sido que no hemos sido capaces de ver todo el panorama. En nuestra mente, como en la mente de los enemigos de Khan, lo único sensato que podemos hacer cuando nos enfrentamos a retos abrumadores, es negociar los términos que más nos favorezcan y aprender a vivir con lo demás. Estamos aprendiendo que lo que parecen ser legiones de dificultades imposibles, en realidad sólo son un ejército de sombríos hechos imaginarios, y que esos pensamientos y sentimientos de preocupación que nos acosan son las únicas fuerzas que nos impiden vivir y disfrutar la vida a nuestro modo.

"Puedo entender lo que has estado diciendo, y creo que hasta reconozco a algunos de mis propios invasores internos, como el hecho de preocuparme por lo que alguien pensará de mí si hago lo correcto, o los pensamientos tímidos que me dicen que estaré mejor si tomo el camino fácil en lugar de plantearme retos. Pero algo se me debe estar escapando. ¿Cómo pasas de sólo reconocer a estos indeseados intrusos internos a eliminarlos realmente de tu mente y de tu corazón?".

"Tu renuencia a investigar y revelar las actividades internas del yo falso te llevará a una conclusión asombrosa e ineludible: Al ver con mayor claridad que tu único problema real es el hecho de tener mala compañía en tu interior, pronto sentirás la necesidad de renunciar a ella y empezar a vivir solo en tu interior".

"¿Se puede hacer eso en realidad?

"Sí. En el mundo de las personas y los lugares, debemos llegar a conocer muchas clases de relaciones interpersonales y participar en ellas. Esto es correcto y benéfico, y es una necesidad natural en la que se encuentran muchas comodidades naturales. Pero a diferencia de la vida en el mundo exterior, donde no puede evitarse el estar con otros, en el mundo interior ocurre lo opuesto. En nuestro interior no hay nada que pueda impedirnos estar solos, y esa es la victoria definitiva sobre las voces dañinas y las sensaciones aterradoras: deben contar con que las escuchamos, pues de lo contrario no tendrían con quién hablar".

Empieza hoy mismo la práctica de vivir solo en tu interior, empieza en este momento. Si persistes en este tipo de vigilancia, un día la palabra "solo" dejará de asustarte, y esta es la razón: ya no habrá al interior de tu sistema psíquico pensamientos sombríos que te digan lo solitario que te sientes. En ese día afortunado, sabrás lo que es en realidad la libertad: vivirás como te plazca todos los días. Y de la abundancia de tu nueva independencia brotará una confianza y una alegría perdurables, porque ahora sabes que sólo tienes que responder ante ti mismo.

Supera este obstáculo y asciende hasta la verdadera independencia

La verdadera independencia personal es el fruto de una vida interior que ha despertado. Y así como el fruto de un árbol debe desarrollarse hasta su madurez siguiendo cierto proceso, también existe un proceso natural de realización personal que te lleva a alcanzar tu propia vida y a vivir como te plazca.

Cada paso del trayecto hacia esta vida independiente de nivel superior es al mismo tiempo un desafío y una recompensa. El desafío siempre se relaciona con lo tenebroso e incierto que el siguiente paso parece ser, y la recompensa, *después* de que hayas dado el paso, es el dulce y reconfortante descubrimiento ¡de que tú en realidad no puedes caer! Así paso a paso, la persona avanza hacia la plenitud de su propia naturaleza independiente.

Sin embargo, como en cualquier ascenso hacia un panorama más elevado, siempre hay detalles que es más difícil negociar. Cuanto mejor podamos iluminar estos obstáculos psicológicos que nublan nuestra visión, más fácil será nuestro trayecto ascendente. Recuerda que la verdad nunca te llevará a un callejón sin salida. Si en algún momento parece hacerlo, es sólo porque innecesariamente estás tratando de llevar contigo algo que no puede ser parte de la vida de nivel superior que te está esperando más adelante. Así que despréndete de eso. Te elevarás al siguiente paso sin esfuerzo.

Uno de los mayores obstáculos en el ascenso hacia la independencia personal, ante el que muchos estudiantes titubean y al hacerlo no dan el siguiente paso importante ascendente, es su renuencia a ver que la condición humana real es mucho peor de lo que alguna vez imaginaron. Tú debes ser diferente. Como estás a punto de ver, sólo tu firme discernimiento sobre el bajo nivel de vida que tiene la sociedad y sus líderes en el campo de la economía y la religión, puede activar las nuevas energías que necesitarás para transformarte en una persona verdaderamente independiente. De modo que nunca debes titubear cuando se trata de percibir las intenciones de la gente, ni debes sentirte culpable por lo que tu percepción, que es cada vez más consciente, te revela sobre ellos. Este sentimiento de culpa, que te hace sentir que has hecho algo malo al ver la maldad que hay en otros, es un engaño de tu yo falso. Este yo falso necesita que sigas creyendo en los demás para que después te puedas sentir tenso y traicionado cuando ellos no actúan de acuerdo a tus expectativas. En su asombrosamente poderoso libro, *50 formas de percibir las intenciones de la gente [50 Ways to See Through People]* (New Life, 1981), Vernon Howard explica exactamente por qué nunca debemos sentirnos mal al ver la maldad:

> *Algunas de las personas que estudian la naturaleza humana se resisten a poner al descubierto la falsedad y la debilidad de otros. Creen que no deberían ver tanta maldad. Todo lo contrario. Deberías saber todo lo relacionado con el comportamiento humano que es dañino para otros; tienes que saberlo, pues sólo poniendo al descubierto el mal se le abren las puertas al bien. El verdadero peligro es no ver las cosas como son, pues el engaño es peligroso para quienes son engañados. Creer que un tiburón es un delfín es al mismo tiempo absurdo e innecesario. Cuando un hombre sensato ve un tiburón, sabe que es un tiburón. ¿Desde cuando es malo ver correctamente?*

Por lo tanto, es sensato y provechoso reunir hechos sobre la debilidad de la naturaleza humana. De hecho, si nuestra búsqueda de la verdadera independencia va a tener un final feliz, debemos aprender no sólo a recibir con gusto estos discernimientos que temporalmente nos horrorizan, sino que también debemos esforzarnos y estar dispuestos a ver más. La verdad sabrá responderte. A continuación, se presentan tres hechos positivos que nos ayudarán a desprendernos de las cosas y a incrementar nuestra independencia espiritual.

HECHO NÚMERO 1: Sólo puedes depender de otros mientras sea conveniente para ellos tolerar tu dependencia.

HECHO NÚMERO 2: Independientemente de las apariencias superficiales de los acontecimientos humanos, lo que gobierna a los individuos es su propio interés.

HECHO NÚMERO 3: Las demostraciones típicas de bondad o benevolencia humana no brotan de la naturaleza compasiva de la persona, sino de su deseo inconsciente de enriquecerse con los embriagadores sentimientos de ser una persona buena. Si olvidas darle las gracias o reconocer su generosidad, puedes observar cómo de inmediato su bondad se convierte en resentimiento reprimido o en franca indignación.

Estos hechos no son negativos en sí. Lo que es negativo es ocultarnos el hecho de que no sólo nos han traicionado otros, sino que nosotros también hemos representado el mismo lamentable papel en algún momento de nuestra vida. La evidencia es abrumadora.

Depender de otros para experimentar un bienestar psicológico independiente equivale a estar a punto de sufrir un accidente. En cualquier relación interpersonal en la que uno depende de su pareja esperando que actúe como un paracaídas, y en la que la pareja acepta desempeñar ese papel, ambos se desplomarán. No tienes que vivir con este tipo de temores un momento más. Permítete ver toda la verdad sobre la naturaleza humana y los asuntos relacionados con ella, y por su parte, la verdad te mostrará algo sobre ti mismo que te elevará muy por encima de tus dolorosas preocupaciones actuales. Por tanto, no sientas miedo de llegar a la comprensión, que temporalmente te perturbará pero que de hecho es maravillosa, de que no hay nadie con quien puedas contar, porque no lo hay; al menos no donde lo has estado buscando. Esta comprensión gradual de tu verdadera posición actual en la vida es de hecho un paso ascendente, aunque parezca ser un paso descendente. Y la única razón por la que parece serlo es que, sin saberlo, has estado viviendo con la limitante creencia de que un día alguien te dará lo que tú no has sido capaz de darte a ti mismo: la verdadera independencia. Bueno, se acabó el tiempo de espera y se acabó el miedo.

Quiero mostrarte un aspecto secreto y milagroso de ti mismo que sólo se te revela cuando estás dispuesto a vivir a la luz de la verdad sobre ti mismo y sobre los demás. Estás a punto de descubrir todo un nuevo nivel de independencia imperturbable que muy pocos hombres y mujeres llegan a entender. Esta inflexible fuerza interior está esperando con paciencia que tú cumplas con las leyes que gobiernan su entrada a tu vida.

El siguiente relato sobre un polluelo de águila ayudará a ilustrar cómo estas hermosas leyes trabajan en la naturaleza. El final sorprendente contiene un gran misterio. Permite que te revele algo maravilloso e impensable sobre ti mismo. Luego, reúne todos los hechos que se han presentado en esta sección del capítulo, y ten el propósito de no conformarte con nada, excepto con tu propio final feliz.

Empieza a elevarte sobre ti mismo

El polluelo de águila ya había estado antes al borde de su nido construido con varitas de árbol. No estaba seguro de por qué le gustaba que el viento soplara en su cara, pero al estar ahí y mirar hacia abajo a los rocosos acantilados, los bosques y los ríos siempre producía en todo su cuerpo una sensación indescriptible. Simplemente le gustaba estar ahí, como un rey del mundo que estaba a sus pies. Y la vida era buena. Sus padres le traían alimento todos los días, y las lluvias mantenían limpio el nido. Siempre se había sentido más afortunado que otros al poder tener un nivel de vida de tal altura.

Pero hoy las cosas eran diferentes. Algo definitivamente estaba mal. Podía sentirlo y le preocupaba. No sólo era que estuviera solo.

De hecho, ya había estado solo durante varios días. Tenía hambre, por supuesto, y tal vez se sentía un poco nostálgico, pero lo que dominaba su mente en ese momento era el hecho de que algo que nunca había visto antes se estaba acercando por las distantes cumbres escabrosas y venía directamente hacia su nido. Por instinto sabía que independientemente de lo que fuera esta criatura de cuatro patas, no le estaba mostrando sus colmillos en señal de saludo. Decidió alejar al intruso e hizo acopio de fuerzas para lanzar su más eficaz graznido de advertencia. Fue inútil. Su advertencia sólo pareció excitar a su agresor. Ahora sólo estaba a unos cuantos metros de distancia.

El polluelo de águila saltó al otro lado de su nido de varas con la idea de interponer cierta distancia entre él y su agresor. Es posible que eso hubiera resultado, excepto que, justo ahí, esperándolo en la roca del lado opuesto, a menos de un metro de su posición actual, había otra criatura de grandes colmillos igual a la criatura de la que por el momento había escapado . ¡Y también quería atraparlo! Ahora ya no le quedaban muchas opciones. El polluelo de águila salió al borde central del nido. Su mente se veía acosada por preguntas. ¿Dónde estaban Papá y Mamá? ¿Era normal que ocurriera esto? ¿Quién o qué podría ayudarle ahora? Las cosas se veían bastante funestas. Se dio la vuelta y se enfrentó al gran espacio abierto que se extendía a sus pies. No tenía otra opción. Era mejor saltar y arriesgarse a caer que enfrentarse a estas criaturas que ahora sólo estaban a centímetros de distancia. "Qué forma de morir", pensó para sí. Y al hacerlo, con el corazón dando fuertes latidos, cerró los ojos y saltó al inmenso vacío. No podía hacer otra cosa.

Nunca podía haber soñado lo que ocurriría después. Conforme el suelo rocoso de abajo empezaba a acercarse amenazante, algo en lo más profundo de su ser le dio una orden, y el polluelo de águila extendió los brazos para suavizar la caída. Pero en lugar de encontrarse con las despiadadas rocas, sus brazos atraparon el viento. Ascendió alejándose de lo que había pensado era su destino fatal. En ese momento había descubierto sus alas. Nunca volvería a estar solo o asustado. Ahora el firmamento era su verdadero hogar.

El concepto más importante de este relato sobre la verdad que debes meditar es que tú también tienes alas, una parte de ti especial y secreta que todavía no sabes que te pertenece. Al vivir de acuerdo con las instrucciones derrotistas del yo falso, asumimos erróneamente que la única forma de alcanzar una independencia real, una seguridad real, es recurrir a alguien más para que nos lleve a ella. Nadie tiene el poder de hacer por ti lo que tú tienes que hacer por ti mismo. Nunca lo ha tenido. Siempre que alguien trata de volar para dos personas, ocurre un accidente. Deja de buscar lo que *esperas* ver en otros, y empieza a ver lo que *necesitas* ver para ayudarte a alcanzar la libertad. Cuanta mayor claridad tenga tu visión, más pronto te verás obligado a salir del nido y a lanzarte al aire, donde perteneces. Tu verdadera naturaleza ya es totalmente independiente y está volando con libertad. Permítele hacerlo.

Consejos de alto nivel para hacerte cargo de ti mismo

1. Antes de recurrir a otra persona para pedirle ayuda, mira honestamente si en realidad alguna vez se ha ayudado a sí misma. Busca sus alas, no sus palabras.
2. Cuando entiendes que en realidad nadie sabe quién es, dejarás de recurrir a ellos para que te digan quién eres tú.
3. La aprobación o el rechazo de cualquier individuo o grupo no marca una verdadera diferencia en la calidad de tu vida.
4. La gente siempre quiere que seas lo que ellos quieren que seas para agradarles. Sé tú mismo y agrádate a ti mismo.
5. ¿Por qué quieres la aprobación de personas que ni siquiera se aprueban a sí mismas?
6. Una de las formas de evitar al menos algunas conversaciones desagradables ¡es dejar de hablar contigo mismo!

7. Si no saltas, nunca sabrás lo que se siente al volar.
8. Si en el contacto diario con otros no estás consciente de las debilidades de la otra persona, es probable que ella esté consciente de las tuyas.
9. Es posible que noventa y nueve personas te den su aprobación, pero si la número cien te pone mala cara, te arruina el día.
10. Si te diriges a la cumbre de la montaña, ¿por qué te interesa lo que hace la gente que está en el valle?

Despréndete de las exigencias secretas que te consumen la vida

Si se te acerca un hombre con un arma, te apunta a la cabeza y te exige que le entregues tu dinero, tú le das tu cartera. No le preguntas por qué ni discutes con él. Te resignas a cooperar con la cruel exigencia del ladrón porque no existe otra opción razonable. Para expresarlo con sencillez, tu miedo de sufrir severos daños corporales es mayor que tu amor por el dinero, de modo que te ves obligado a obedecer sus demandas.

Estoy señalando esto sobre las exigencias porque siempre que encuentras a alguien que está exigiendo algo, también debes encontrar a otra persona que está bajo coacción o está siendo obligada a cooperar. Es importante comprender esto si queremos aprender a responder a las exigencias de este mundo. Nadie le exige a otro algo que se le entregaría libremente en otras circunstancias. Esto debería ser obvio para nosotros. Por ejemplo, nunca deberías exigir que alguien te amara. El amor se da libremente o no es amor. Lo que estoy señalando aquí es que siempre que tienes relaciones interpersonales en las que se te exigen cosas, sin importar de qué clase sean, estás en medio de una situación en la que "juegas o sufres las consecuencias".

En nuestra escena imaginaria donde aparece el asaltante armado, las consecuencias de no obedecer sus exigencias son obvias. Pero ahora consideremos las incontables exigencias que enfrentamos cada día, exigencias que nos roban no sólo nuestro dinero sino nuestra capacidad de reír y ser felices, exigencias insidiosas que nos roban nuestra paz mental. Pongamos al descubierto algunas de estas exigencias que nos consumen la vida.

Exigencias que el mundo nos impone:

1. Apoyar totalmente a los grupos que ejercen presión política.
2. Ajústate a las reglas sociales.
3. Perdona el comportamiento grosero.
4. Mantente al tanto de los acontecimientos del mundo permitiendo que alteren tus nervios.
5. Da a todos tu aprobación sonriente.
6. Ten una lealtad incondicional hacia los miembros de tu familia.
7. Considera que la vida es una carrera que hay que ganar.
8. Compromete lo que sea necesario para alcanzar el éxito.
9. Involúcrate en la vida de otras personas.
10. Respeta a los "vagabundos", es decir a personas que no tienen respeto alguno por nada en la vida, incluyéndose a sí mismos.

Es increíble, pero esta breve lista de las exigencias que el mundo nos impone sólo revela una fracción insignificante de las insoportables agresiones que nos vemos obligados a enfrentar cada día. ¡Pero la verdad es que estas ofensas comunes del mundo no son nada si se les compara con las exigencias que nosotros nos imponemos y con las cuales nos castigamos! Sólo lee la siguiente lista.

Exigencias que nos imponemos a nosotros mismos:

1. Tener un control absoluto de todo lo que nos rodea.
2. Ser una inspiración para todas las personas con quienes nos topemos.

3. Ser inflexibles en nuestra honestidad en lo que se refiere a otros.
4. Ser incansables en nuestros esfuerzos por alcanzar el éxito.
5. Ser infalibles a los ojos de otros.
6. Ser una fuente de fuerza para los menos afortunados.
7. Ser ricos, famosos y eternamente esbeltos.
8. Ser indudablemente sabios en todos los temas.
9. Ser personas importantes.
10. ¡Ser todas las cosas para toda la gente!

Es muy interesante, pero estas exigencias que nosotros mismos generamos son las que, a final de cuentas, provocan la extenuante lista de exigencias del mundo. Este es un ejemplo más de la forma en que lo interno determina lo externo. Como un ejercicio interesante, mira cómo el número 9 de la primera lista puede tener su origen en el número 10 de la segunda lista, o cómo el número 2 de la primera lista nace del número 7 de la segunda lista. Estas conexiones son obvias; algunas otras son más sutiles. Tal vez quieras trazar algunos paralelos entre las dos listas, o si deseas hacer un ejercicio aún mejor en el estudio de tu conocimiento propio, elabora tus propias listas. A medida que la conexión oculta entre estos dos mundos aparentemente distintos se vuelve más clara en tu mente, también será más clara tu comprensión sobre la única forma de responder a estas exigencias.

Libertad para responderle al mundo como deseas hacerlo

"Si te he entendido hasta este momento, dices que me he estado apuntando con un arma. ¿Pero por qué querría alguien hacerse algo así?".

"Nadie quiere ser víctima de un asalto. Los crímenes internos y externos ocurren en las tinieblas de la ignorancia mucho antes de expresarse a la luz del día. Inconscientemente nos imponemos estas exigencias que nos castigan porque cada uno de nosotros desea ser más grande de lo que es".

"¿Pero qué tiene de malo querer ser una persona mejor?".

"Absolutamente nada. Pero tratar de vivir como lo exige la imagen que tienes de ti mismo como una persona mejor, no te hace mejor, sólo hace que sientas resentimiento contra cada persona o acontecimiento que amenaza esa imagen".

"¿A qué te refieres?".

"Un ejemplo de este resentimiento autoimpuesto se presenta siempre que te sientes resentido hacia alguien que no aprecia adecuadamente tu bondad cuando le ayudas. Lo que muestra este resentimiento, en primer lugar, es que realmente no quieres prestar ayuda. La imagen que tienes de ti mismo como una persona bondadosa o capaz de ayudar, te obligó a hacerlo".

"Creo que podrías estar en lo correcto. ¿Pero de dónde vienen estas dolorosas imágenes que pintamos de nosotros mismos? ¿Cómo las borramos dejando el lienzo en blanco para ya no tener que sufrir a manos de estas imágenes de nosotros mismos que nos causan tanto daño?".

"Reduces la fuerza de estas imágenes de ti mismo que son destructivas y demandantes aprendiendo a percibir sus intenciones, lo que incluye una comprensión total de la forma en que estas imágenes se forman en la psique".

"¿En realidad podemos ver todo esto en nosotros mismos?".

"Por supuesto. Una de las principales razones por las que pintamos imágenes bonitas de nosotros mismos es que inconscientemente tememos que en algún lugar en nuestro interior haya cierto tipo de tinieblas. Todos conocemos este sentimiento aterrador; nace del hecho de estar conscientes del odio que por mucho tiempo hemos sentido por alguien, o de un egoísmo o enojo del que parece que no podemos desprendernos. Como sentimos temor ante estas tinieblas que hay en nosotros, sentimos el impulso de imaginar lo opuesto; una especie de campeón o héroe diseñado por nosotros mismos que milagrosamente está libre de los defectos para cuya solución se le creó. ¡El único problema relacionado con este súper-yo creado por nosotros mismos es que su única fuerza parece ser su extraña capacidad para hacernos sentir mal por ser tan débiles!".

"Sé exactamente a qué te refieres. ¿Pero qué hacemos? No puede estar bien que simplemente dejemos que esta oscuridad interior siga ahí sin que nada la desafíe".

"*Permite que la luz luche a tu favor.* Sólo ella puede triunfar en esta batalla. Permite que te muestre (a pesar de que no lo parezca) que esta oscuridad interior que no se ve pero que se puede percibir emocionalmente, sólo es una imagen de uno mismo, como lo es su absurdo opuesto, el súper-yo, que es tan halagüeño. De hecho, estas imágenes de uno mismo constantemente se generan una a la otra, y esa es la razón de que parezca que ellas o sus exigencias son interminables. Pero no lo son. Una vez que veas que la persona que eres en realidad no es una imagen que pudieras tener de ti mismo, sea buena o mala, también te liberarás de la necesidad inconsciente y compulsiva de responder a las exigencias de esa imagen. Ahora eres libre para responder como quieras a este mundo y a cualquiera que haya en él".

"Créeme, me gustaría ser así de fuerte, ¿pero no tenemos que ceder ante ciertas exigencias? No quiero perder nada por ser demasiado rígido".

"Lo único que te arriesgas a perder si aceptas esta nueva comprensión de ti mismo, es la sensación de que alguien te está apuntando con un arma. Recuerda la lección. Siempre resientes aquello que inconscientemente te ves obligado a hacer. Eso incluye la acción dolorosa de aparentar interés por personas cuya única idea de mostrar interés por ti es exigirte que seas la clase de persona por la que ellos pueden interesarse".

"Me gustaría empezar a liberarme en este momento. ¿Dónde empiezo?".

"Empieza con el hecho superior de que no estás aquí en la tierra para responder a las expectativas de nadie, incluyendo tus propias expectativas. Hay algo mucho más elevado por lo que estás en esta vida que dedicar tus días a hacer cosas que sólo te tensan y te consumen. Tu Yo Verdadero sabe que sólo existe una orden suprema: *nunca necesitas responder a ninguna exigencia que te cause dolor o que requiera que sacrifiques tu integridad*".

Camina ligero por la vida

Cuando descubres una idea que te sana o una verdad que te rescata, casi siempre es una sorpresa que algo que era tan obvio se te pudiera haber escapado durante tanto tiempo. ¿Conoces esa sensación? Más que nada, una visión fugaz de una verdad eterna es muy similar a dar la vuelta en una esquina y ver de pronto algo que sabes que conocías desde hace muchísimo tiempo; como descubrir una vez más un lugar especial que antes amabas.

No puedes explicarlo, pero estos momentos inesperados parecen un recuerdo en el que confías y al mismo tiempo parecen una puerta hacia una comprensión nueva y emocionante. Nuestra vida está diseñada para estar llena de momentos mágicos como estos. Conformarse con menos es un transigir invisible que hace sufrir al espíritu. Por eso, los verdaderos éxitos en la vida son más un despertar que el hecho de llegar a un destino emocionante pero temporal. Permite que el siguiente relato te haga recordar algo que tu verdadera naturaleza nunca ha olvidado.

Parecía que había estado caminando durante mucho tiempo. Pero más que sus agotadas piernas, estaba consciente de sus manos. Estaban empezando a sentirse como si fueran parte de las maletas que llevaba.

"Esto no mejora las cosas", pensó para sí mientras trataba de cambiar el peso del equipaje de una parte adolorida de sus manos a otra. Deseaba poder soltar todas las maletas, pero iba de prisa.

Era difícil creer que sólo habían pasado unas cuantas horas desde que se había topado con el amable caballero que vendía maletas junto al camino. El vendedor de maletas le había prometido que al comprar una de sus maletas se le haría más fácil cargar todas las demás maletas que llevaba. Pero a medida que avanzaba, podía pensar en muchas otras palabras para describir lo que el añadir esa nueva maleta había hecho por él, y "más fácil" no era una de ellas. Y esta no era la primera maleta que le habían vendido a lo largo del camino. De ninguna manera.

Al mirar sus agotados brazos y manos, sintió que cada maleta que llevaba se le había garantizado para una u otra cosa. Tenía una maleta de planes para el futuro, una que contenía las claves del éxito y una maleta con diversos estuches para reparar el pasado. Y además estaba la maleta más pesada; la que supuestamente haría que todas las demás maletas estuvieran seguras. La verdad es que era dueño de una maleta para prácticamente cualquier cosa imaginable.

Estaba tan concentrado en determinar una y otra vez el valor de todas sus maletas que ni siquiera notó al extraño que estaba sentado junto al camino. De hecho, la voz del extraño fue lo que lo obligó a apartar la vista de sus maletas. El extraño sonrió.

"Llevas una carga muy pesada. ¿No quieres sentarte por un momento y descansar?".

Por alguna razón, esta idea lo sorprendió, pero le pareció una buena idea. "Gracias", dijo, "Creo que lo haré". Y bajó sus maletas, una por una, y las acomodó de acuerdo a su tamaño. Pasaron unos momentos antes de que alguno de ellos hablara, pero no fue un silencio incómodo. La hierba era suave y tenía la humedad suficiente para sentirse bien. Lo único extraño fue que notó que el extraño no llevaba consigo ninguna maleta... Por lo que recordaba esa era la primera vez que había visto a alguien así. Todos los hombres y mujeres que se había encontrado en el camino llevaban cierto tipo de maletas. ¿Cómo podría sobrevivir este extraño? ¿Qué clase de persona era? ¿Cómo se enfrentaba a los retos del camino? Su mente empezó a acelerarse con una pregunta silenciosa tras otra, pero sabía que sería de muy mala educación decir algo al respecto. No pudo creer lo que escucharon sus oídos cuando estas palabras brotaron de su boca:

"Veo que no tienes maletas".

El extraño le sonrío. "Es cierto".

Nuestro hombre estaba esperando una explicación más completa, pero ésta nunca llegó. Finalmente, el silencio se volvió demasiado incómodo. "¿Por qué no llevas maletas?", preguntó.

El extraño ya había escuchado a otros viajeros que había conocido en el camino hacerle esa pregunta. Hacía tiempo que la experiencia le había enseñado que la mayoría de las preguntas que otros le hacían sobre el hecho de que viajara tan ligero, no se las hacían para escuchar su respuesta. No. La mayoría de las personas aparentaban interés. Lo que en realidad estaban buscando era una oportunidad de darle su propio punto de vista sobre el tema. Pero se dio cuenta de que este hombre cansado que estaba frente a él era diferente del resto. Así que le respondió con la verdad.

"Un día, hace años, estaba yo descansando en un lugar sombreado como éste cuando una voz familiar me habló. Yo sabía que ya había oído esta voz al menos mil veces, y sin embargo, hasta ese momento, nunca la había escuchado en realidad".

El extraño pareció dirigir la mirada hacia el pasado, pero siguió hablando. "Era extraño, ya que la voz sólo decía una y otra vez: 'Estoy muy cansado, ¿hasta dónde tenemos que llegar?'. Eso era todo: 'Estoy cansado' y 'hasta dónde'".

"¿Con quién estabas hablando?", preguntó el hombre.

"Con nadie", respondió el extraño y dirigió a él la mirada con una sonrisa tímida: "Estaba solo. Y no sé por qué me percaté de algo en ese momento, pero lo hice. Me di cuenta de que a lo largo de los muchos años que podía recordar, había yo estado hablando conmigo mismo y diciéndome lo cansado que estaba".

Para el hombre, la respuesta del extraño llegó a él como un impacto inesperado. Quería sentir compasión por este hombre que estaba con las manos vacías, pero en lugar de hacerlo, se sintió atraído hacia él y hacia sus palabras. Su silencio fue una invitación para que el extraño siguiera hablando.

"Al principio traté de alejar esa lamentable comprensión pensando en otra maleta que siempre había querido tener. Pero para entonces estaba yo cansado hasta de esos sentimientos. No sabía qué más hacer, así que sólo me quedé ahí sentado. En realidad no puedo decir durante cuanto tiempo. Y entonces lo entendí".

El extraño volvió a sonreír y el hombre pensó que tal vez se le había escapado algo. Pero si se le había escapado, el extraño no se detuvo lo suficiente para que él pudiera hacerle una pregunta al respecto. "No era tanto que yo no sintiera deseos de ir a algún lugar, pero al estar sentado ahí me di cuenta de que a pesar de todos los años que había estado en el camino, en realidad nunca había sabido hacia dónde iba. Sólo que hasta ese día, nunca había sabido que no lo sabía. Ya que, a lo largo de esos años en el camino, había llegado a creer que mi búsqueda de alivio equivalía a tener una dirección en la vida".

"¿Pero por qué estabas buscando alivio? Es decir, ¿alivio de qué?".

"Eso es lo insensato", dijo el extraño, y empezó a reírse suavemente para sí, como si hubiera escuchado un buen chiste. "Estaba buscando alivio de todo el equipaje que llevaba; ¡maletas que supuestamente harían que mi caminar por la vida fuera algo que yo pudiera disfrutar!".

Ahora ambos soltaron una sonora carcajada, como dos viejos amigos que conocían una broma privada. La calidez de la comprensión que compartían seguía presente cuando el hombre preguntó; "¿Pero dónde están tus maletas ahora?".

"Esa es la clave", respondió el extraño, todavía con una sonrisa en el rostro. "¿No lo ves? Si no sabía hacia dónde me dirigía, ¿entonces cómo podía saber lo que necesitaba para llegar allá?", y sus ojos ahora pedían una respuesta.

"Tienes razón", dijo el hombre antes de darse cuenta.

"Entonces, ¿por qué estaba yo cargando todas esas maletas? La verdad es que no pude encontrar una buena respuesta, así que las dejé justo donde había estado sentado".

"Bueno, ¿qué pasó después? ¿Dónde fuiste? ¿Cómo cambió tu vida?".

La mirada del extraño detuvo esa avalancha de preguntas. "Me llevó algo de tiempo, pero en forma gradual empecé a ver que lo que estaba cambiando no era mi vida, sino que lo que había cambiado era mi visión de la vida. Sin el peso de todas las maletas que había estado cargando, empecé a ver la vida como un lugar maravilloso, en lugar de verla como una tarea que cumplir".

El hombre pudo percibir la verdad en las palabras del extraño, y quería más explicaciones. "¿Un lugar maravilloso en el cual estar?".

"Sí". El extraño se puso de pie y sacudió las hojas de su pantalón. "Para empezar, descubrí que yo siempre estaba justo donde quería estar, una vez que dejé de sentirme mal por no estar donde creía que debería estar". Miró directamente al hombre. "La verdad es que no necesitas ser quien crees que eres. Por lo tanto, no tienes que cargar a lo largo de la vida con las cosas que crees que necesitas para ser esa persona". Y al decir eso, el extraño dijo: "Nos vemos", y empezó a alejarse.

El hombre se puso de pie de un salto. "¿Dónde vas?".

El extraño no respondió, pero no fue descortés.

El hombre miró la larga hilera de pesadas maletas y observó de nuevo el paso ligero del extraño conforme avanzaba por el camino. Sólo necesitó un segundo más para tomar una decisión. "¡Espérame!".

Piensa en las cosas que sientes que necesitas para seguir adelante con tu vida con el fin de mantenerla en marcha según el rumbo que crees que debe tomar. Sopesa todos los hechos que has aprendido. Ahora piensa lo agradable que sería desprenderte de todo eso.

Claves para vivir ligero

Estos son pasos especiales que puedes dar para encontrar la vida ligera que es el resultado de desprenderte de ti mismo. Recuerda, el discernimiento sobre nuestros problemas es lo que hace que revelen sus soluciones secretas. El discernimiento es la luz de nuestro yo. La luz de nuestro yo es la clave para un yo que camina hacia la luz.

1. La vida real está diseñada para ser activada desde el interior, no dirigida por el exterior.
2. Sólo lo erróneo necesita verificarse en relación consigo mismo, para saber si está en lo correcto.
3. Puedes tener una relación personal con algo que no entiendes, pero esa relación siempre será bajo su control.
4. Para elevarse más, hay que ver más.
5. Deja de tratar de actuar con bondad y atrévete a estar más despierto, ya que la acción más bondadosa es ayudar a otro a ver a través del engaño de la desdicha.
6. Mientras actúes como si tu vida dependiera de algo temporal, eso hará.
7. Tu fuerza secreta sabe que tu debilidad secreta no es tuya en absoluto.

8. La vida falsa es agotadora; la vida verdadera es inagotable.
9. Cualquier confianza que hayas podido basar en algo exterior a ti mismo, es también la base de tus dudas personales.
10. Si permites que otros te digan hacia dónde vas, entonces también tienes que depender de ellos para que te digan qué necesitas para el viaje.

CAPÍTULO 9

El contacto con el yo secreto

Desprenderte de quien crees que eres y ponerte en contacto con el Yo Secreto son de hecho una misma cosa. ¿Pero qué es el Yo Secreto? Dale el nombre que se adapte a tu tradición espiritual; esta realidad impensable sigue siendo la misma: es la fuente de amor y sabiduría, el potencial perfecto, algo que rebasa todo tipo de limitaciones. Los nombres de Cristo, Buda, Mahoma, Krishna, Dios Padre, Madre Divina, Logos, Gaia..., sin importar cómo se expresen, no son en sí sagrados, como tampoco el libro sagrado es la sabiduría que imparte. Y no tenemos que ver esta parte invisible de nosotros mismos como algo muy misterioso, ya que no lo es. De hecho, esta naturaleza sagrada que está en nuestro interior, sólo desea revelarse y mostrar, a quienes tienen ojos para ver, las maravillas de sus propios cielos ocultos. A esto nos han estado guiando nuestros estudios sobre nosotros mismos en los últimos ocho capítulos: a ponernos en contacto con el Yo Secreto.

Al aprender a desprendernos de nuestra constante palabrería mental, nos preparamos para la entrada del Yo Secreto. Y cuando finalmente preferimos estar alerta a su llegada en lugar de escuchar nuestra conversación interna, esta naturaleza soberana hace su aparición. En ese instante, todo cambia. Todo es nuevo. Heráclito, el filósofo griego del Éfeso de la antigüedad, que rechazó su propio titulo de nobleza para ponerse en contacto con esta fuerza que ejerce el mando sobre el yo superior, entendió la importancia de renunciar voluntariamente a las cosas comunes y optar por la promesa de lo celestial:

"Si uno no espera lo inesperado, no lo encontrará, ya que no se encuentra mediante la búsqueda ni a través de pruebas".

¿Qué podría revelar nuestro contacto con esta realidad "inesperada", secreta y de un nivel tan elevado? ¿Qué sabe esta naturaleza superior nuestra que nosotros no sabemos? Quienes buscan al Yo Secreto, los hombres y mujeres sabios e iluminados que han conservado encendido a lo largo de los siglos lo que es bueno y verdadero, nos han dejado registros de sus descubrimientos. Estos valiosos registros existen para animarnos y fortalecernos en nuestra propia búsqueda de un significado superior de nosotros mismos. Una breve visión de algunas de estas enseñanzas llenas de inspiración nos muestra que el Yo Secreto no sólo sabe todo lo relacionado con nuestra desdicha actual, sino que también está tratando de alcanzarnos y enseñarnos que ningún sufrimiento es necesario.

1. El Yo Secreto conoce la insensatez de nuestra sabiduría y nos invita a superar nuestro pensamiento limitado actual para llegar a la plenitud de su conocimiento.
   "Bienaventurado el hombre que encuentra la Verdadera Sabiduría y alcanza la Comprensión... es más valiosa que los rubíes; y nada de lo que puedas desear puede compararse a ella". (Antiguo Testamento.)
2. El Yo Secreto conoce el miedo inherente en nuestras esperanzas, y promete que cualquiera que se atreva a buscarlo recibirá la verdadera audacia.
   "Aquel que ha encontrado la dicha de lo Eterno no teme a nada" (Upanishads.)

3. El Yo Secreto conoce la frustración inherente en nuestras exigencias y nos enseña con sabiduría para que aceptemos el alivio y la liberación que se producen cuando deseamos lo que él desea.
   "Resígnate a la secuencia de las cosas, olvidando los cambios de la vida, y entrarás a lo que es Puro, Divino, Único". (Taoísmo.)
4. El Yo Secreto conoce la angustia inherente en nuestros apegos y nos asegura que desprendernos de lo que creemos que debemos tener para ser felices es lo mismo que desprendernos de nuestra desdicha.
   "Si liberamos nuestras almas de nuestro insignificante yo, si no le deseamos mal a otros, y llegamos a ser tan claros como el cristal diamantino que refleja la luz de la Verdad, ¡qué imagen tan radiante aparecerá en nosotros, reflejando las cosas tal como son, sin mezclarlas con nuestros ardientes deseos, sin la distorsión de ilusiones erróneas, sin la agitación de los apegos y la inquietud!". (Budismo.)
5. El Yo Secreto conoce el vacío que hay en nuestros corazones y decreta que si lo ponemos por encima de todos los demás afectos él nos colocará por encima de todos nuestros vacíos.
   "Te daré un corazón nuevo y pondré en tu interior un nuevo espíritu". (Nuevo Testamento.)

Puedes alcanzar todo aquello que estés dispuesto a recibir

La mayoría de los hombres y mujeres que buscan el secreto de desprenderse de las cosas cometen el mismo error: escuchan sus propias conclusiones. Esto es trágico. En todas las formas posibles, la verdad está tratando de enseñarnos que el límite del nivel de nuestra vida presente no es el límite de las posibilidades de la vida. Todo este libro trata sobre llegar a comprender que lo que podemos llegar a ser sólo cambia realmente cuando estamos dispuestos a ver lo que es imposible que sigamos siendo. Este es el mayor de los secretos; es el secreto de desprendernos. Y aunque estas ideas de nivel superior requieren de un estudio paciente sobre nosotros mismos y de extensas explicaciones, quienes están dispuestos a escuchar, recibirán todo lo que necesitan para desprenderse y crecer. A continuación encontrarás unas preguntas que siempre parecen brotar después de una clase sobre desprenderse y ponerse en contacto con el Yo Secreto.

P: El Yo Secreto parece maravilloso, pero tengo esta sensación desconcertante de que tal vez está fuera de mi alcance.

R: Por supuesto que lo está; esa es la cosa. Pero lo que podemos alcanzar no determina lo que puede llegar y "agarrarnos" ¡y luego cambiarnos por completo! Si lo determinara, todos estaríamos condenados a no hacer otra cosa excepto dar vueltas en el círculo cerrado del yo falso.

P: ¿Pero qué pasa si no podemos alcanzar al Yo Secreto? ¿Cómo podremos ponernos en contacto con él?

R: Aquí es donde se pierden millones de personas que buscan una vida de liberación. Nosotros no nos ponemos en contacto con el Yo Secreto; no podemos hacerlo. La naturaleza inferior no tiene ninguna autoridad o influencia sobre lo que es genuinamente elevado, ninguna. El Yo Secreto sólo entra en la vida de la persona que ha preparado el camino para que entre. Llega sólo cuando se le invita.

P. ¿No hay algo que podamos hacer que nos ayude a prepararnos?

R: Claro que sí. No existe mayor poder para invitar a esta bondad cósmica a entrar en nuestra vida que nuestra voluntad de ser receptivos. Como verás, aprender a escuchar es aprender a pedir este yo nuevo y elevado.

Podemos tener un discernimiento más valioso en este fascinante tema leyendo las obras del autor Vernon Howard. En su extraordinario libro *El poder de su súpermente [The Power of Your Supermind]* (Prentice Hall, 1967), nos aconseja:

La receptividad individual lo es todo. Sin ella, nada cambia. Con ella, todo es posible para ti.

El contacto con la verdad hace aflorar lo mejor o lo peor de un hombre. Cuando escuchamos la verdad, toca al yo verdadero o al yo falso. Si toca al yo artificial, será rechazada, distorsionada o ignorada, y no le hace ningún bien al individuo. Pero si una persona tiene una actitud favorable, la verdad toca a su yo auténtico y le proporciona comprensión y alivio.

La receptividad tiene grados. Nuestra tarea es cultivar cada vez más nuestra actitud de bienvenida, lo que hará posible que la receptividad nos ayude más y más. Un poco de receptividad abre el camino para más, pues cada experiencia gratificante nos muestra que la verdad que antes temíamos y rechazábamos es precisamente la felicidad que queremos.

En cualquier momento o lugar en que tengo la oportunidad de hablar con un grupo de estudiantes, siempre señalo la importancia de aprender a escuchar. En unos instantes te voy a pedir que dejes de leer este libro y sólo escuches por un momento. Pero cuando lo hagas, quiero que trates de escuchar en una forma nueva. Quiero que escuches con *todo lo que eres* a *todo lo que eres.* Escucha como si cada parte de tu mente y de tu cuerpo estuviera tratando de escuchar algo. No te preocupes por lo que estás tratando de escuchar ni por la dirección en que tienes que escuchar. Eso lo arruinaría. Sólo ábrete y presta atención, como sabes hacerlo. Espera lo inesperado.

Este es un consejo que te ayudará a enfocar este ejercicio interior. ¿Recuerdas una ocasión en que estabas solo en la cama, a altas horas de la noche, y de pronto escuchaste un ruido inexplicable? En ese instante, todas las fibras de tu ser se concentraron en una cosa: ¡escuchar! Ahora practica esta nueva forma de escuchar por uno o dos minutos y luego continuaremos con nuestro estudio. Si te ayuda, concéntrate un poco al intentar este ejercicio, tal vez descubras que estar consciente de tu respiración es una manera eficaz de anclarte en el momento. Cuando estés listo, sólo continúa leyendo el libro.

Si realmente hemos escuchado, tal vez hayamos descubierto en nosotros un vago sentimiento de incomodidad. No debemos alejarlo. Todo depende de que seamos receptivos ante él. Contiene un mensaje importante. Una anécdota personal de mi pasado nos ayudará a comprender mejor la naturaleza de este descubrimiento poco usual en lo que concierne a escucharnos a nosotros mismos.

Cómo escuchar el canto del yo secreto

En una ocasión, hace algunos años, estaba yo realizando un trabajo rutinario de jardinería, y para ayudarme a pasar el tiempo llevé un radio portátil. Como antes fui compositor, me gusta escuchar las líneas melódicas de las canciones populares. Era un hermoso día soleado y la música suave del radio parecía hacer juego con él.

Al paso de las horas, me empecé a sentir un poco desconcertado. Algo me molestaba. Pero como estaba muy concentrado en mi trabajo y me faltaba mucho por hacer, simplemente descarté esa sensación sin siquiera darme cuenta de que lo estaba haciendo. De pronto, empecé a sentir ansiedad, nerviosismo. ¿Pero por qué? No quería suspender mi trabajo sólo para reconocer el hecho de que me estaba poniendo irritable, así que regresé a él. Unos minutos después, era ineludible; supe que tenía que detenerme y abordar estas sensaciones inexplicables.

Estando ahí, de nuevo consciente de mi entorno, no tuve que esforzarme para escuchar. Y algo me sorprendió: La inexplicable molestia que sentía ya no era inexplicable. Ahora era clara.

El conflicto que estaba experimentando no era mío. ¡Venía de la radio! Me había concentrado tanto en mi trabajo que nunca me percaté de que la señal de la estación que estaba yo escuchando había cambiado y lo que antes había sido un sonido tranquilizador, ahora se había convertido en los sonidos de dos o tres estaciones que se mezclaban y se desvanecían. La "música agradable" que había yo estado escuchando inconscientemente se había convertido en una mezcla caótica de distintas melodías combinadas con el sonido intermitente de malas noticias. La lección interior, invisible pero profunda que hay detrás de este relato es concluyente: si no estamos conscientes de estar *escuchando*, entonces estamos oyendo sin saber qué estamos *recibiendo*.

En nuestra vida diaria, como lo muestra mi relato de la señal de radio cambiante, este tipo de inconsciencia personal nos lleva a incontables momentos de incomodidad innecesaria. Podemos ver un ejemplo de esto cuando creemos que tal vez alguien está teniendo pensamientos negativos sobre nosotros. Entonces reaccionamos ante esa persona a la defensiva, lo que tiende a crear precisamente la soledad que temíamos. Si por otra parte, sabemos que hemos "recibido" ese pensamiento producido por nosotros mismos y que nos afecta en forma negativa..., si lo hubiéramos *escuchado* llegar, sencillamente lo habríamos descartado como la tontería sin importancia que es, en lugar de entregar nuestra vida a su influencia negativa. Por lo tanto, podemos ver que, para bien o para mal, lo que determina nuestra vida es lo que recibimos. Esta nueva comprensión tiene implicaciones que llegan más allá de los acontecimientos ordinarios, llegan hasta las estrellas.

El Yo Secreto, la base de todo lo que es bueno, bondadoso, sabio y amoroso, siempre nos está mandando su fuerza cósmica y su sabiduría silenciosa. Nuestra tarea no es tratar de alcanzar su naturaleza divina, sino permitir que él llegue a nosotros recibiendo sus influencias sanadoras. ¿Lo ves? Este importante discernimiento nos lleva a un momento crítico en nuestros esfuerzos por ponernos en contacto con el Yo Secreto.

Antes de poder recibir los dones espirituales del Yo Secreto en nuestra vida, debemos antes eliminar los obstáculos que han estado impidiendo su entrada. Por tanto, la primera etapa de ser verdaderamente receptivos es darnos cuenta de que *no lo somos.* En otras palabras, una alta receptividad requiere que primero veamos dónde hemos permitido inconscientemente que perjudiciales influencias negativas ocupen nuestra mente y nuestro corazón.

Debo señalar que este nivel de estudio sobre nosotros mismos llega a ser un obstáculo para muchos estudiantes. De hecho, es difícil entender la aparente contradicción de que la atención personal de alto nivel y la capacidad de escuchar realmente, a menudo vayan acompañadas de una especie de incomodidad constante y consciente. Después de todo, el razonamiento incorrecto nos dice que si en realidad estamos llevando a cabo un trabajo de nivel superior, deberíamos tener sentimientos de nivel superior. La respuesta que nos da la verdad es: "Sí" *y* "No", porque la explicación es al mismo tiempo simple y profunda, como nos lo revela el siguiente discernimiento: cuando en realidad somos receptivos, podemos "escuchar" la disonancia en nuestro sistema psíquico. Y cuanto más "escuchemos", más sanos estaremos, pues cada vez que detectamos conscientemente una nota discordante en nuestro interior, ese es su principio y su fin. Así es como funciona:

La verdadera armonía *ya* existe. Todos lo sabemos en nuestro corazón, aunque los asuntos llenos de confusión de los seres humanos parezcan mostrar lo contrario. Esta armonía celestial, el canto del Yo Secreto, es lo que hace posible que, en cierta escala, un magistral director de orquesta detecte un instrumento ligeramente desafinado entre cien instrumentos que pudieran estarse tocando. De manera similar, el Yo Secreto puede "escuchar" la sutil discordancia de uno de nuestros estados internos. Pero el hecho de que esté consciente de esta situación negativa *no* es algo negativo. La capacidad del magistral director de orquesta para escuchar una nota discordante brota de su propia capacidad musical como profesional.

Tú también puedes tener acceso a un noble recurso interior oculto que sabe exactamente qué debería y qué no debería sonar en tu interior. Empezando justo ahora, en este momento, date la oportunidad de empezar a escucharte cada día más y más. Y no te preocupes si empiezas a notar pensamientos y sentimientos extraños que parecen estar llenos de tensión y de tristeza. Tu tarea es simplemente permanecer receptivo. No te preocupes por la naturaleza de lo que "escuches". Tu naturaleza falsa querrá que conviertas estas notas discordantes que hay en tu interior en otra canción triste. Guarda silencio. Sólo deja que estos pensamientos y sentimientos negativos se queden donde están; es decir, en tu comprensión de que están fuera de lugar. Eso es todo lo que necesitas hacer. El estar consciente de que están fuera de lugar, de que son discordantes, proviene de tu Yo Secreto. Él sabe lo que estás empezando a percibir. Sabe que no hay en ti un lugar para ningún sonido triste.

El reino del yo secreto

Hace muchísimo tiempo, había en un país lejano un buen gobernante que ya era muy anciano. Este gobernante decidió que había llegado el momento de transmitirle a su hijo una lección de máxima importancia sobre la naturaleza regia de un verdadero rey. Sabía por instinto que en poco tiempo el príncipe heredero tendría que asumir el papel de monarca. Por eso, como su padre sabiamente lo había hecho con él hacía ya tanto tiempo, puso en marcha los acontecimientos necesarios para llevar a cabo sus intenciones. Era importante para él dejarle a su heredero algo más que su riqueza y su título, pues aunque estos privilegios eran importantes, no sustituían al don más grande de todos: la comprensión de un rey. El sabio gobernante sabía que si lograba entregarle este legado a su hijo, su reino seguiría teniendo un gobierno justo.

Por tanto, el rey pidió a sus comisarios reales que consultaran a los astrólogos de la corte, que deberían estudiar las estrellas para encontrar el mejor día para llevar a cabo un festival especial. Poco después, se emitió un decreto real en todo el territorio. El rey pedía que todos los ciudadanos buenos y leales del reino de Su Majestad se presentaran en la fecha de la siguiente luna nueva con un regalo de su elección para el príncipe que pronto sería su rey.

Ahora todo estaba en movimiento. Se estaba preparando cuidadosamente el escenario. Pero aunque el rey había participado en esta obra teatral en una ocasión, cuando su padre representó el papel que él estaba representando ahora, sabía que no había una forma segura de conocer su resultado final. Sólo los cielos eran el autor definitivo de esta regia actuación. Sólo podía esperar que su hijo estuviera preparado para recibir las elevadas lecciones que se estaban preparando para él con tanto cuidado.

Conforme se acercaba el gran día, el rey empezó a dedicar más tiempo a vigilar el patio principal del castillo. Estaba en el proceso de ser transformado en un teatro al aire libre con múltiples gradas de asientos. Faltaban menos de tres días para la fecha que se había fijado para la ceremonia especial de la entrega de regalos, y el rey observaba en secreto para ver si el príncipe empezaba a comportarse como él esperaba que lo hiciera. No se desilusionó cuando vio lo que estaba ocurriendo allá abajo en el patio adoquinado. Durante los últimos días de preparativos, su hijo estaba involucrado en todo el proceso, entrando y saliendo entre la muchedumbre, moviéndose de un lado a otro con una clase de libertad y entrega personal que hacía que pareciera que casi flotaba por encima de toda la actividad que se desarrollaba a su alrededor.

El rey sabía que seguramente todos los demás creían que el joven príncipe sólo estaba imaginando que pasaba revista a la Guardia Real, como acostumbraba hacerlo. Pero en su escondite, el monarca sabía qué era lo que ocupaba la mente de su hijo, y no tenía nada que ver con pasar revista a soldados imaginarios. No. Lo único que dominaba los ojos de la mente del príncipe heredero en ese momento era la dulce imagen de una montaña de maravillosos regalos que pronto se pondrían a sus pies. Estaba contando sus riquezas futuras, y su padre lo sabía con la misma certeza con que sabía que en su propio rostro se estaba empezando a dibujar una sonrisa. Recordaba cómo en una ocasión, en su pasado no muy distante, él también había sido un cautivo de este mismo sueño extraño y dulce. Y recordó cómo, por la bondad del rey su padre, recibió la ayuda necesaria para despertar y tener algo mucho mejor que este sueño de sueños. Ahora esperaba poder hacer lo mismo por su hijo.

La aurora del día del festival trajo consigo un cielo despejado y un sol cálido. Poco después, el patio exterior del castillo estaba lleno a toda su capacidad. Después de unos minutos de la tradicional pompa y circunstancia, el buen rey apareció ante el espontáneo aplauso de los ciudadanos. Los saludó a todos y les expresó su sincera gratitud por su presencia. Les dijo que este era un día muy importante para el reino. Y luego, habiendo dicho lo que necesitaba decir, pidió que su hijo fuera llevado a su presencia y que comenzara la procesión para la entrega de regalos.

Con un trasfondo de vítores, resonaron las trompetas y el príncipe fue escoltado al centro de la plataforma, donde se le sentó en una silla especial junto al trono de su padre. Entonces, uno por uno, formando una fila que parecía medir una milla de largo, los buenos ciudadanos del reino empezaron a presentar sus dones ante el príncipe.

Lo primero que colocaron a sus pies fue una bolsita de frijoles negros. Luego algo de maíz y unas cuantas calabazas. El heredero al trono no podía creer lo que veían sus ojos. No se atrevía a expresarlo, pero pensó que algunos de los ministros de la corte habían preparado una complicada broma. Pero nadie se reía mientras uno por uno, quienes formaban el constante río de personas con regalos, seguían pasando delante de él. Ahora tenía frente a sí una flauta de madera, varias gallinas flacas y el arco de caza de un niño hecho a mano.

Tenía que haber un error. Empezó a sudar, y la cara empezó a dolerle por el esfuerzo de mantener una sonrisa en el rostro. ¿Dónde estaban los cofres de monedas de oro, los tapices de seda, las bolsas de piedras preciosas? Nada de lo que tenía enfrente se parecía a los tesoros que había soñado recibir ese día.

Varios minutos más tarde, lo único que hacía que el príncipe permaneciera en su asiento, además de la mano de su padre que descansaba pesada y firme sobre su hombro, era que en ocasiones alguien colocaba una o dos monedas de plata sobre los demás regalos. Pero su brillo pronto quedaba sepultado bajo la creciente avalancha de patatas, nabos y vegetales. ¡Cómo odiaba los vegetales y los nabos!

Conforme siguió pasando el desfile de ciudadanos bien intencionados que dejaban frente a él sus generosos aunque comunes regalos, el rey vigilaba al príncipe más de cerca. Pudo ver que su hijo estaba empezando a perder control de sus finos modales. Nadie más entre los asistentes o entre los que estaban en el escenario entendía la importante naturaleza de los acontecimientos que se desarrollaban ante sus ojos. Sólo el rey entendía lo que había en el fondo de la molestia de su hijo, y sólo él conocía la verdadera solución.

Pero para que el regalo que él intentaba darle a su hijo le causara la máxima impresión, el tiempo tenía que manejarse en forma impecable.

Finalmente, el momento clave ya no podía esperar. El rey podía sentir que el joven príncipe estaba a punto de saltar de su silla y salir corriendo del escenario. Deliberadamente, incrementó la presión de su mano sobre el hombro de su hijo, y levantó su otra mano para pedir que se hiciera una pausa en la procesión de personas. Se inclinó hacia el príncipe y empezó a murmurar. Se produjo silencio en todo el patio.

Las palabras que su padre le decía al oído eran tan claras, que por un momento el príncipe pensó para sí que nunca antes había escuchado esa voz. Tenía que escuchar lo que le decía.

"Hijo", le dijo su padre, "escúchame con cuidado. Quiero que pienses por un momento en lo que voy a decirte, y luego, si todavía quieres abandonar el escenario, no voy a interferir".

El príncipe levantó la vista y miró a su padre directamente a los ojos, y sin decir una palabra aceptó escuchar las instrucciones del rey. Y aunque sus oídos oyeron lo que le decía, lo que en realidad estaba escuchando era su corazón.

"El hombre común se mide por las cosas que pasan por su vida, ya que sólo el hombre común juzga su propio valor de acuerdo a lo que la vida accidentalmente le otorga o le niega. Tu derecho de nacimiento es ser rey, pero hoy actuaste en forma bastante común".

Las palabras de su padre penetraron en él como punta de lanza, y su herida fue más dolorosa porque el príncipe sabía que eran verdad. Y entonces, de pronto, sin explicación alguna, se sintió extrañamente desamparado. Su padre, por supuesto, había dicho la verdad, y él quería actuar con nobleza, pero por otra parte, amontonados ante sus incrédulos ojos, estaban los amargos restos de un sueño que nunca volvería a presentarse.

En ese momento, el príncipe no sabía con seguridad lo que haría. Y justo cuando llegó al momento en que estaba seguro que no tenía sentido seguir adelante con esto, y que no había nadie que pudiera entender por lo que él estaba pasando, su padre le habló de nuevo. Y cuando el rey terminó, el príncipe se dio cuenta de que el único que no había comprendido su posición en la vida era él. Y si no hubiera sido por las palabras que su padre le dijo ese día, es posible que nunca lo hubiera comprendido.

"Hijo mío, un verdadero rey nunca se preocupa por lo que sus súbditos le traen, ya sean bolsas de plata o bolsas de paja, *porque sabe que posee todo el reino.* Mira más allá de este escenario: todo es tuyo, siempre lo ha sido".

Lentamente, el príncipe levantó la cabeza y miró más allá del escenario y de las multitudes. Al principio, parecía entrecerrar los ojos como si acabara de salir a la brillante luz de la mañana. Pero un momento después, sus ojos estaban completamente abiertos y deslumbrantes. Y entonces, mientras el rey y toda la corte lo observaba, el príncipe se puso de pie, y a la manera propia de un rey, decretó: "¡Que continúe el festival, que siga la procesión!".

El Yo Secreto es *tu* naturaleza regia. Al serlo, conoce lo que tú todavía no sabes sobre ti mismo. Permite que te revele su reino secreto. Te pertenece. Recibes una porción de su reino cada vez que te niegas a ser capturado por lo que es común y por el contrario optas por lo celestial. Las estrellas son tu legado. Debes ver más allá de la golondrina hacia los cielos por los que ella vuela.

Permite que la vida te entregue lo que trae consigo. Recibe cada una de sus ofrendas sin preocuparte por lo que puedas creer que digan de ti. La vida no está tratando de decirte nada sobre ti. La vida está tratando de hablarte sobre sí misma y sobre la vastedad de sus inconmensurables riquezas *que ya te pertenecen*. Sí. Es cierto. Ya posees todo lo que llegarás a necesitar, sólo que no lo sientes así porque erróneamente se te ha enseñado a aferrarte a ciertas cosas. Despréndete de estos pensamientos y sentimientos persistentes que insisten en que la vida debe reducirse a un recipiente que se sostiene en las manos. Sólo déjalos pasar. Tu disposición a permitir que la vida pase a través de ti trae consigo la comprensión de que en realidad no existe diferencia entre tú y la vida. Esta nueva comprensión es la puerta a una cámara de tesoros que es eterna.

Ahora estás empezando a ver, a darte cuenta de que siempre has pertenecido a un yo consciente, incesante y siempre cambiante, un yo sagrado cuya naturaleza misma es tu riqueza. Este es el reino del Yo Sagrado. Despréndete y entra.

> *"No existe una razón para este éxtasis; tener una causa de alegría ya no es alegría; simplemente estaba ahí y el Pensamiento no pudo capturarla y convertirla en un recuerdo; llegó como una ola tras otra, un ser viviente que nada era capaz de contener, y con esta alegría había una bendición. Estaba muy por encima del pensamiento y las exigencias".*
>
> J. KRISHNAMURTI

Esta novedosa acción lleva hacia el camino maravilloso

Durante una charla informal, Laura dijo que quería dedicar el resto de su vida a descubrir la verdad sobre sí misma y sobre el Yo Secreto. Pero también le dijo al grupo que tenía miedo de haber pospuesto su búsqueda durante demasiado tiempo; que debido a las circunstancias de su vida presente, las perspectivas de poder liberarse eran remotas. En la raíz de sus comentarios estaba la siguiente pregunta: "¿Cómo continúo alejándome de mí misma cuando mi mundo presente, y casi todo lo que hay en él, me está gritando que no tiene sentido intentarlo ni seguir adelante?".

En el candor de los comentarios de Laura y en la atmósfera que crearon, noté que algunos otros estudiantes asentían con la cabeza mostrando silenciosamente su acuerdo. Sin saberlo, casi habían caído en las hambrientas manos de uno de los engaños más poderosos del yo falso: el *desaliento.* Este descomunal gigante de dudas personales y desesperación asecha en las regiones de sombras que existen entre lo que es verdad y lo que se supone que es verdad. Y no hay vuelta de hoja, ya que no se necesita. El desaliento podría parecer un gigante interior, pero en realidad sólo es un gran engaño. Es obvio que había llegado el momento de proyectar una muy necesaria luz sobre este enemigo interior que se opone a la liberación personal y que nos es tan difícil entender. En la oscuridad, una vela es más poderosa que un cañón.

Momentos después, todo el grupo, incluyendo a Laura, se alegró y se animó con las deslumbrantes verdades que se revelan en la siguiente declaración, y dedicamos el resto de la reunión de esa noche a una vivaz sesión de preguntas y respuestas que nos llevó a todos a un nivel más alto de comprensión.

Nos desanimamos y quedamos atrapados en el desaliento cuando no recordamos que su única fuerza está en su capacidad de engañar. Su astucia se basa en convencernos de que ya sabe la verdad sobre la razón por la que no podemos dar el siguiente paso más allá de nosotros mismos.

P: Sí, tal vez lo que dices es verdad para otros, pero ¿qué pasa si yo estoy encerrado en una situación diferente? Hasta que esta condición no cambie, me es imposible realizar los cambios en mi vida que sé que debo realizar. ¿Qué me dices de esto?

R: En primer lugar, la condición en que nos encontramos no es lo que determina el trabajo que podemos hacer para liberarnos. Eso es lo que el yo falso quiere que creamos. La verdad es exactamente lo contrario: el trabajo que hacemos con nosotros mismos es lo que en realidad cambia la condición en la que estamos, *sin importar cuál sea.*

P: ¿A qué te refieres? ¿Cómo puede el trabajo de desprenderme de mí mismo cambiar el hecho de que ciertas condiciones me tienen atrapado?

R: Lo que consideras un hecho es sólo una suposición.

P: ¿Cómo puedes decir eso? Es imposible que conozcas las circunstancias que me rodean.

R: Todos vivimos bajo las mismas leyes internas. Nunca debemos cometer el error de suponer que sabemos toda la verdad sobre algo, porque la verdad es que siempre hay algo que rebasa nuestra comprensión actual.

P: Estoy de acuerdo con eso, ¿pero cómo es posible que el hecho de saber que siempre hay algo de nivel más alto llegue a cambiar mis circunstancias?

R: Desde esta comprensión superior sobre la naturaleza infinita de la verdad, puedes llevar a cabo una acción completamente nueva en relación con tu desalentadora situación: puedes atreverte a desprenderte de lo que estás convencido que es la verdad sobre tu desafortunado estado.

P: Esa es una idea muy diferente. Supongo que estoy bastante seguro de la razón por la cual me siento mal cuando me siento mal. ¿Pero que logra para mí el hecho de desprenderme de esta certeza?

R: Todo. Al acercarte a cualquier cosa que aparentemente esté obstaculizando tu camino, y atreverte a quedarte justo ahí con el deseo de seguir adelante y rehusándote a creer que debes retroceder, te has colocado exactamente donde la verdad puede empezar a trabajar contigo y abrir para ti su maravilloso sendero. A partir de este momento, la verdad toma la responsabilidad de resolver el resto de la situación.

P: ¿Cómo se las arregla la verdad para resolver eso? ¿Qué sucede después?

R: Si te mantienes firme y sigues negándote a renunciar a tu deseo de superar tus dificultades, la verdad te mostrará que lo que creías que era un muro sólido de circunstancias inflexibles, ¡en realidad sólo era un muro de pensamientos desalentadores que el yo falso había creado y construido! Si arremetes contra él una sola vez con la fuerza de tu nueva comprensión, se desmoronará convirtiéndose en la nada que siempre fue. Frente a ti te espera tu siguiente paso hacia arriba y hacia fuera. Dar prioridad a lo verdadero en esta forma, equivale a pedirle que te lleve a alturas cada vez mayores. Y lo hará.

P: ¿Qué significa exactamente darle prioridad a la verdad? Por ejemplo, yo siempre pensé que era correcta mi intención de esperar a que cierta condición externa mejorara, y luego ponerme a trabajar conmigo mismo, y que eso era una prueba de que yo atesoraba la verdad sobre todas las cosas. Pero los acontecimientos y discernimientos recientes están tratando de decirme que esta manera de pensar requiere un examen más minucioso. ¿Qué piensas de esto?

R: Un día tu percepción será tu seguridad. Dar prioridad a la verdad significa exactamente eso. Pensar que debemos esperar a que mejoren nuestras circunstancias personales antes de poder desprendernos y ponernos en contacto con el Yo Secreto no es dar prioridad a la verdad. Este enfoque equivale a dar prioridad a nuestro deseo de tener éxito.

P: ¿Qué tiene de malo querer tener éxito? ¿No es eso lo más importante?

R: Sí. Pero tu éxito interno es responsabilidad de la verdad, no tuya. Tu tarea es entender esto, y luego permitir que la verdad haga por ti lo que no has sido capaz de hacer por ti mismo.

P: Ahora que lo mencionas, hay varias áreas en mi vida, como el manejo de mis relaciones interpersonales y otras prioridades, en las que sospecho que no he sido muy veraz conmigo mismo. ¿Qué debo hacer?

R: Sólo *vuelve a empezar*, y luego vuelve a empezar una vez más. Estas tres palabras, *vuelve a empezar*, ejemplifican uno de los elementos más esenciales de la vida superior, y por eso es conveniente que nunca olvidemos esta enseñanza eterna. Habrá muchísimas ocasiones en nuestro trayecto de superación personal en los cuales el dar prioridad a la verdad significa que debemos ver y reconocer cuándo no hemos sido veraces con nosotros mismos. Aquí es donde empezamos a comprender algunas de las sublimes enseñanzas de Cristo sobre la relación que existe entre la humillación y la salvación. La frase, "bienaventurados los pobres de espíritu" empieza a tener un nuevo significado cuando empezamos a ver lo "rica" que ha sido nuestra imaginación en lo que concierne a la veracidad. Sólo cuando la verdad logra que el viento deje de hinchar las velas que hemos creado, las corrientes celestiales del Yo Secreto nos llevarán sin riesgo a un puerto seguro.

P: Encuentro que todo el tiempo me estoy lamentando; lamento lo que he hecho, me siento mal conmigo mismo, pero nada parece cambiar, sin importar lo mal que me sienta. ¿No tiene el arrepentimiento cierto poder para lograr un cambio personal?

R: Sí, lo tiene. Pero cuando hacemos algo malo o dañino contra otra persona, sólo lamentamos ante todo lo que pensamos que nos ha costado nuestra mala acción. Nuestra tristeza se centra en lo que tememos haber perdido, lo que incluye nuestras imágenes halagüeñas de nosotros mismos. El pesar que nos lleva a desprendernos y a un cambio verdadero en nuestro ser, nunca se basa *en lo que* hemos perdido, sino en el hecho *de que estamos* perdidos.

P: A veces parece que queda mucho camino por andar, y muchas veces ni siquiera sé con seguridad de qué camino se trata. ¿Cómo puedo estar seguro de que voy en la dirección correcta?

R: No desperdiciarás esfuerzos si tu propósito es alejarte de ti mismo. Si detectas que un paso va en la dirección equivocada y luego te niegas a seguir en esa dirección, es lo mismo que dar el siguiente paso en la dirección correcta. Avanza positivamente en esta forma.

P: ¿Existe un resumen de la verdad, como se ha enseñado a lo largo de los siglos?

R: El propósito principal de todas las enseñanzas verdaderas es ayudarnos a recordar que la intención de la vida no es que permanezcamos como antes, que siempre hay algo de nivel más alto.

P: Me siento partido en dos, entre lo que quiero en mi vida y lo que sé en mi corazón que debería estar haciendo con mi vida. ¿Qué me pasa? ¿Puedes ayudarme a ver lo que todavía no he visto?

R: Nacemos en este mundo con dos juegos invisibles de instrucciones, cada uno está doblado en el interior de nuestras pequeñas manos. La primera de estas instrucciones nos impulsa a probarnos a nosotros mismos y al mundo que nos rodea que somos fuertes, sabios y dignos. La otra, que es la verdadera y la eterna, nos pide que recordemos que no estamos aquí para demostrar nuestra valía, sino para descubrir la verdad sobre nuestro Yo Secreto.

Poned por obra la Palabra y no os contentéis sólo con oírla, engañándoos a vosotros mismos. Porque si alguno se contenta con oír la Palabra sin ponerla por obra, ése se parece al que contempla su imagen en un espejo: se contempla, pero, en yéndose, se olvida de cómo es.

SANTIAGO 1:22-25

Hay una última verdad que quisiera que conocieras, y que la conocieras sin tener ninguna duda al respecto. Te salvará, literalmente, de incontables años de búsquedas y luchas inútiles. Y tengo la certeza de que llegarás a conocer este poder que te rescatará si lo eliges por encima de todo. Aquí lo tienes:

Tienes el derecho a vivir sin que ningún estado negativo te comprometa.

El miedo, la ansiedad, el odio, la duda, la desesperación..., todas estas dificultades son lo que son para nosotros por una razón: habitan en nuestra zona oscura porque nosotros estamos a oscuras en lo que a ellas se refiere.

La Declaración de Derechos de la Luz

Por esta razón, he creado lo que llamaremos "La Declaración de Derechos de la Luz". Recibe sus lecciones liberadoras en tu corazón y en tu mente, y así como la aurora hace que se desvanezcan las tinieblas, las verdades que contienen te librarán de todo lo que es oscuro y extraño para tu alma. Esta declaración empieza, como muchos documentos de este tipo, con un preámbulo: una introducción que ayuda a establecer la razón por la que se creó. Sus palabras son mi forma de afirmar en primer lugar, que la relación que nuestro corazón anhela ya existe, y además, que tenemos el derecho de conocer su libertad innata.

> *Quienes aspiramos a una vida de verdad..., con el propósito de unirnos a la luz guía de su providencia silenciosa, con el fin de conseguir las bendiciones de una libertad que sólo su presencia puede proporcionar, establecemos aquí entre nosotros y en nuestro interior, para toda la posteridad, estos Artículos de un Nivel Consciente Superior, como se expresan en esta Declaración de Derechos de la Luz:*

Artículo I

Tienes el Derecho y la Luz para detectar, descartar y trascender las influencias limitantes de los estados negativos dolorosos como la duda, la preocupación, el odio, el enojo y el miedo.

Artículo II

Tienes el Derecho y la Luz para hacer lo que te corresponde con el fin de perfeccionar cualquier momento en el que estés dispuesto a despertar para ti mismo.

Artículo III

Tienes el Derecho y la Luz para ayudar a cada persona que conozcas a darse cuenta de que tiene el derecho inalienable de vivir, como vives tú, en el ámbito de esta Declaración de Derechos de la Luz y a partir de ella.

Artículo IV

Tienes el Derecho y la Luz para vivir en un mundo de paz en tu interior que es espontáneamente creativo y tranquilamente confiado en todo momento.

Artículo V

Tienes el Derecho y la Luz para actuar con compasión hacia todos los seres, sin importar lo desafiantes que sean tus circunstancias personales en cualquier momento.

Artículo VI

Tienes el Derecho y la Luz para recordar siempre que la bondad que es responsable de tu creación sólo desea lo que es verdadero y bueno para ti.

Artículo VII

Tienes el Derecho y la Luz para darte cuenta de que todas las cosas pasan, excepto la Luz que vive en tu interior, gracias a cuya presencia es posible ver la belleza de esta verdad que trae consuelo a tu alma.

Sigue estos cincuenta secretos hasta el final

Nuestros viajes juntos están a punto de terminar, pero esta travesía que iniciamos juntos y nos lleva a una vida que va más allá de las limitaciones personales, debe continuar. Por eso este libro se ha escrito y se ha revisado, para que puedas saber que desprenderte es el trayecto..., y que nunca termina. Nunca. Sólo vuelve a empezar una y otra vez, siempre que podemos vislumbrar algo más elevado que nuestra dolorosa certeza sobre la persona que creemos ser.

Puedes comprobar esto. Toma una de las lecciones internas de cualquier capítulo de este libro que te haya causado una fuerte impresión, regresa y léela de nuevo. Haz notas mentales o escritas sobre los sentimientos que provoca en ti. Percibe todo lo que puedas sobre el área de tu interior en que esta sublime lección parece establecerse. ¿Te llena de asombro? ¿Provoca un anhelo desconocido o crea un disturbio? Trata de ver tanto como puedas sobre ella y sobre ti mismo. Ahora, haz que esta lección sublime sea el centro de tu trabajo interior durante una semana.

Por ejemplo, tal vez te parezca enigmático el discernimiento de que tenemos invitados internos que son indeseados y que no reconocemos; actúan como invitados pero en realidad son invasores en nuestro interior. Durante los siguientes siete días ten la intención de hacer un inventario interior de exactamente quién está ocupando tu hogar interno. Hazlo tan frecuentemente como lo recuerdes. Tal vez te sorprenda ver el festín que se está organizando a tus expensas.

Sí, es perturbador. Pero tu nuevo nivel de conciencia sobre este disturbio interior te lleva a una valiosa comprensión que no puede expresarse con palabras: ahora sabes que es *tu* casa y no la de *ellos.* Estás en el camino a la verdadera posesión de ti mismo, pues tu trabajo te ha revelado el *significado interno* de esta lección sublime. Finalmente has pasado del intelecto a la inspiración.

Cuando ocurra este milagro, la profundidad de la lección que se abre ante tus ojos te dejará sin aliento. Y lo que no podías ver hace apenas unos segundos, ahora está captando toda tu atención. Este momento de verdadera magia interior se hará realidad en todas y cada una de las lecciones a las que regreses, hasta que un día, te des cuenta, también de forma repentina, que lo que era insondable no era la lección, sino tu propia naturaleza, el Yo Secreto que continúa por siempre. Ahora eres parte de su proceso invisible y poderoso.

Los secretos que hemos descubierto en estos nueve capítulos nos han permitido contemplar el interior de algunos de los mundos invisibles que tenemos dentro. Ahí hemos descubierto que lo que en realidad determina la calidad e incluso el contenido de nuestra vida física visible, con todas sus complicadas relaciones interpersonales, son las fuerzas que gobiernan estos reinos que antes eran invisibles. Por consiguiente, el trabajo de desprendernos debe llevarse a cabo en nuestro interior. Ahora sabemos que el ver completamente lo que nosotros no deseamos, empieza con la revelación de lo que es desconocido en nuestro interior. No hay otro camino. Por eso debemos persistir en el trabajo interno de nuestro propio trayecto interior.

El aspecto más asombroso de este viaje personal tan especial es que cada vez que alcanzamos otro puerto seguro de nivel superior, descubrimos que no es porque se nos haya llevado a un lugar donde haya un incremento en nuestro poder personal, ¡sino porque se nos ha liberado de una creencia errónea en un yo carente de poder que habíamos tenido durante mucho tiempo y que era muy profunda! Y a medida que este yo falso va desapareciendo, a la luz de nuestra nueva comprensión, con él se desvanecen sus deseos que también son falsos; hasta ese momento habíamos estado convencidos de que estos deseos eran nuestras propias necesidades y de que eran necesarios.

Como perseveramos en la travesía que nos introdujo en esto, ahora ya estamos muy cerca de la salida. Ahora nos sentimos felices al preguntarnos quién necesita preocuparse, sentir ansiedad, sentirse solo o lleno de dudas, expresar el enojo, planear el futuro o lamentar el pasado, tener rencores o planear una venganza. De hecho, ¿quién necesita sentirse mal a causa de cualquier cosa, una vez que se entiende que el sufrimiento psíquico sólo es un síntoma de miopía espiritual? Y en verdad, eso es todo lo que es. Aquí está la cura.

Siempre hay algo más alto, una vida más allá de los límites de nuestra visión presente. Pero para ver lo que está más allá, debemos estar dispuestos a elevar la mirada y desprenderla del punto donde se está concentrando ahora. Esto es desprenderse. No te preocupes si al principio no puedes ver; la visión llegará. Esto te va a animar: ve la verdad que hay en ello, y esta verdad se encargará de que llegues al final de tu viaje. La liberación siempre sigue a la revelación, y la verdadera revelación siempre es una visión fugaz de algo que momentos antes estaba oculto a la vista.

Estas son cincuenta formas de elevar tu mirada interior. Las coloqué en cuatro categorías que por sí mismas hablan del secreto de desprenderse.

Mira estas verdades

1. Siempre estás exactamente donde necesitas estar para dar tu siguiente paso más allá de ti mismo.
2. El desarrollo espiritual es una oportunidad igual para todos.
3. Si alguien vive en la oscuridad interior, sólo tiene dos opciones: la errónea y la afortunada.
4. No veas el contratiempo como una circunstancia exterior que debe remediarse, sino como una condición interior que debe entenderse.
5. Todas las conclusiones psicológicas son suposiciones fosilizadas del yo falso.
6. Los pensamientos y sentimientos desalentadores ni siquiera conocen la verdad sobre sí mismos, mucho menos lo que está a la vuelta de la esquina.

7. Sólo a un egoísta le gusta sentirse como si no fuera nadie.
8. La mera acción de hacer algo para recibir una recompensa es dolorosa, ya que va contra tu verdadera naturaleza, que es en sí una recompensa.
9. Como la conciencia espiritual no tiene opuestos, nada puede oponérsele.
10. El sentimiento negativo que no deseas sentir, es el sentimiento de no querer esa sensación negativa.
11. Un recuerdo sentimental o malo es una memoria, no es lo que tú eres.
12. Así como el sol no depende de la luna para emitir su luz y su calor, el verdadero amor no tiene nada en común con ninguno de sus puntos opuestos.

Mira más allá de ti mismo

13. Nunca dudes cuando se trata de colocarte en una posición en que no sabes qué hacer.
14. Si la vida hace que caigas de espaldas al suelo, abre los ojos; arriba están las estrellas.
15. Siempre hay algo más alto, sólo recuerda mantener la cabeza en alto.
16. Cuando tu destino no está en esta tierra, entonces nada de esta tierra puede causarte trastornos.
17. Sé el investigador, no el justificador; está alerta, no seas obstinado.
18. Aquello con lo que estás conectado es lo que te dirige.
19. La verdad no tiene nada que ver con un ser humano que se siente satisfecho de sí mismo.
20. El Yo Secreto es una presencia que se percibe, no un premio que se trata de alcanzar.
21. Una oración de aceptación que no va precedida de una oración de perdón es un acto de arrogancia.

22. Conocerás al Yo Secreto cuando sepas que ningún ser humano puede ayudarte, incluyéndote a ti mismo.
23. Nunca vuelvas a ayudar a alguien a sentirse como si tuviera el derecho a sentirse mal.
24. Permite que la verdad despierte en ti el recuerdo de que no estás aquí para seguir siendo tú.

Sólo Despréndete

25. El cambio real de uno mismo no se encuentra en una manera de pensar sobre uno mismo, sino en estar libre de la necesidad de pensar en uno mismo alguna vez.
26. Puedes morir para las experiencias o morir a partir de ellas.
27. Actúa para el yo que es verdadero y no a partir del yo que eres tú.
28. Desprenderte tiene que ver con descubrir lo que no eres y tener el valor de aceptarlo.
29. Persistencia es seguir adelante con algo hasta que la estupidez deje de bloquear tu camino.
30. La única manera de producir más luz interior es permanecer conscientemente en la oscuridad interior.
31. Hacer tu mejor esfuerzo no significa sufrir.
32. Da un salto para entrar a la verdad del momento estando dispuesto a dar un salto para salir de ti.
33. Desprenderte no es renunciar; es ascender.
34. El Yo Secreto no entra en la vida de un individuo a menos que sea en términos de una posesión total.
35. Para estar más alerta, sólo necesitamos escuchar los pensamientos que roban nuestra atención y luego dejarlos ir.
36. No fijes tu curso de acuerdo a ningún ser humano, y no permitas que ningún ser humano fije tu curso.
37. Despréndete de lo que sea.

La verdad siempre triunfa

38. Aquel que elige a la verdad por encima de sí mismo siempre elige a favor de sí mismo.
39. La derrota es un recuerdo; no existe en la vida real.
40. Puedes llegar a entender lo que es la impotencia sin sentir impotencia.
41. Cuando todo se ha hecho, la paciencia es algo natural y carece de tensiones.
42. Para permanecer en calma, sólo necesitamos escuchar las voces internas de ansiedad y luego dejarlas ir.
43. Cuando se vive a la luz de la capacidad consciente a nivel personal, sólo hay una opción y siempre es la correcta, ya que la capacidad consciente nunca elige algo que vaya en su contra.
44. Cualquier fuerza que agregues a tu persona llega a ser tu mayor debilidad, pero cualquier debilidad que soportes con paciencia será reemplazada por una fuerza que no es tuya.
45. Cuando sabes que estás totalmente equivocado, estarás a las puertas de lo que en realidad es correcto.
46. Cuando la vida llega a ser tu guía, su espíritu se convierte en tu fuerza.
47. La verdad entra en la medida en que tú sales.
48. No necesitas el permiso ni la cooperación del mundo para ponerte en último lugar.
49. No puedes silenciarte, pero puedes permitir que la quietud te muestre sus caminos.
50. Nunca pienses que alguna situación es demasiado difícil para que la verdad triunfe.

Un mensaje especial de Vernon Howard

Decidí concluir mi libro con un breve artículo escrito por Vernon Howard en 1989. Sigue siendo, después de casi dos décadas, un resumen conciso de la razón por la cual luchamos con la vida como lo hacemos, y describe el paso que es necesario dar para liberar al yo que en secreto es responsable de nuestros continuos problemas. Algunas de las personas que leen estas palabras las ven como la verdad en su forma más simple. No hay en ellas nada extravagante. No presentan grandes ideas. Son un mensaje puro, sin pretensiones; un mensaje saturado de golpes bajos contra el yo falso.

Otras personas me han escrito sobre la aparente insensibilidad que hay en la forma de escribir de Vernon Howard.

Siempre he pensado que el culpar a otros por el dolor que siento es una manera de evitar lo que esa persona me ha mostrado sobre mí mismo. Como regla general, siempre que alguien te pregunta por qué dijiste esto o aquello, en especial si esa persona tiene una actitud negativa al respecto, esto es lo que en realidad te está preguntando bajo el disfraz de una pregunta que al parecer muestra interés: "Quiero que me expliques por qué *sufro el dolor que sufro* debido a lo que dijiste". Nunca es nuestra responsabilidad explicarles a otros por qué sienten dolor, ¡y mucho menos tenemos que defendernos por lo que ellos sienten! En sí, el culpar a otros muestra que la persona se está negando a aceptar lo que la vida le está revelando sobre lo que todavía tiene que aprender sobre sí misma.

Por esta razón, te ofrezco estas palabras sin dar una explicación de por qué Vernon Howard escribe como lo hace. Su obra es intransigente, a diferencia de lo que en tiempos recientes se ha considerado espiritualidad, con su multitud de avatares ambiciosos y supuestos maestros. Mientras se nos enseñe, en una u otra forma, a tolerar todo tipo de condiciones inexcusables, a aceptar cosas que nos comprometen, el conflicto con el que vivimos, ya sea personal o planetario, continuará. Te pido con insistencia que leas el hermoso mensaje que viene a continuación, con el espíritu con que se escribió: con bondad amorosa y buena voluntad hacia todos.

Cuando empieces a ver que has creado tu mundo a tu propia imagen, eso te causará un fuerte impacto. Este es un ejercicio especial que puedes hacer cuando sufras dolor. No puedo decirte lo maravilloso que podría ser el cambio que este ejercicio produzca en tu vida.

A partir de este momento, cada vez que sientas algún dolor o agonía interna, en lugar de pensar en el dolor, que es lo que haces actualmente, harás algo diferente. En lugar de dirigir tu atención a la tristeza o al desaliento, vas a pensar en otra cosa.

Vas a pensar: "No entiendo el dolor".

Sólo piensa: "Ahí hay tinieblas. Algo me está dando latigazos y eso duele". Pero no vas a obtener del dolor un placer falso. Vas a dirigirte al sector correcto y vas a decir: "No entiendo el dolor". ¡ESO ES TODO!

Entonces, nunca jamás necesitarás tener ningún otro pensamiento sobre la desdicha que estás experimentando. Se acabó. Hiciste lo que te correspondía. ESTE ES EL CAMINO DE SALIDA.

Dios ha venido personalmente a rescatarte. Esto es auténticamente religioso. La verdad dice: "No pienses en el sufrimiento ni le des vueltas nadando en él". Simplemente ponte cómodo en tu asiento, relájate y di: "No entiendo la angustia que está aterrorizando a mi sistema".

Si no lo entiendes, no hay nada que TÚ puedas hacer al respecto, ¿de acuerdo? Entonces no hagas nada.

Cuando nos quejamos, lloramos, gemimos y pensamos: "Cómo me metí en este problema?" o algo similar, nada va a cambiar. Con este ejercicio, te estás poniendo en un departamento completamente distinto, y recibirás los productos que ese departamento tiene preparados para ti.

¿Quieres el producto de no tener que tomar decisiones llenas de preocupación todo el día? Sólo di: "No entiendo esta crisis ni la pesadumbre que acaba de presentarse". Y DETENTE. PASA TODO EL DÍA SIN ENTENDERLO.

Nuestra comprensión falaz es lo que nos mete en la lastimosa confusión mental en primer lugar. No tengas miedo de no tener inteligencia propia. Dios está dispuesto a ser tu grandioso y magnificente sustituto. Dios te da su vida a cambio de tu vida.

La mayoría de los hombres y mujeres todo el día están vendiendo su alma a cambio de sentimientos falsos y fugaces de control de sí mismos. Cuando tienes un verdadero mando sobre ti mismo, nunca tienes que buscarlo o siquiera explicarte su ausencia.

Si estás dispuesto a decir: "No entiendo absolutamente nada con respecto a mi vida", tu yo falso y su falsa comprensión desaparecerán; en su lugar estará el discernimiento del propio Cielo. Ese discernimiento que proviene de un Sitio muy Alto es todo lo que necesitas para este mundo y para el siguiente. Adelante, atrévete a desprenderte.

Vernon Howard

Siempre estás justo donde necesitas estar
para dar el siguiente paso más allá de ti

TÍTULOS DE ESTA COLECCIÓN

¿Quién lo descubrió? ¿Qué y cuándo? *Ellyard*
Aunque usted no lo crea de Ripley. Edición de aniversario
Chamanismo. Puerta entre dos mundos. *P. J. Ruiz*
Código Da Vinci. La leyenda del santo grial. *J. A. Solís*
Crímenes sexuales. *William Naphy*
En el jardín del deseo. *Lean Whiteson*
El código de Dios. *Gregg Braden*
El código Jesús. *John Randolph Price*
El libro de sanación chamánica. *Kristin Madden*
El libro sin nombre. *Anónimo*
El verdadero secreto. *Guy Finley*
Grandes matrimonios en la literatura. *Jeffrey Meyers*
Hitler y sus verdugos. *Michael Thad Allen*
La conspiración del grial. *L. Sholes y J. Moore*
La cosmología oculta de la Biblia. *G. Strachan*
La Inquisición. La verdad detrás del mito. *John Edwards*
La niebla. *Bruce Gernon & Rob MacGregor*
La verdadera pasión de María Magdalena. *E. Cunningham*
La vida, mi amante. *Leonardo del Cio*
La SS. Su historia 1919-1945. *R.L. Koehl*
Los documentos de Takenouchi I. *Wado Kosaka*
Los documentos de Takenouchi II. *W. Kosaka*
Los documentos de Takenouchi III. *W. Kosaka*
Los fundadores. Sociedades secretas. *Robert Hieronimus*
Los piratas de las islas británicas. *Joel Baer*
Los templarios. *Juan Pablo Morales Anguiano*
Mensajes de la Madre María al mundo. *Annie Kirkwood*
Misterios y secretos de los masones. *Fanthorpe*
Misterios y secretos de los templarios. *Fanthorpe*
Revelación del código masónico. *Ian Gittins*
Rexagenäs. *S.G. Haro*
Satán en la iglesia. *Cam Lavac*
Si TÚ pudieras ver lo que YO veo. *Sylvia Browne*
Símbolos secretos y arte sacro. Tradiciones y misterio.
Una historia ilustrada de los caballeros templarios.

TÍTULOS DE ESTA COLECCIÓN

Impreso en Offset Libra

Francisco I. Madero 31

San Miguel Iztacalco,

México, D.F.